TOBIAS TEICHEN

MOVE

ENTDECKE DAS LEBEN

Glauben ist mehr, als du denkst.

SCM
R.Brockhaus

SCM

Stiftung Christliche Medien

SCM R.Brockhaus ist ein Imprint der SCM Verlagsgruppe, die zur Stiftung Christliche Medien gehört, einer gemeinnützigen Stiftung, die sich für die Förderung und Verbreitung christlicher Bücher, Zeitschriften, Filme und Musik einsetzt.

2. Gesamtauflage 2019

Max-Eyth-Straße 41 · 71088 Holzgerlingen
Internet: www.scm-brockhaus.de; E-Mail: info@scm-brockhaus.de

Co-Autorin: Claudia Elsen, München
Gesamtgestaltung: Fabienne Sita, München

Druck und Bindung: Finidr s.r.o.
Gedruckt in Tschechien
ISBN 978-3-417-26874-4
Bestell-Nr. 226.874

FRAGST DU DICH MANCHMAL?

WER
BIN
ICH?

BIN ICH
GLÜCKLICH?

Was ist mir wichtig?

IST DAS W

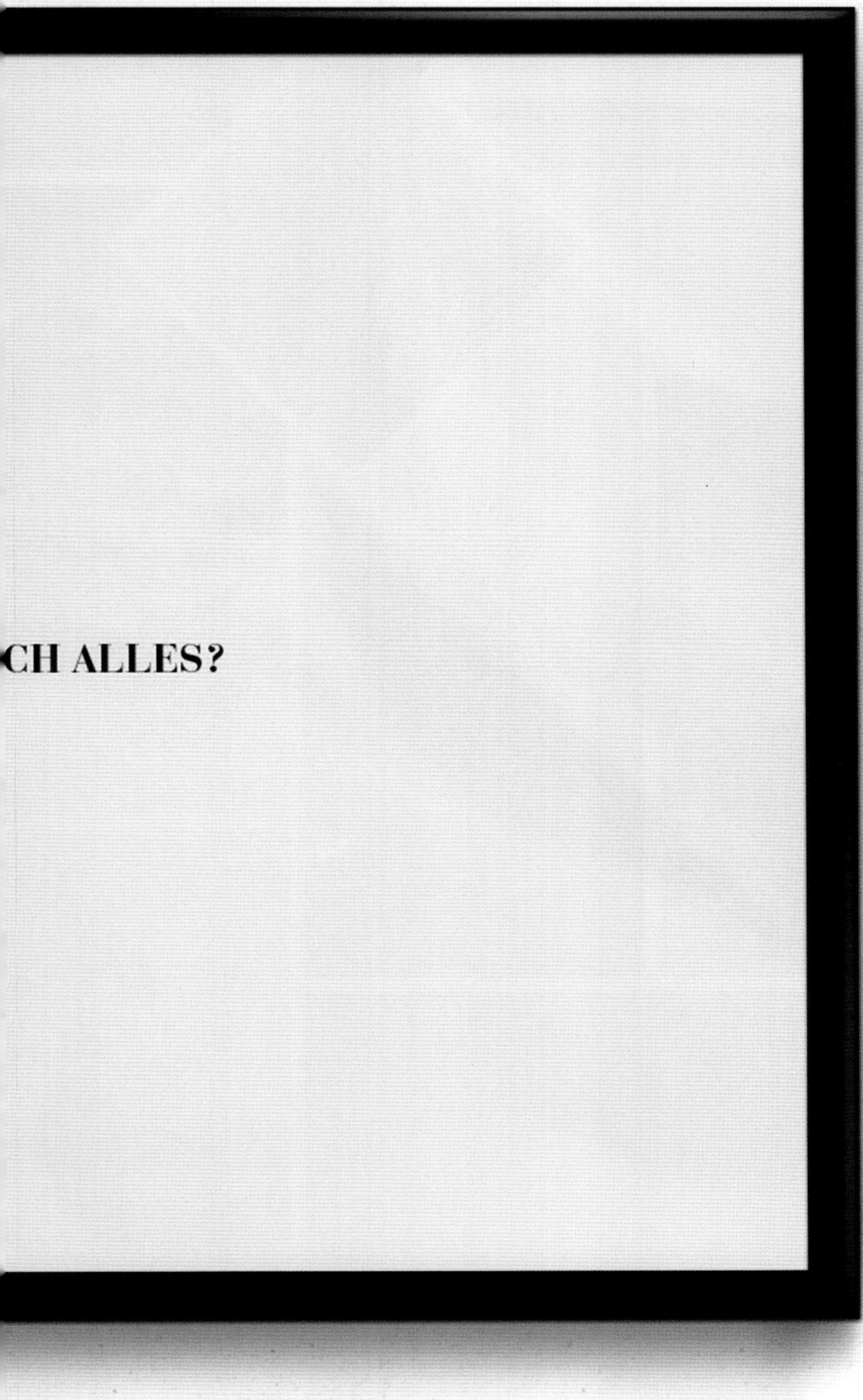
CH ALLES?

ICH ABER
BIN GEKOMMEN,
UM IHNEN DAS LEBEN
IN GANZER FÜLLE
ZU SCHENKEN.
JOHANNES 10,10 (NLB)

MOVE
ENT
DECKE
DAS
LEBEN
Glauben ist mehr, als du denkst.

INHALTSVERZEICHNIS

WEG MIT DEN SCHEUKLAPPEN – ENTDECKE NEUE DIMENSIONEN

Bagger, Bagger, Bagger! Überall Bagger! Gefühlte 100 Bagger kreuzen meinen Heimweg. Zumindest seit ich Vater von Benedikt bin.

Obwohl ich als Mann eine gewisse Affinität zu allem habe, was Räder hat, muss ich zugeben, dass mir vor Benes Geburt nicht ansatzweise so viele Bagger aufgefallen sind, wenn ich von der Arbeit nach Hause fuhr. Ich hatte die Straßen meiner Stadt bis dahin relativ baggerlos wahrgenommen. Benes Perspektive sah da ganz anders aus. Aus der Sicht meines Jungen – damals knapp zwei Jahre alt – wimmelte es in München nur so von Baggern. Und er kündigte mir jeden Einzelnen mit einem großen Traraaaa an. Die Folge: Auf einmal sah auch ich überall Bagger!

Faszinierend, wie viele Bagger ich in meinem Leben bis dahin verpasst hatte! Bisher war ich wohl einfach nicht offen (genug) für Baufahrzeuge aller Art gewesen.

„IST ES MIT GOTT NICHT GENAUSO?“

Während ich mich also auf Benes Sichtweise einließ, kam mir ein Blitzgedanke: Ist es mit Gott nicht genauso? Ich weiß ja, dass Bagger in den Straßen meiner Stadt fahren, aber sie sind mir einfach nie aufgefallen. Verpasse ich Gott in meinem Leben auch oft, weil ich ihn einfach nicht wahrnehme? Sehe ich nur, was ich sehen will und bin nicht offen für neue Perspektiven und andere Ansichten? Stecke ich fest in meinen alten Sichtweisen und habe so etwas wie Scheuklappen auf?

Kurz danach hatte ich ein anderes Erlebnis, das mich wieder zum Nachdenken brachte. Als ich mit meiner Frau Frauke in der U-Bahn saß, entdeckte ich uns gegenüber einen der Münchner Tatortkommissare! Ich war mir hundertprozentig sicher! Da gab es keinen Zweifel meinerseits. „Schau mal, Schatz, da hinten sitzt ein Tatortkommissar.“ Daraufhin Frauke: „Quatsch, das ist er nicht.“ – „Doch“, meinte ich. „Wenn ich das doch sage!“ Du musst wissen, wenn ich mir einer Sache wirklich sicher bin, dann lasse ich mich auch gerne mal auf eine Wette ein. Ich habe ja recht! Was soll schon passieren? „Frauke! Worum wollen wir wetten, dass er einer der Münchner Tatortkommissare ist? Eine Woche Geschirrspülen?“ Ein breites Lächeln erschien auf dem Gesicht meiner Frau: „Ok. Du verlierst eh.“ Das hätte sie nicht sagen sollen! Siegessicher erhöhte ich den Einsatz immer weiter bis auf 50 Euro!

Entspannt lehnte ich mich also zurück, während Frauke zu dem Mann ging, um ihn anzusprechen. Ich beobachtete ihr Gesicht. Na? Sah ich da Enttäuschung? Ihre Mundwinkel zuckten. „Sehr gut!", dachte ich. Doch was war das? Sie lächelte und grinste immer mehr, als sie zurückkam. „Er ist es nicht!" – „Was? Das kann nicht sein! Ich bin mir doch ganz sicher!" Schnell suchte ich ein Argument, um bei meiner These bleiben zu können: „Der will sich nur nicht zu erkennen geben!" Ich machte zusätzlich noch ein Foto von ihm, um mir von einem Freund, der beim Tatort arbeitete, eine Bestätigung abzuholen. Aber auch er sagte später: „Er ist es wirklich nicht."

Ich benötigte eine ganze Woche Geschirrspülen, um mir meine Niederlage einzugestehen und die verlorenen 50 Euro zu verkraften.

Auch hier wurde mir im Nachhinein wieder einmal deutlich, dass meine Sicht auf die Dinge leider nicht immer die Richtige ist – auch wenn ich mir noch so sicher bin. Ich erlebe dieselbe Situation wie meine Frau, und doch aus einer ganz anderen Perspektive! Ich muss recht haben, und doch liege ich falsch. Und dann kann ich es noch nicht einmal direkt einsehen, sondern beharre erst mal weiter auf meinem Standpunkt.

Wenn das schon bei solchen Kleinigkeiten im Alltag passiert, wie sehr schränkt mich dann meine persönliche Wahrnehmung in meiner Haltung zu Gott ein? Was verpasse ich, weil ich die „Scheuklappen" eben nicht absetzen will oder kann?

Das gilt wohl für uns alle: Egal, ob du als Christ schon lange mit Gott unterwegs bist und meinst, ihn genau zu kennen, oder ob du gerade erst anfängst, ihn kennenzulernen: Auch du hast dir wahrscheinlich bereits ein Bild von Gottes Wesen gemacht. Doch ist deine Perspektive die richtige? Ist Gott wirklich so, wie du ihn dir vorstellst? Oder hat er noch mehr zu bieten?

Mit meiner Frau bin ich seit 14 Jahren verheiratet und sie ist mir sehr vertraut. Und trotzdem finde ich sie faszinierend, denn ich entdecke an ihr immer wieder neue Facetten. Dass sie zum Beispiel eine sehr gastfreundliche Person ist, wusste ich schon immer. Allerdings überrascht sie mich immer wieder mit neuen Ideen, wie wir anderen Menschen eine Freude machen, etwas Gutes tun oder ein kleines „Zeichen der Liebe" weitergeben können. Sie ist kreativ und kauft Weihnachten nicht einfach einen Kalender für unsere Freunde, die vor Kurzem weggezogen sind. Sie bastelt auch keinen selbst – das wäre zu einfach. Nein, sie fragt alle, die mit der Familie befreundet sind, ob sie ein Blatt des Kalenders gestalten können. Das macht ihr zwar viel Arbeit, aber es ist ein absolut persönliches und kreatives Geschenk. So eine Idee hätte ich nie.

Wenn man schon in langjährigen Beziehungen zwischen Menschen immer wieder neu überrascht wird, was hält Gott dann noch für uns bereit?

SCH
EUK
LAP
PEN

Vielleicht verbergen deine Scheuklappen etwas, das atemberaubend ist?

ICH ABER BIN
GEKOMMEN,
UM IHNEN DAS
LEBEN ZU GEBEN,
LEBEN IM
ÜBERFLUSS.

JOHANNES 10,10

Jesus gibt uns darauf in der Bibel eine Antwort:

Ich aber bin gekommen, um ihnen das Leben zu geben, Leben im Überfluss.
Johannes 10,10 (GNB)

Damit meint er wohl nicht das normale Alltagsleben: aufstehen, anziehen, arbeiten. Nein, er redet von einer ganz neuen Art zu leben, die man entdecken kann – zum ersten Mal oder immer wieder neu. Egal, ob es dir gerade gut geht oder nicht. Egal, ob du vor schwierigen Entscheidungen stehst oder dir das Glück in den Schoß fällt. Er spricht von einer Erfüllung, die größer und tiefer ist als alles, was man erklären kann. Und bei der man nie aufhört, neue göttliche Facetten kennenzulernen und erleben zu können.

Das klingt gut – für mich auf jeden Fall. Für dich auch?

Doch wie kommen wir da hin?

3 … 2 … 1 … EVERYBODY MOVE!

Move, das steht für Bewegung. Darum geht es in diesem Buch. Es lädt dich ein, nicht stehen zu bleiben, sondern dich auf eine neue Reise zu begeben, die dich in ein „Leben im Überfluss" und näher zu diesem Gott führen kann. Dieses Buch kann dich dabei begleiten.

Wenn du Gott nicht kennst, dann kann *Move* dir helfen, dich gezielt mit ihm zu beschäftigen. Ihn in seinem Wesen und Wirken besser kennenzulernen. Vielleicht verbergen deine Scheuklappen etwas, das atemberaubend ist?

Wenn du Gott schon lange kennst oder zu kennen glaubst, reicht es in einer Beziehung oder Freundschaft doch nie aus, vom anderen nur alles zu *wissen*. Gottes Ziel war durch alle Jahrhunderte hindurch, dass Menschen ihre Beziehung mit ihm auch *leben*! Dass sie Zeit mit ihm verbringen und ihn in ihren Alltag integrieren.

Eventuell hast du schon die Kapitelüberschriften gelesen und dir gedacht: Vater, Sohn, Heiliger Geist, Bibel usw. – das kenne ich, das ist ein alter Hut für mich! Warum sollte ich das denn lesen?

Ich habe die Erfahrung gemacht, dass Gottes Wesen so faszinierend und vielfältig ist, dass man nie am Ende damit ist, etwas über ihn herauszufinden und es anzuwenden! Und ich habe dieses Buch geschrieben, weil ich davon überzeugt bin, dass du dasselbe erleben kannst.

DENN WISSEN IST NICHT DAS PROBLEM.

Ich habe beispielsweise schon viel sowohl über Ehe und Kommunikation in Seminaren gehört als auch selbst darüber gepredigt. Wenn ich mich aber mit meiner Frau streite, dann ist mir das manchmal alles schnurzpiepegal! Ich habe doch „recht", und dass ich mich vielleicht auf ihre Kommunikation einstellen sollte, interessiert mich dann in meinem „Streitalltag" überhaupt nicht mehr. Ich lebe die gelernten Prinzipien in dem Moment einfach nicht, wende sie nicht an, obwohl ich so wahrscheinlich den Streit am besten lösen oder sogar vermeiden könnte.

Paulus, einer der größten Theologen in der Bibel, sagte einmal zu einer Gemeinde:

Eigentlich müsstet ihr es in eurem Glauben schon zum Meister gebracht haben und andere unterweisen. Tatsächlich aber seid ihr erst wie Lehrlinge, denen man

die allerersten Grundlagen von Gottes Botschaft beibringen muss. Wie Säuglingen kann man euch nur Milch geben, weil ihr feste Nahrung noch nicht vertragt. Wer noch Milch braucht, ist ein kleines Kind und versteht nicht, was die Erwachsenen reden. Hebräer 5,12-13 (HFA)

Mit anderen Worten: „Ihr **lebt** die Basis des Glaubens noch nicht!“ Man kann schon seit Ewigkeiten Christ sein und die entscheidenden Grundlagen dennoch nicht praktisch umsetzen. Man verträgt nur Milch, aber keine feste Nahrung – man ist sozusagen geistlich in der Babyphase stecken geblieben.

Hast du schon mal ein Neugeborenes an einem Steak knabbern sehen? Nein, oder? Milch ist das erste Grundnahrungsmittel, ohne das sich ein Säugling nicht entwickeln kann. Erst einmal muss der Körper Milch vertragen können. Wenn dann die Organe ausreichend vorbereitet sind, kann er auch Fleisch verdauen. Würde man ein Baby direkt mit Fleisch füttern, könnte es die Nahrung zuerst einmal gar nicht kauen. Schlimmer noch, es würde Koliken bekommen – vielleicht sogar sterben. Es ist noch nicht bereit für diese Kost.

Vielleicht schlägt dir das Thema Glauben ja auch manchmal auf den Magen, weil du die Basics noch nicht lebst. Vielleicht solltest du dann noch mal zur Milch zurückkehren und damit das zu dir nehmen, was du verträgst und dich trainiert, um später feste Kost hinzufügen zu können.

Ich lade dich zu dem spannenden Experiment ein, göttliche Grundprinzipien umzusetzen. Bis tief an die Wurzeln zu gehen – auch wenn das manchmal schwerfällt oder einem erst mal wie ein Rückschritt vorkommt. Du kannst einfach ehrlich zu dir selbst sein und deinen Standpunkt reflektieren: Wo stehe ich? Und wo möchte ich hin?

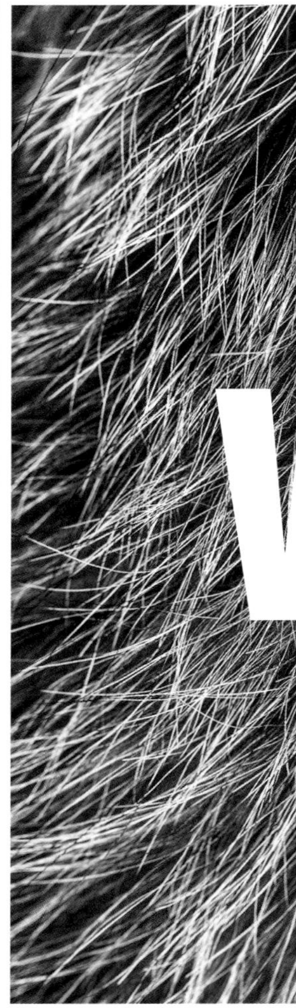

Milk
NATURAL
100%

WIE SÄUGLINGEN KANN MAN EUCH NUR MILCH GEBEN,

THE
PREMIUM
Beef

WEIL IHR FESTE NAHRUNG NOCH NICHT VERTRAGT.

Wo stehst du in Bezug auf Gott?

Ich bin Sportlehrer und fahre auch immer mal wieder mit meinen Schülern auf Skifreizeiten. Wenn es darum geht, die Gruppen nach dem jeweiligen Können zusammenzustellen, frage ich erst einmal: „Wer ist Anfänger?" Auf der einen Seite gibt es dann stets die Minderwertfraktion, die eigentlich schon schwarze und Buckelpiste beherrscht und sich doch als Anfänger meldet. Auf der anderen Seite überschätzen sich aber auch viele kolossal. Beim letzten Mal meldete sich ein Schüler und sagte: „Herr Teichen, ich kann Ski fahren."

Vor meinem inneren Auge spielt sich auf einmal ein Film ab. Derselbe Ort, ein Jahr zuvor, dieselbe Situation. Eben dieser Schüler outet sich als Könner, ja fast sogar als Crack! Ich denke mir, nachdem sich auch sonst niemand als Anfänger gemeldet hat: Cool, eine super Truppe habe ich dieses Mal erwischt! Wir können uns auf Buckelpisten und im Tiefschnee eine gute Zeit machen. Also rein in die Gondel und ab auf den Berg. Zum Warmmachen geht's auf eine rote Piste, schwarz kommt dann später. Der „Könner" an meiner Seite schnallt sich die Skier an und – Moment mal – fährt Schuss den Hang hinunter! Für einen Moment denke ich noch: „Wow, der hat was drauf. Hier oben am Pisteneinstieg schon Vollgas geben." Dann dämmert es mir: „Der kann gar nicht bremsen!!!" Die anderen Skifahrer weichen ihm gerade so aus, während er auf wackeligen Brettern an ihnen vorbeischießt. In mir steigt Panik auf! Ich muss ihn stoppen! Also stemme ich mich ab und düse hinterher. Im letzten Moment kann ich ihn gerade noch umschmeißen, bevor er in den Biergarten der Skihütte brettert.

Beim Gedanken an diese Aktion tritt mir ein Jahr später noch der Schweiß auf die Stirn. Ich frage ihn deshalb: „Du bist also Fortgeschrittener? Hast du denn seit dem letztem Jahr noch mal geübt? Hast du einen Kurs gemacht?" Er antwortet allen Ernstes: „Nö, warum sollte ich? Ich bin doch den Berg runtergekommen."

Wenn man die Grundlagen des Skifahrens nicht kennt, kann es durchaus schmerzhaft oder zumindest gefährlich werden. Zuerst muss man also die Technik lernen. Mir ging das übrigens nicht anders. Ich hatte anfangs auch null Technik beim Skifahren. Ich kam zwar überall herunter, aber nur mit einem Puls von 200. Als ich mit 21 Jahren im Sportstudium steckte, war es echt mühsam, noch einmal zurückzugehen und mit der Basis zu starten.

Wie ist das bei dir? In welchem Stadium befindest du dich – ehrlich? Anfänger? Fortgeschrittener? Profi? Wo kannst du deine Technik ausbauen?

Und damit noch mal zur Frage: Wo stehst du in Bezug auf Gott? Bist du bereit, dich auf Neues einzulassen?

Manchmal kann es sein, dass man sich auf den Weg mit Gott macht, unterwegs aber irgendwo falsch abbiegt. Mit dem Christsein verhält es sich ähnlich wie mit der allgemeinen menschlichen Entwicklung: In den ersten drei Lebensjahren eines Kindes bildet sich das Urvertrauen, welches innere und emotionale Sicherheit hervorbringt und die Grundlage dafür ist, dass eine Person später gesunde Beziehungen eingehen kann. Läuft in dieser Zeit etwas schief, zum Beispiel wenn ein Kind von seinen Eltern vernachlässigt wird, hat die Person ihr ganzes Leben daran zu knabbern.

Jesus nimmt sich interessanterweise ebenfalls drei Jahre Zeit, um mit Menschen einen Weg zu gehen. Drei Jahre sind der Zeitraum zwischen Jesu erstem öffentlichen Auftritt und seinem Tod – das kann man aus der Bibel ableiten. Es sind die entscheidenden Jahre seines Lebens.

Auch die ersten „drei Jahre" (auf den Tag oder Monat genau kommt es dabei nicht an) deines Lebens als Christ sind entscheidend. Wenn dir zu Beginn niemand gezeigt hat, wie man eine lebendige Freundschaft mit Gott aufbaut – wie der Dialog mit ihm funktioniert, man Bibel liest und betet, dass Glauben Veränderung und sogar Heilung bewirken kann, oder wie man solche Durchbrüche erlebt und in einem *Move*, einer Bewegung bleibt, die nie aufhört – dann hast du wahrscheinlich an der einen oder anderen Stelle Probleme damit, Gott wirklich zu vertrauen. Dir fehlt ein gesundes Urvertrauen zu ihm und dem Leben.

Vielleicht sehnst du dich nach mehr und fragst dich immer wieder: Ist das alles im Leben? Kommt da noch was? Wie kann ich tiefe Erfüllung in meinem Alltag finden?

Könnte es sein, dass du (wieder) Milch brauchst?

Wäre es gut, wenn du die Technik (noch mal) von der Basis an lernst?

Wenn du dich auf der Suche nach guten Antworten befindest, egal, ob du dich schon als Christ bezeichnest oder nicht: Es ist nie zu spät, das 1×1 des Glaubens zu lernen und zu leben. Denn wenn dir das Thema bisher schwer im Magen liegt wie ein Klumpen unverdauliches Fleisch oder du in deinem Alltag wie ein Skifahrer lebst, der froh ist, wenn er irgendwie den Berg herunterkommt, dann bist du noch nicht an dem Punkt, dass Gott ein Fundament in deinem Leben sein kann, das wirklich trägt.

WERDE PRAKTISCH!

Es geht dabei wie gesagt nicht nur ums Wissen oder Verstehen, sondern entscheidend ist die Glaubenspraxis:

Allerdings genügt es nicht, seine Botschaft nur anzuhören; ihr müsst auch danach handeln. Alles andere ist Selbstbetrug! Wer Gottes Botschaft nur hört, sie aber nicht in die Tat umsetzt, dem geht es wie einem Mann, der in den Spiegel schaut. Er betrachtet sich, geht wieder weg und hat auch schon vergessen, wie er aussieht. Ganz anders ist es dagegen bei dem, der nicht nur hört, sondern immer wieder danach handelt. Er beschäftigt sich gründlich mit Gottes Gesetz, das vollkommen ist und frei macht. Er kann glücklich sein, denn Gott wird alles segnen, was er tut.
Jakobus 1,22-25 (HFA)

Wow, was für eine Zusage: Alles, was wir anpacken, wird gesegnet sein! Nur ist diese Zusage an die kleine Bedingung geknüpft, dass wir uns ganz genau anschauen, ehrlich werden und uns immer wieder konkret aufmachen, Dinge umsetzen und dabei auch Herausforderungen annehmen.

Ich möchte dich daher einladen, mit diesem Buch praktisch zu werden, dein Lebens- und Glaubensfundament zu hinterfragen und zu stärken. Das kostet einen manchmal ganz schön etwas! Für mich war es im Studium nicht einfach, mich als Skianfänger outen und wieder an die Basis zurückkehren zu müssen. Aber es hat sich gelohnt, denn heute kann ich nicht nur wirklich Ski fahren, ich kann die Technik sogar anderen beibringen. Ähnlich ist es auch mit der geistlichen Nahrung: Sogar wenn du selbst bereits Fleisch verträgst, bist du in der Lage, anderen dabei zu helfen, mit Milch oder ebenfalls Fleisch umzugehen? Durch das Begleiten und den Austausch mit anderen Menschen – egal, wo sie auf ihrer geistlichen Reise stehen – bleibt man selbst ständig in Bewegung.

Jesus ist dieses In-Bewegung-Bleiben extrem wichtig. Er fordert uns auf: „Folgt mir nach!“ Er sagt nicht: „Bleibt stehen und richtet euch gemütlich ein!“ Er will mit uns einen Weg gehen, immer einen Schritt weiter, und er sagt auch, wie dieser Weg aussehen soll:

„Du sollst den Herrn, deinen Gott lieben von ganzem Herzen, mit ganzer Hingabe und mit deinem ganzen Verstand!‘ Das ist das erste und wichtigste Gebot. Ebenso wichtig ist aber das zweite: ‚Liebe deinen Mitmenschen wie dich selbst!‘ Alle anderen Gebote und alle Forderungen sind in diesen Geboten enthalten.“
Matthäus 22,37-40 (HFA)

Für Jesus ist dies das wichtigste Gebot überhaupt. Krass, oder? Das bedeutet, dass Liebe das Allerwichtigste überhaupt ist! Wie das im Detail für dich aussehen kann, wie du diese Liebe erleben und weitergeben kannst, das will dir *Move* zeigen. Das Wichtigste in Kürze: Gott wünscht sich eine tiefe Freundschaft, eine vertraute und liebevolle Beziehung zu dir, aus der heraus du dich selbst annehmen und entfalten kannst, und genauso wünscht er sich, dass die Beziehungen zu deinen Mitmenschen – deiner Familie, deinem Ehepartner, deinen Freunden, Nachbarn oder Kollegen – aufblühen und wachsen.

Wenn wir das ernst nehmen, dann ist Gottes Ziel für unser Leben nichts weniger, als dass wir zu einem göttlichen Liebeskanal werden, durch den das pralle Leben fließen kann. Gott will nicht, dass wir uns gegenseitig die Köpfe einschlagen oder in Langeweile verrotten. Sondern er hält jede Menge Überraschungen bereit und hat Lösungen für die schwierigsten Probleme in petto.

Auf diesem abenteuerlichen Weg schlägt Jesus drei Bewegungsarten vor, mit denen du vorankommst und die du auch beim Lesen dieses Buches anwenden kannst:

1. ENTDECKEN

Wie Kolumbus mutig die Segel gesetzt hat, um neues Land zu erkunden, so stellst du dich den großen Fragen des Lebens: Wer ist Gott? Wer bin ich? Was sind Gottes Ideen für mein Leben? Lass dich von Gott überraschen – wie Kolumbus erwartet dich ein großes Abenteuer, und vielleicht entdeckst du unterwegs Dinge, mit denen du gar nicht gerechnet hast (Kolumbus hatte ja Indien erwartet, nicht Amerika).

2. VERTIEFEN

Kolumbus ist nicht am Strand der neuen Welt stehen geblieben. Auch du kannst in allen deinen Fragen immer weiter in die Tiefe gehen und zum Kern vordringen. In der Auseinandersetzung mit der Bibel und durch das Gespräch mit Freunden kannst du nicht nur „neues Land einnehmen“, sondern seine Geheimnisse kennenlernen und es für dich nutzbar und fruchtbar machen.

3. WEITERGEBEN

Hier führt Gottes Idee nun weiter als die von Kolumbus – denn bei Gott geht es nicht darum, die entdeckten Schätze für sich zu behalten, sondern darum, seine Liebe weiterzugeben, Erkenntnisse zu teilen und anderen dadurch zu helfen.

Jemand, der mit Gott unterwegs ist, erlebt und *entdeckt* also immer mehr Gottes Liebe und wird dadurch selbst mehr und mehr verändert. Er *vertieft* diese Beziehung sein Leben lang und wird so immer wieder neu befähigt, diese Liebe ganz praktisch an andere Menschen *weiterzugeben*. So funktioniert das Jesus-Prinzip, das aus unserem Leben ein „Leben in Fülle" macht.

UND JETZT ...?

Vielleicht hast du dir dieses Buch gekauft, vielleicht hast du es auch geschenkt bekommen. Nach diesem ersten Kapitel kannst du nun entscheiden: Lese ich weiter und lasse mich darauf ein, mit Gott neu oder wieder durchzustarten? Möchte ich praktisch werden und zurück an die Wurzeln meines Glaubens gehen?

Ich will dich einladen, auf die beeindruckende und abenteuerliche Reise mitzukommen, auf die dich dieses Buch mitnehmen möchte. Eine Reise, auf deren Weg du zu einer erfüllten Lebensführung gelangst.

Es warten neue Dimensionen auf dich.
Wie lautet deine Entscheidung?

3 ... 2 ... 1... LET'S MOVE!

u = 2·r·π

G.O.T.T. – WER IST DAS?

Als erste Station machen wir bei dem Halt, der im Mittelpunkt unserer Reise steht – warum wir überhaupt erst aufgebrochen sind: G.O.T.T. – das sind nur vier Buchstaben, jedoch mit einer großen Bedeutung. Interessanterweise hat jeder von uns ein Bild von dem Wesen, das sich dahinter verbirgt. Vor allem hat jeder ein *anderes* Bild in seinem Kopf, wenn er dieses Wort sieht.

Das ist ja nicht nur bei Gott der Fall. Ich gebe dir mal ein ganz anderes Beispiel. Was hältst du von Boygroups? Je nach Lebenslage wirst du unterschiedlich über dieses Phänomen denken. Vielleicht bist du Fan einer Boygroup und hast deine Zimmerwände mit Postern von ihr gepflastert. Du liebst die Texte der Lieder, sie machen dich glücklich und bauen dich auf. Du kannst stundenlang mit deinen Freunden darüber reden. Vielleicht bist du diese Person auch nicht selbst, hast aber so eine Teenie-Tochter und dich nervt diese Konservenmusik, die dauernd aus dem Kinderzimmer dudelt. Du liebst vielmehr Jazz und Klassik und bist der Meinung, diese Gruppierungen sind nur zusammengecastete Möchtegerne, deren Optik wichtiger ist als Können. Mit „Kunst" hat das alles wenig zu tun! Dein Bild dieser Jungs fällt damit eher negativ aus.

Egal, was du denkst und ob du damit recht hast – deine persönliche Perspektive über das Phänomen entscheidet, in welche Schublade du es steckst. Du lässt dich von deinen Meinungen und (Vor?)Urteilen beeinflussen.

Das passiert uns genauso, wenn wir uns ein Bild von Gott machen. Dieser Gott sagt selbst über sich, dass unsere Perspektive beschränkt ist. Dass wir ihn aus uns selbst heraus gar nicht wirklich einordnen können:

„Meine Gedanken sind nicht eure Gedanken, und meine Wege sind nicht eure Wege. Denn wie der Himmel die Erde überragt, so sind auch meine Wege viel höher als eure Wege und meine Gedanken als eure Gedanken."
Jesaja 55,8-9 (HFA)

Aber welche unserer eigenen Gedanken müssen wir „überwinden", um offener für das zu werden, wie Gott selbst über sich denkt und sich uns vorstellt?

Ich habe mich dazu mal umgehört und sowohl Kindern als auch Erwachsenen dieselbe Frage gestellt: Was denkst du über Gott? Meiner Meinung nach gibt es immer wieder folgende Vorurteile:

DIE 5 GRÖSSTEN VORURTEILE ÜBER GOTT

Gott ist humorlos und verbietet alles. Als ich ein Teenager war, habe ich das auch lange gedacht. Jedes Mal, wenn es um etwas geht, das Spaß macht, kommt er daher, hebt den Zeigefinger und sagt: „Nö!" Abenteuer? „Nö!" Sex? „Nö!"

Und ganz ehrlich: Manchmal scheinen Christen diesen spaßbefreiten Eindruck zu bestätigen. Doch ist das wirklich so?

Als ich irgendwann einmal selbst die Bibel aufgeschlagen und nachgesehen habe, was tatsächlich darin steht, war ich ziemlich geschockt. Denn die Aussagen, die Gott dort über sich und über uns macht, haben mein Bild von ihm völlig auf den Kopf gestellt. Ein Spaßbremsengott würde nämlich sicher nicht schreiben:

Erfreue dich an deiner Frau, die du als junger Mann geheiratet hast. Bewundere ihre Schönheit und Anmut! Berausche dich immer wieder an ihren Brüsten und an der Liebe, die sie dir schenkt! Sprüche 5,18-19 (HFA)

Oha, dachte ich, als ich diesen Vers das erste Mal gelesen habe – „berauschen" also! Hey, dieser Gott kennt mich! Auf einmal hatte ich Lust darauf, herauszufinden, wie Beziehung, Sexualität und all die anderen abenteuerlichen Dinge im Leben aus seiner Sicht gedacht sind. Und mehr und mehr kann ich sagen: Er ist gar nicht spaßbefreit, sondern hat extrem gute Ideen.

Mit langem Bart, gütigem Gesicht lässt er gemütlich die Beine über die Wolke baumeln. Besonders in der Adventszeit sieht man überall dicke, urige Weihnachtsmänner und viele Menschen stellen sich Gott so oder so ähnlich vor.

Mein Sohn stellt sich Gott als absoluten Riesen vor! Er ist soooooo groß, dass wir ihn gar nicht sehen können. Vielleicht maximal seinen großen Zeh? Ein Freund von Bene glaubt, dass Gott klitzeklein ist, schließlich passt er überall rein. In jede Ameise, jeden Käfer.

Gerade das Gottesbild, das wir uns als Kinder machen, bleibt lange in unseren Köpfen verankert. Aber ist das im Sinne des Erfinders?

Mit wem wollt ihr Gott vergleichen? Gibt es für ihn überhaupt ein passendes Bild? Jesaja 40,18 (HFA)

Gott liebt es durchaus, sich uns in Bildern zu zeigen – es ist mehr oder weniger die einzige Art, wie es für ihn überhaupt möglich ist, sich uns vorzustellen. Er muss unsere menschliche Denkweise benutzen, aber seine Gedanken und sein Wesen übersteigen unsere Vorstellungskraft wie gesagt um Welten. Daher kommt auch jedes Bild von Gott irgendwann an die Grenze seiner Interpretation, und im Letzten kann keins von sich zu 100 Prozent behaupten: So ist Gott! Es erfasst oder beschreibt maximal einzelne Facetten.

Gott ist einer, der mich doch nur unterdrücken will und für alles bestraft, was ich tu oder auch nicht tu. Er drückt uns Leid rein und bewahrt uns nicht vor dem Bösen.

Ist das so?

Wer aber nicht liebt, der weiß nichts von Gott; denn Gott ist Liebe. 1. Johannes 4,8 (HFA)

Gott ist Liebe! Diese Aussage findet sich nicht nur hier – ich hätte zahlreiche andere Bibelstellen zitieren können. Das Thema zieht sich von vorne bis hinten durch wie ein roter Faden. Das klingt nicht nach Tyrannei.

Manche antworteten mir: Gott ist doch eigentlich bloß so eine Witzfigur der Geschichte – ein vorsintflutlicher Angeber, der allmächtig sein soll, aber scheinbar nicht wirklich was bewirken kann. Ein schwacher Opa da oben, dem unsere Probleme hier unten offenbar egal sind. Er ist maximal was für schwache, bedürftige Menschen, die sich nicht anders zu helfen wissen und sich deshalb auf ihn stützen, wenn sie nicht weiterwissen. Wirklich?

Herr, du Gott über Himmel und Erde! Niemand ist so mächtig wie du! Was du auch tust: Auf dich ist Verlass! Du hast Gewalt über die Meere, und wenn sich die Wellen auftürmen wie gewaltige Mauern, bändigst du sie! Du hast das Meerungeheuer besiegt und zermalmt; machtvoll hast du deine Feinde in alle Winde zerstreut. Dir gehört der Himmel und dir gehört die Erde, das weite Land und was darauf lebt: Du hast alles geschaffen. Psalm 89, 9 -12 (HFA)

Diese Verse beschreiben alles andere als „nur" ein schönes Bild. Wo hier im Text „Meerungeheuer" steht, ist eigentlich etwas sehr Konkretes, nämlich ein ganzes Land gemeint: Ägypten. In der Geschichte des Volkes Israel war das ein reales Ungeheuer – die Ägypter hatten die Israeliten versklavt, zwangen sie zu harter Arbeit und unterdrückten sie in allen Belangen. Im 2. Buch Mose kannst du nachlesen, wie Gott mit dieser Situation aufgeräumt und sein Volk wieder in Freiheit geführt hat.

Gott findet man doch nur noch in alten Kirchen. Und da passt er auch hin, denn er ist alt und verstaubt. Höchstens noch irgendwie Ehrfurcht gebietend, aber keinesfalls relevant oder modern. Und genauso, wie wir zu Weihnachten oder zur Hochzeit eine solche Kirche besuchen und dann in unser „normales" Leben zurückkehren, so glauben wir vielleicht, dass Gott ebenfalls ab und zu mal einen Besuch wert ist, mehr aber auch nicht. Stimmt das?

Vergesst nicht: Wir selbst sind der Tempel des lebendigen Gottes. So hat Gott gesagt: „Ich will mitten unter ihnen leben. Ich will ihr Gott sein, und sie sollen mein Volk sein!" 2. Korinther 6,16 (HFA)

Gott ist ein Gott der Lebenden – das heißt, er ist mit den Lebenden unterwegs. Er ist aktuell in unserer Zeit und nicht in vergangenen Jahrhunderten stehen geblieben. Schließlich leben wir ja heute und nicht irgendwann vor hundert Jahren.

Wenn man intensiver darüber nachdenkt, sind diese alten Kirchen auch vielmehr ein Zeugnis von Gottes Innovationskraft.

Als sie gebaut wurden, waren sie das Modernste, was Architektur, Kunst und Technologie der damaligen Zeit zu bieten hatten. Eine Orgel klingt für heutige Ohren vielleicht altmodisch, aber damals war sie das ultimative Dolby-Surround-System – jeder Herrscher und Kirchenfürst wollte eine haben. Johann Sebastian Bach war quasi der Popstar seiner Zeit. Manche seiner Orgelstücke waren so progressiv und crazy, dass man ihn bat, er möge doch bitte etwas „gemäßigter“ komponieren und spielen.

Und die Bibel?

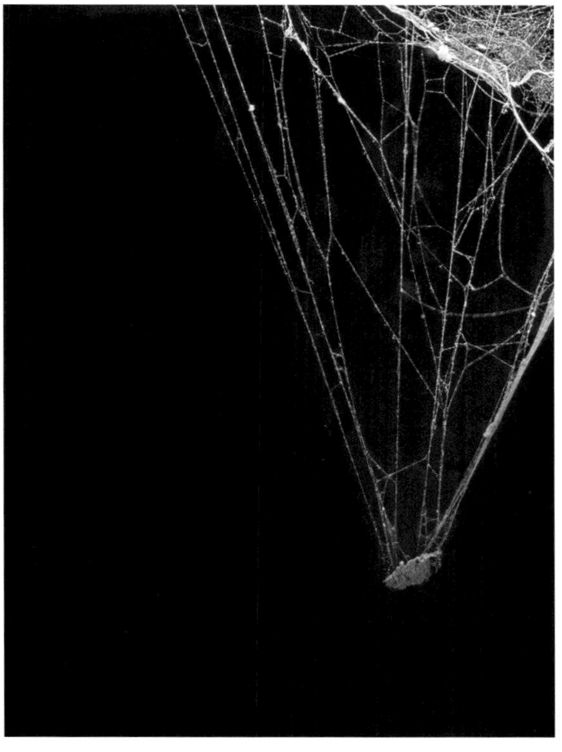

Als Luther sich überlegte, dem Volk mal etwas genauer „aufs Maul zu schauen“ und das, was Gesprächshema war, entscheidend mitzuprägen, nutzte er für die Produktion seiner neuen Bibelübersetzung die allerneueste Medientechnologie, die damals gerade die Welt revolutionierte: den Buchdruck mit beweglichen Lettern. Die Plakate und Flugblätter, über die sein Streit mit der Kirche publikumswirksam ausgetragen und diskutiert wurde, waren außerdem nichts anderes als das Social Media des 16. Jahrhunderts. Damals war Gott die Avantgarde.

Und heute?

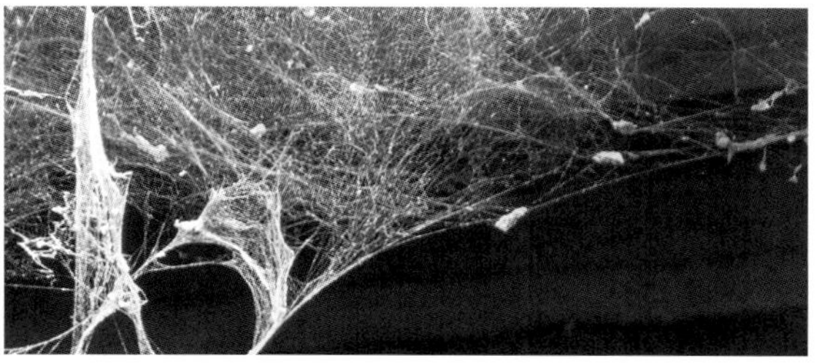

Heute glauben viele Leute, dass eine Religion mit Gebäuden aus dem Mittelalter, einer Musik, die mehrere Jahrhunderte alt ist, und einem Menschenbild aus längst vergangenen Zeiten auch einen Gott haben muss, der von vorgestern ist, oder? Aber wenn dieser Gott schon vor fünfhundert Jahren revolutionär war und sein Wesen sich nicht ändert, dann muss er das auch heute noch sein. Vielleicht müsste es heute nur anders aussehen als zu Luthers Zeiten oder für unsere Ohren anders klingen als die Melodien von Bach.

Gott ist sicher niemand, der an Dingen, Konzepten oder Stilen unbedingt festhalten will, nur weil sie für eine gewisse Zeit funktioniert haben. Er ist zutiefst am Puls der Zeit. Er hat kein Problem damit, heute Popmusik, Video-Livestreaming und Multimedia-Musicals einzusetzen und sich über Social Media und in angesagten Event-Locations bemerkbar zu machen.

Die Frage ist nicht, ob Gott heute noch da ist, wo wir sind. Sondern sie lautet vielmehr: Wie müssten Kirchen oder andere Begegnungsplattformen mit Gott aussehen, damit wir sie gerne nutzen? Und möchtest *du* dabei sein – sie aktiv mitgestalten?

Beim kritischen Betrachten dieser Bilder von Gott und dem Hinterfragen einiger Vorurteile ist vielleicht an der ein oder anderen Stelle das hervorgeblitzt, was Gott eigentlich ausmacht, wer er *wirklich* ist. Bevor wir aber noch mehr Augenmerk auf die Frage „Wie oder wer ist Gott?“ legen, würde ich gern mit dir in das eintauchen, wie er sich uns zeigt, wie wir einen Zugang zu ihm bekommen können.

etwas
Übernatürliches

MUTTER NATUR UND VATER GOTT

Es gibt Momente in unserem Leben, die etwas Besonderes in uns auslösen, die unsere Seele ergreifen. Das Neugeborene, das der Mutter auf die Brust gelegt wird. Der atemberaubende Sonnenuntergang. Das große Krabbeln, das wir unter einem Mikroskop erblicken und bei dem uns die Komplexität des Lebens bewusst wird. Zwei Menschen, die sich ewige Liebe versprechen und die beiden alten Herrschaften Hand in Hand auf der Parkbank, die diese Liebe immer noch leben.

In solchen Augenblicken merken wir, dass da irgendwie „mehr" ist als das, was wir sehen und begreifen. Doch um dieses „Mehr" zu beschreiben, reicht unser Wortschatz meist nicht aus. Oft klingt es einfach zu banal, trivial oder schlicht abgedroschen. Denn dahinter steckt irgendetwas Unsichtbares, Ursprüngliches, ein Fünkchen Wahrheit.

Etwas Übernatürliches.

Gerne benutzen wir als „Erklärung" für solche Momente eine alte Freundin: Mutter Natur. Das hat sie gut eingerichtet. Ein Wunder der Natur!

Oder wir argumentieren mit Liebe, Perfektion oder Reinheit – nur ein ganz bestimmtes Wort kommt uns nicht in den Sinn:

Gott.

Gott steckt in unserer Vorstellung eher im Gewand des Vaters fest, als dem der Natur, Liebe oder sonst etwas Großem.

Aber sind solche Momente nicht eigentlich göttliche Momente?

THEOLOGIE UND WISSENSCHAFT – (K)EIN WIDERSPRUCH?

Gott ist zwar unsichtbar, doch an seinen Werken, der Schöpfung, haben die Menschen seit jeher seine göttliche Macht und Größe sehen und erfahren können. Sie haben also keine Entschuldigung. Römer 1,20 (HFA)

Gerade in der Natur erlebt der Verfasser dieses Bibelverses Dinge, die seiner Ansicht nach göttlich sind. Er spürt etwas vom Himmel, wenn er sich in der Welt umsieht. Vielleicht war er auch wie ich begeistert von der Komplexität eines Blattes oder vom Wunder des Lebens und der menschlichen Entwicklung als solches. Vielen dieser Phänomene möchten die Naturwissenschaften auf den Grund gehen, indem sie in Form von Beweisen und Gesetzen Erklärungen dafür zu liefern versuchen.

Neulich kam ein Journalist zu mir und fragte mich: „Herr Teichen, Sie sind ja Pfarrer. Wie gehen Sie mit dem Widerspruch von Theologie und Wissenschaft um?“ Meine Antwort darauf war: „Welcher Widerspruch? Ich sehe keinen.“

Da ich unter anderem auch Physik studiert habe, habe ich keine Berührungsängste mit den Naturwissenschaften. Ich stelle ihre Gesetze nicht grundsätzlich infrage, sondern bewundere die Forscher eher für ihre Arbeit – was sie alles über die Natur und das Weltall herausgefunden haben, ist einfach erstaunlich! Ich fuhr fort:

„Wenn die Theologie ihren Job macht, besonderen Phänomenen auf den Grund zu gehen, nach ihrem Sinn und Ursprung zu fragen, und die Wissenschaft auf der anderen Seite die Gesetzmäßigkeiten hinter diesen Dingen erforscht und sie in ihrem logischen Zusammenhang zu erklären versucht, sind das lediglich zwei Herangehensweisen an ein und dieselbe Sache. Beide führen am Ende zum gleichen Ergebnis.“ Der Journalist machte zu diesem Zeitpunkt relativ große Augen. Ich erklärte weiter. „Nehmen Sie zum Beispiel die Quantenphysik. Sie hat herausgefunden, dass ein Teilchen zur gleichen Zeit an zwei verschiedenen Orten sein kann. Als ich das im Studium gelernt habe, fand ich das total abgefahren! Der Theologe behauptet dasselbe: Gott kann zur gleichen Zeit an zwei verschiedenen Orten sein. Aber man kennt das ja: Trifft ein Quantenphysiker diese Aussage, dann sind alle ganz ergriffen von dem verblüffenden Ergebnis. Behauptet dasselbe ein Theologe, schütteln zumindest die Atheisten milde lächelnd den Kopf und finden den Spinner ganz niedlich. ‚Was manche Leute glauben …‘ “

„Das mag alles schön und gut sein, Herr Teichen, aber die Schöpfungsgeschichte – das kann doch so nicht gewesen sein!“

„Da gebe ich Ihnen recht!“, antwortete ich. „Es kann eben schnell skurril werden, wenn eine der beiden Disziplinen versucht, den Job der jeweils anderen zu machen. Wenn ein Wissenschaftler versucht, Gott zu beweisen, oder sich ein Theologe bemüht, aus der Bibel naturwissenschaftliche Gesetze herauszulesen, geht das meistens schief. Kein Theologe kann meiner Meinung nach naturwissenschaftlich beweisen, wie Gott die Welt in genau sechs Tagen erschaffen hat oder wie es physikalisch möglich sein soll, mit einem ‚Es werde Licht‘ die Sonne zum Leuchten zu bringen. Es handelt sich hierbei nämlich um ein Bild, das Gottes Allmacht beschreibt. Seine Perfektion. Seine Idee von dieser Welt. Die Schöpfungsgeschichte will meiner Meinung nach keinen Wissenschaftsbericht über die exakten biologischen und physikalischen Bedingungen der ersten sechs Tage liefern. Sie will vielmehr sagen: Gott ist dein Schöpfer, Gott liebt dich! Und auch das, was mit Adam und Eva geschehen ist – dass sie Gott nicht vertraut haben – passiert jedem Menschen immer und immer wieder. Es geht also im übertragenen Sinn um uns alle.

SCIENCE & RELIGION

„Wenn die Theologie ihren Job macht, besonderen Phänomenen auf den Grund zu gehen, nach ihrem Sinn und Ursprung zu fragen, und die Wissenschaft auf der anderen Seite die Gesetzmäßigkeiten hinter diesen Dingen erforscht und sie in ihrem logischen Zusammenhang zu erklären versucht, sind das lediglich zwei Herangehensweisen an ein und dieselbe Sache. Beide führen am Ende zum gleichen Ergebnis.“

ANSÄTZE, MIT DENEN DIE NATURWISSEN-SCHAFTEN GOTTES EXISTENZ BEWEISEN WOLLEN:

GOTTES GEN

Der amerikanische Genetiker Dean Hamer befragte 2000 Menschen und testete deren Erbgut. Das Ergebnis: Leute, die sich in einem Fragebogen eine erhöhte Spiritualität zugeschrieben hatten, hatten eine gemeinsame Gensequenz. Für den Forscher ein Durchbruch! Dem Gen gab er den Namen: „das Gottesgen"! Wissenschaftlich: VMAT2. Seine Funktion: die Kontrolle des Botenstoffes Dopamin im Gehirn – welches unsere Spiritualität beeinflussen kann. „Gott" wäre damit eine Projektion unseres Gehirns.

GOTTES HELM

Ein umgebauter Motorradhelm, der durch elektromagnetische Impulse auf den Frontallappen der Großhirnrinde Visionen hervorruft. Er wurde bereits an 1000 Probanden erprobt. 80 Prozent von ihnen hatten während der Versuche das Gefühl, dass eine unsichtbare Person im Raum präsent sei. Demnach ist Gott also ein Stromstoß? Und kommt auf Knopfdruck?

GOTTES FORMEL

Der Mathematiker Kurt Gödel hat eine mathematische Beweisführung für die Existenz Gottes gefunden. Diese wurde 2013 sogar durch einen Computer nachvollzogen und als korrekt bestätigt. Ist Gott also ein komplexes Theorem?

Lass uns nun einmal tiefer in die Perspektive der Wissenschaft eintauchen: Wie beschreibt sie den Ursprung der Welt?

Das Leben auf der Erde begann bekanntlich in der Ursuppe. Darin gab es sehr, sehr viele kleine Teilchen, die durch Zufall eines Tages lebendig wurden – das Universum wurde geboren („Urknall"). Die unterschiedlichsten Formen von Leben entwickelten sich („Evolution"), bis hin zu einem unfassbaren Artenreichtum, der bis heute diffizile Ausformungen hervorbringt.

Aber was war denn das für ein **Zufall**?

Das ist der Punkt, an dem es schwierig für die Wissenschaften wird, denn auch sie kommen immer wieder an Grenzen, an denen sie die Dinge nicht mehr weiter erklären können.

Wer hat den Urknall verursacht? Und warum? Wessen Idee war es, dass sich Leben entwickeln sollte?

Diese Fragen bleiben aus wissenschaftlicher Sicht offen. Und genau hier setzt die Theologie an, sie befasst sich mit der gleichen Sache – der Welt, den Menschen, aber stellt eine andere Frage: Warum?

Mein Sohn Bene spielt am liebsten mit Lego. Die Idee der Ursuppe und des Urknalls kann man ein wenig damit vergleichen. Wir haben von einem befreundeten Kind ein gebrauchtes Lego-Flugzeugset bekommen, nur leider ohne Anleitung. Tausend kleine Teilchen liegen also komplett durcheinandergeschmissen in der Plastikbox. Wie kann man nun aus den vielen Steinen ein komplexes Flugzeug bauen? Vielleicht durch Schütteln? Sicher nicht! Ich brauche eine Anleitung und eine – nämlich meine oder Benes – Intelligenz. So ungefähr stelle ich mir die Ausgangssituation in der Ursuppe vor. Einfach so, indem sie sich zufällig hin und her bewegt, kann sich aus ihr doch kein Leben entwickelt haben?! Oder muss ich mein Legoset doch nur kräftig genug schütteln? Selbst wenn das funktionieren würde, stellt sich dann die Frage: Wer hätte das Ganze geschüttelt? Muss da nicht doch ein Plan dahinterstecken? Eine gewisse Intelligenz?

Wer glaubt, dass das der Zufall oder Mutter Natur war, der braucht mindestens genauso viel Glauben wie ich, wenn ich sage: Dahinter steckt Gott! Er hat die Prinzipien der Wissenschaft benutzt und sie bei seinem Wirken eingesetzt. Doch den Anfang, also den Teil, den wir nicht erklären können oder Zufall nennen, den hat er ausgelöst. Damit ist er sozusagen sowohl „Gott Vater" als auch „Mutter Natur".

DEFINIEREN HEISST EINGRENZEN

Egal ob Naturwissenschaftler, Theologe, Atheist oder gläubiger Mensch, eines haben wir irgendwie alle gemeinsam: Wir versuchen, Gott zu definieren. Die Lexika sind voll mit Definitionen über alles und jeden. Auch über Gott. Wusstest du, dass „definieren" aus dem Lateinischen kommt und wörtlich „eingrenzen" bedeutet? Wenn wir Gott also zu definieren versuchen, schränken wir ihn ein. Wir legen ihn auf bestimmte Eigenschaften fest, die ihn so absolut gar nicht ausmachen, vielleicht nur einen Ausschnitt seines Wesens darstellen. Uns gefällt das trotzdem, denn auf diese Weise bekommen wir das Gefühl, endlich zu „wissen", wer Gott ist.

Ich weiß ja nicht, wie du so drauf bist; aber wenn ich merke, dass sich jemand bereits ein fertiges Bild von mir gemacht und mich in eine Schublade gesteckt hat, *bevor* er mich überhaupt persönlich kennengelernt hat, dann kann ich ganz schön sauer werden. Dementsprechend glaube ich nicht, dass Gott es wirklich lustig findet, wenn wir mit ihm dasselbe machen. Aber wenn wir Gott nicht definieren können, was bleibt dann noch?

Vielleicht sollten wir an dieser Stelle Gott einfach mal selbst fragen: Wer bist du?

WER
BIST
DU?

MEIN WESEN IST DAS WESENTLICHE

Gott stellt sich ziemlich am Anfang der Bibel einem Mann namens Mose persönlich vor. Mose war zu diesem Zeitpunkt ein Hirte. Er befand sich in einer alltäglichen Situation – er hütete seine Schafe. Eigentlich ein ganz gewöhnlicher Tag in Moses Leben. Aber plötzlich sieht er einen brennenden Dornbusch, an dem etwas merkwürdig ist: Er verbrennt nicht. Das interessiert Mose, er geht näher hin, und auf einmal hört er eine Stimme, die zum ihm sagt:

„Ich bin der Gott deiner Vorfahren – der Gott Abrahams, Isaaks und Jakobs." 2. Mose 3,6 (HFA)

Ein Dornbusch, der spricht, soll Gott sein? Hmmm ... vielleicht schauen wir uns erst mal das an, was nicht ganz so schwer verständlich, aber extrem faszinierend ist: Gott spricht im Alltag zu Mose. Mitten hinein in sein Leben. Er ist nicht irgendwo im Himmel oder in anderen, weit entfernten Sphären. Er ist im Hier und Jetzt. Und dazu gehörte damals auch das Phänomen der brennenden Dornbüsche – dazu kam es aufgrund der Trockenheit öfter. Gott *ist* also kein Dornbusch, aber er benutzt dieses ganz normale Phänomen, um sich mitzuteilen. Doch auf außergewöhnliche Weise – denn der Busch brennt, ohne zu verbrennen. Das ist der Hinweis: Hier handelt es sich um etwas wirklich Übernatürliches.

Gehört hat Mose zwar schon von diesem Gott, denn die Geschichten über ihn hat er von seinen Vätern und Vorvätern erzählt bekommen. Aber er kennt ihn, seine Persönlichkeit und sein Wesen nicht wirklich. Er hat ihn noch nicht erlebt.

Mose findet die Situation sicher seltsam, will aber vielleicht nicht unhöflich sein und hört weiter zu. Er bekommt von der Stimme den Auftrag: „Führe mit mir ein versklavtes Volk aus Ägypten heraus und befreie es aus der Gefangenschaft." Was für ein unmöglicher Auftrag! Ägypten war eines der mächtigsten Länder zu dieser Zeit, mit einem starken und kriegerischen Pharao. Mose war wie gesagt Schafhirte.

Lass mich mal ein paar Jahrtausende vorspulen, direkt in unsere Gegenwart. Wie würde sich diese Geschichte heute abspielen? In deinem Alltag, deinem Büro, deiner Küche oder deinem Garten brennt auf einmal ein Computer, Toaster oder Komposthaufen und eine Stimme spricht zu dir: „Beende alle Kriege auf der Welt!"

Was würdest du tun?

Würdest du wie Mose reagieren?
Ich finde es auf jeden Fall schlüssig, was er nun tut.
Mose fragt den Dornbusch, der behauptet, Gott zu sein: „Wie heißt du eigentlich?" Er hat natürlich ein berechtigtes Interesse daran zu wissen, wer ihm da so einen großen Auftrag erteilt. Und er erhält eine überraschende Antwort (in 2. Mose 3,14):

EHJEH ASCHER EHJEH

DAS IST HEBRÄISCH UND BEDEUTET:
„ICH BIN, DER ICH BIN." (ELB)
„ICH BIN, DER ICH IMMER BIN." (NLB)
„ICH BIN DA." (GNB)

Wie jetzt? Gott heißt gar nicht Gott?

Jetzt reden wir die ganze Zeit über ihn und es ist gar nicht sein Name?

Das wäre, als würde man mich mit „Mensch" ansprechen, statt mit „Tobias". Nicht ganz falsch, aber trotzdem komisch und unpersönlich.

„Gott" ist lediglich eine Worthülse, die wir Menschen für ihn erfunden haben.

WOHER KOMMT DER NAME GOTT?

Das Wort ist sehr alt und kommt aus dem Germanischen. Es leitet sich vom Wort *guþ* ab, das stellvertretend für alle Gottheiten der germanischen Glaubenswelt verwendet worden ist. Es bedeutet so viel wie „der Angerufene". Im Zuge der Ausbreitung des Christentums wurde das Wort dann zur Bezeichnung des einen christlichen Gottes übernommen.

Eine andere Herleitung besagt, dass die altindische Silbe *di*, die für Licht steht, im englischen Wort *divine* steckt, das „göttlich" heißt, und auch in der lateinischen Form *de* wie bei *deus* übernommen wurde. Demnach sah man in Gott ein Lichtwesen.

Paulus benutzt in der Apostelgeschichte das griechische Wort „theos" (*theos* ist mit dem lateinischen *deus* verwandt). Er hatte stets das Ziel, Menschen in ihrer Kultur und ihrem Wortschatz zu begegnen. Er wollte ihnen auf diese Weise helfen, schneller erste Schritte auf dieses unfassbare Wesen „Gott" zugehen zu können – weil die Verstehenshürde nicht so hoch war. Seine Zuhörer besaßen im Gegensatz zu Israel keinen jüdischen Hintergrund mit seinem tiefen Verständnis des Alten Testaments und der hebräischen Sprache, sie entstammten großteils einer atheistischen Gesellschaft und somit waren auch ihre Sprache und Kultur etwas anders. Das könnte der Grund sein, warum wir heute immer noch zu Gott „Gott" sagen. Als Paulus auf den Marktplätzen von seinem „Ich bin, der ich bin" predigte, benutzte er den bekannten Begriff „theos" und füllte ihn neu. Das war einfacher und verständlicher für seine Zuhörer, als komplett neue Begrifflichkeiten einzuführen. Auch wenn Gott also nicht „Gott" heißt, haben Christen entschieden, diesen vertrauten Namen weiter zu verwenden.

Er selbst nennt sich also:

EHJEH ASCHER EHJEH

Was so viel bedeutet wie:

Ich werde in deinem Leben wirken. Aber wie, das musst du mir überlassen. Wenn es passiert, wirst du wissen, dass ich es bin! Du kannst mich erleben. Nur stecke mich nicht in eine Box, auf der „Vorurteile über Gott" steht – denn dann wirst du mich nie wirklich kennenlernen.

Gott stellt sich Mose also nicht mit einem gewöhnlichen Namen wie „Georg" oder „Karl-Gustav" vor. Stattdessen beschreibt er ihm ein Stück seines Wesens. Er ist unlimitiert und unfassbar – man kann ihn nicht in irgendwelche Vorstellungen pressen. Er ist so faszinierend und unergründlich, dass man ihn mit dem menschlichen Verstand nicht begreifen kann.

Und doch sind wir dafür gemacht, ihn erkennen und erleben zu können. Vielleicht gab es Situationen in deinem Leben, in denen du Gott schon begegnet bist. Vielleicht wusstest du damals bereits, dass gerade Gott am Werk ist – oder hast es nur unterschwellig „gespürt". Vielleicht wird es dir erst jetzt im Rückblick bewusst?

ALEXANDRA EICHE

WENN MAN GAR NICHT DAMIT RECHNET …

Es ist irgendwie absurd, aber in der Sturm und Drang-Zeit meines Lebens, als ich eigentlich gar nicht so viel mit Gott anfangen konnte, hatte ich die entscheidenste Gottesbegegnung meines Lebens:

Ich bin in keinem klassisch christlichen Elternhaus groß geworden und doch habe ich bereits als Jugendliche Gott kennengelernt: bei den christlichen Pfadfindern. Meine Stiefmutter hatte mich da angemeldet. Bis heute frage ich mich, wie sie überhaupt auf die Idee kam, MICH zu den Pfadfindern zu schicken! Ich war dafür die ungeeignetste Person, die man sich vorstellen kann: Ich ekle mich vor Spinnen und Matsch, Zelte konnte ich nie aufbauen, da mussten mir immer die Jungs helfen, und wenn wir mit einer Karte und einem Kompass irgendwo im Wald ausgesetzt wurden, war es mein Team, das sich am Ende so im tiefen Wald verlief, dass wir abgeholt werden mussten.

Aber dort begann mein Weg mit Gott. Beim Lagerfeuer wurden Lieder mit christlichen Werten gesungen und wir mussten als Pfadfinder immer wieder mal einen Gottesdienst in der dazugehörigen Freikirche organisieren. So landete ich letztlich in der Kirche, besuchte sie regelmäßig und wuchs im Glauben heran. Was besonders von unserem Jugendpastor gefördert wurde, war, auf Gottes Stimme zu hören. So sammelte ich meine ersten Erfahrungen darin, mich durch den Heiligen Geist in die Kommunikation mit Gott zu begeben und diesen Impulsen in meinem Alltag zu folgen.

Je älter ich wurde, desto mehr begann allerdings auch die „andere" Welt zu schillern. Die Welt, in der gefeiert, getrunken wurde und Drogen genommen wurden. Meine damalige Schulfreundin und ich begannen die Münchner Clubs unsicher zu machen. Bis dahin waren wir noch total harmlos, wir feierten, tanzten und hatten einfach unseren Spaß. Parallel dazu wurde mir allerdings von der Kirche vermittelt: Wenn du ein guter Christ bist, dann feierst du nicht, dann darfst du keinen Alkohol trinken, dann musst du jeden Sonntag in den Gottesdienst gehen usw. Falls du es nicht schaffst, das alles einzuhalten, dann liebt dich Gott nicht. Für mich war Gottes Liebe am Ende an so viele Bedingungen geknüpft, dass ich irgendwann einfach aufgab. Ich dachte, ich schaffe es sowieso nicht, „gut genug" und damit wertvoll und liebenswert zu sein. Mit diesem Entschluss kehrte ich der Kirche den Rücken zu und somit auch Gott.

Nun begann die wirkliche Sturm und Drang-Zeit: Meine Schulfreundin und ich feierten oft ein ganzes Wochenende durch – wir begannen Freitagabend und kamen Sonntagabend erst wieder nach Hause. Wir flogen zu jeder guten Party – egal ob nach Ibiza, Barcelona, Berlin oder Madrid, wir ließen es richtig krachen. Mit der Zeit wurde es immer verruchter und ich bekam einen Einblick in die Welt, über die ich selbst dachte: „Du meine Güte!" Da gab es Polizisten, die vor uns koksten, Frauen, die wie wild im Club rumknutschten, ein Pärchen, das sich in der Disco die Nummer drei für den Sex der kommenden Nacht aussuchte, oder Männer, die als Droge Tropfen nahmen, die normalerweise Ochsen betäuben.

Ich begann zu zweifeln und merkte, dass ich nicht glücklich war.

Meine Freundin Melanie, mit der ich in der Kirche aufgewachsen war, blieb in der Zeit an mir dran. Sie war noch immer in der Kirche und bemühte sich liebevoll bei unseren gelegentlichen Treffen, mich wieder auf „den rechten Pfad" zu bringen. Auf irgendeine Weise war sie der einzige Kontakt, den ich irgendwie noch mit Gott hatte.

Melli war seit einiger Zeit verheiratet und ich war damals ihre Trauzeugin. Eines Morgens stand ich unter der Dusche und ich hörte eine Stimme in meinem Kopf sagen: „Jetzt ist sie schwanger!" Ich erstarrte, denn ich wusste genau, wer da spricht und um wen es geht. Das war Gott und er meinte meine Melli. Aber warum um alles in der Welt sprach Gott überhaupt noch mit mir? Mir, die doch alles in seinen Augen falsch gemacht hatte? So hatte ich es zumindest gelernt ... Und dann vertraute er mir auch noch so was Krasses an? *Mir*?! Ich verstand es nicht.

So schnell wie möglich musste ich es aufdecken und vereinbarte mit Melli ein Treffen. Ich wollte ihr davon erzählen. Doch ich zweifelte auch: Das war doch nicht Gott! Du bildest dir ein, er würde mit dir reden? Du, die so viel Mist baut? Das kann nicht sein! Du machst dich gleich lächerlich bei Melli ... Aber wenn ich was will, dann hält mich nichts auf und mein Vertrauen, dass es Gott war, war stärker als jede Lüge in meinem Kopf.

Ich erzählte Melli meinen Gedanken. Daraufhin fiel sie vor Freude aus allen Wolken. Was, wenn das wirklich stimmte? Sie waren zwar schon eine Weile verheiratet, aber damit hatten sie noch nicht gerechnet. Schnell machte sie einen Schwangerschaftstest, um der Sache ein Ende zu setzen.
Sie war schwanger!

Diese Gottesbegegnung änderte mein ganzes Leben. Ich erkannte, dass Gott mit mir spricht und mich liebt, egal was ich mache. Ich habe erkannt, dass ich ein falsches Gottesbild mit mir herumgetragen habe, das ich nun loslassen konnte. Mir wurde bewusst, dass ich ihm immer gleich wert gewesen bin, egal wie ich gelebt habe. Dass seine Liebe nicht an Bedingungen geknüpft ist, wurde mir absolut deutlich. Ich kehrte voller Buße in seine liebenden Arme zurück und er war sofort wieder für mich da!

Gott schenkte Mellis Familie ein neues Leben und mir schenkte er dadurch ebenfalls ein neues Leben. Ich weiß heute, dass seine Liebe an keine Bedingungen geknüpft ist. □

Wir wissen und fühlen es, wenn wir Gott begegnen. So wie er sich Mose vorstellt, können wir ihn auch heute immer wieder neu erleben. Er ist ein Wesen, das größer ist als alles, was du bisher erlebt hast – und er hat viel mit deinem Leben vor.

Bevor der Schafhirte Mose Gott getroffen hatte, konnte er sich nicht vorstellen, dass er einmal der Anführer eines ganzen Volkes sein würde. Dass er die mächtigen Ägypter besiegen würde. Und hier geht es weniger um die Erfüllung von Ämtern, um das Ausüben von Macht – wir brauchen schließlich nicht Millionen von Anführern und Königen. Es geht um eine innere Befreiung und eine tiefe Erfüllung in dem, wer man ist und was man tut. Ich bin davon überzeugt, dass die Kraft, die Gott hier verspricht, dein Leben verändern und Neuanfänge ermöglichen kann.

Doch Gott will **noch** mehr, er hat nicht nur Interesse daran, in und durch dich zu wirken. Ihm geht es um dich selbst: Er hat vor allem ein echtes und ehrliches Interesse an dir persönlich!

FREUNDSCHAFT MIT GOTT – EINE BEZIEHUNG MIT HINDERNISSEN

Gott hat aber nicht nur ein ehrliches Interesse an dir persönlich, er will sogar noch mehr!

Erinnerst du dich an das Gebot, das aus Jesu Sicht das Wichtigste ist? Es ist so wichtig, dass ich es am besten noch einmal wiederhole:

„‚Du sollst den Herrn, deinen Gott, lieben von ganzem Herzen, mit ganzer Hingabe und mit deinem ganzen Verstand!' Dies ist das größte und wichtigste Gebot. Ein zweites ist ebenso wichtig: ‚Liebe deine Mitmenschen wie dich selbst!'" Matthäus 22,37-39 (NGÜ)

Gott ist also ein Fan von Beziehungen. Er möchte, dass deine Beziehung zu dir selbst gesund ist, du gute Beziehungen zu deinen Mitmenschen aufbaust und dass du eine tiefe, liebevolle Beziehung mit ihm eingehst.

Du sollst den Herrn,
deinen Gott,

LIEBEN

mit ganzer Hingabe und mit deinem ganzen Verstand! Das ist das erste und wichtigste Gebot. Ebenso wichtig ist aber das zweite: Liebe deinen Mitmenschen wie dich selbst!

Moment – eine *Liebes*beziehung mit Gott? Für mich als Mann klingt das angesichts des weit verbreiteten, eher männlichen Gottesbildes erst einmal etwas seltsam ... Je mehr ich mich aber damit beschäftige, desto mehr begreife ich, was das bedeutet: Ähnlich wie zwischen Mann und Frau geht es darum, einander bedingungslos anzunehmen, zu vertrauen – eben „mit ganzem Herzen, Hingabe und Verstand" eins zu werden. In sehr engen Freundschaften oder guten Familienverhältnissen erlebt man solche Intimität manchmal auch, nur dass man den Alltag meist nicht (mehr) oder nicht besonders intensiv miteinander teilt. Genau das wünscht sich Gott aber von unserer Beziehung zu ihm – keine Kompromisse, sondern geteiltes Leben. Im Übrigen merkt man an der Stelle mal wieder, wie beschränkt unsere Vorstellungen von Gott sind – allein, dass er männlich sein soll, ist ganz und gar nicht biblisch. Gott erschafft zwar den Menschen in zwei Versionen – männlich und weiblich, er selbst aber ist beides, denn der Mensch – also Mann und Frau – ist als Ganzes sein Ebenbild (1. Mose 1,27).

Mit Liebesbeziehungen gibt es aber noch ein weiteres Problem, das du sicher kennst, wenn du schon mal verliebt warst – egal ob glücklich oder unglücklich: Es gehören immer zwei dazu.

GOTT + ICH = ♡

Ich kann mich noch gut an einen ganz besonderen Moment erinnern: Ich sitze mit knackigen 19 Jahren mit meinen Jungs zusammen. Auf einmal geht die Tür auf und ein engelsgleiches Wesen schwebt herein. Ich bin fasziniert! Wer ist das? Bald habe ich zumindest ihren Namen herausgefunden: Sie heißt Frauke. Sie zieht mich an. Je mehr Zeit ich mit ihr verbringe, desto mehr begeistert sie mich. Irgendwann muss ich mir eingestehen: Ich bin verliebt.

Nun ist Vollgas angesagt: Ich organisiere Geschenke, was, wenn man mich kennt, als außerordentliche Leistung angesehen werden kann! Und auch wenn die Trefferquote in Bezug auf ihren exquisiten Geschmack (bis heute) eher gering ausfällt, bleibe ich dran. Ich werde kreativ, bleibe stets aufmerksam und zeige mich von meiner besten Seite.

Dennoch blieb damals ein ungutes Gefühl, denn ich wusste: Egal, wie sehr ich mich auch bemühe, am Ende muss sie ihre Entscheidung für oder gegen mich alleine treffen. Ich konnte sie ja nicht bestechen oder mit telepathischen Fähigkeiten ihren Willen beeinflussen, damit sie sich auch in mich verliebt. Glücklicherweise habe ich ihr Herz berührt und sie hat sich auch für mich entschieden. Aber die Wahl war ihre. Hätte sie mich nicht gewollt, wären wir heute nicht verheiratet und würden ein jeweils ganz anderes Leben führen.

Liebe steht vor einem Problem: Sie ist immer freiwillig. Ansonsten ist es keine echte, keine ehrliche Liebe. Eine Beziehung, die einseitig ist, existiert vielleicht zum Schein, ist aber keine *Liebes*beziehung. Liebe bedeutet, dass sich beide Beteiligten in Freiheit für oder gegen den anderen entscheiden können.

So ist das auch zwischen dir und Gott.

Was seinen Part angeht, ist die Sache klar: Gott liebt dich, er ist reine Liebe:

Ich habe dich je und je geliebt, darum habe ich dich zu mir gezogen, aus lauter Güte. Jeremia 31,3 (LUT)

Du bist so wertvoll für ihn, dass er bereit ist alles, für dich zu geben:

Denn Gott hat die Menschen so sehr geliebt, dass er seinen einzigen Sohn für sie hergab. Jeder, der an ihn glaubt, wird nicht zugrunde gehen, sondern das ewige Leben haben. Johannes 3,16 (HFA)

„ER HAT SICH BEREITS FÜR DICH ENT-SCHIEDEN."

Gott fließt über vor Liebe, er möchte sie dir schenken. Du musst dafür keine Leistung erbringen und du brauchst dir sein Interesse nicht zu verdienen. Es ist egal, ob du schön bist oder Macken hast, alt oder jung, sportlich oder eine Couchpotato bist. Bei Gott gibt es keine Balzphase, in der du dich ins rechte Licht rücken musst, so wie ich bei Frauke. Es wäre auch sehr skurril, sich für einen Gott zu verstellen, der doch alle Masken und Schauspielerei sofort durchschaut, weil er dich und mich eh in- und auswendig kennt. Und genau so, wie er dich kennt, liebt er dich auch.

Er hat sich bereits für dich entschieden. Das ist Fakt.

Dennoch: Zu einer Beziehung gehören immer zwei. Dein freier Wille entscheidet, ob *du* diese Beziehung mit Gott auch eingehen willst. Gott wird auf deiner Seite der Beziehung nicht eingreifen. Er lässt dir die freie Wahl, er wird dich zu nichts zwingen. Unter Zwang kann Liebe nicht aufblühen.

Ich kann mich noch gut an die Zettel erinnern, die man früher in der Schule manchmal in die Hand gedrückt bekam, und auf denen stand:

Willst du mit mir gehen? Kreuze an:

- ☐ Ja
- ☐ Nein
- ☐ Vielleicht

Stell dir vor, Gott würde dir so einen Zettel zustecken. Was würdest du ankreuzen?

- ☐ Ja?
- ☐ Nein?
- ☐ Vielleicht?

Zwischen Menschen kommt es dabei darauf an, wie gut oder schlecht ich die Person kenne, die mir da ihre Liebe anbietet. Bei Gott ist das nicht anders: Kenne ich ihn schon gut genug, um ihm ein Vorschussvertrauen auszusprechen, oder bin ich noch unentschlossen? Bin ich bereit, das Wagnis dieser Beziehung einzugehen?

Eigentlich hört sich das doch einfach an: Man hat die freie Wahl und kann eben Ja oder Nein sagen. Und doch ist es oft keine leichte Entscheidung für uns. Viele sind sich ihrer Wahlmöglichkeit so auch gar nicht bewusst und keine Entscheidung ist irgendwie auch eine Entscheidung.

Was macht es uns Menschen so schwer, uns für Gott zu entscheiden? Oder, wenn wir bereits in einer Liebesbeziehung mit ihm stehen: bei diesem Ja zu bleiben? Uns nicht wieder von ihm zu trennen, wenn wir frustriert sind, die Kommunikation nicht zu klappen scheint oder wir ihn in bestimmten Lebenssituationen nicht verstehen und uns fragen: Warum handelt er jetzt so?

Diese Situationen nicht nur auszuhalten oder passiv auszusitzen, sondern aktiv miteinander anzugehen, nennt man „Beziehungsarbeit“. Klingt schon nicht mehr ganz so sexy, oder? Warum sollte es sich lohnen, mit Gott einen so anstrengenden Part auf sich zu nehmen? Wie geht das mit ihm, durch alles hindurch immer enger zusammenzuwachsen, und es nicht durch Barrieren auf eine Trennung hinauslaufen zu lassen?

DER TIEFE GRABEN

Dass ich heute als Pastor im ICF München arbeite, über Gott predige und in meinem Alltag eine lebendige Gottesbeziehung pflege, liegt nicht daran, dass ich „einfach schon immer" diesen Draht zu Gott hatte. Als Jugendlicher war ich zwar der Meinung, dass es so etwas wie einen Gott wohl gibt, dass es „da draußen" mehr gibt als unsere Wirklichkeit. Es war aber nur ein diffuses Gefühl, kein tieferes Wissen. In Krisen habe ich manchmal zu ihm gebetet, aber irgendwie kam mir das immer so vor, als ob meine Gebete an der Zimmerdecke abprallen. Ich bekam so viel Reaktion, als hätte ich mich mit meinem Kopfkissen unterhalten.

In meinem Umfeld sah das anders aus. Dort gab es Menschen – Christen, die anscheinend eine innige Beziehung mit Gott führten. Von ihnen hörte ich Dinge wie: „Ich habe gestern eine tolle Zeit mit Gott verbracht. Ich bin ihm ganz nah gewesen und habe mit ihm gesprochen." Einerseits klang das zwar ganz nett, andererseits aber auch irgendwie spooky, sodass ich es immer recht schnell abgetan habe. Um ehrlich zu sein, hätte ich mir aber tief drinnen doch gewünscht, auch so eine Beziehung zu Gott zu haben. Aus irgendeinem Grund ging das aber nicht. Gott war für mich weit weg und nicht greifbar. Ich musste irgendwann feststellen: Etwas befand sich zwischen Gott und mir, so etwas wie ein unüberwindbarer Graben.

Nun passen diese drei Tatsachen aber irgendwie nicht zusammen: Gott existiert. Er möchte eine Beziehung zu mir. Und ich möchte dasselbe.

Was soll dann noch zwischen uns stehen?

Ich glaube, hier greift dasselbe Prinzip, das auch in menschlichen Beziehungen wieder und wieder auftritt: innere Distanz. Sie entsteht zwischen Freunden, Ehepartnern oder Eltern und Kindern, selbst wenn sie in derselben Wohnung leben. Etwas ist vorgefallen, man wurde enttäuscht oder verletzt. Vielleicht fühlt man sich hintergangen. Hass und Bitterkeit breiten sich aus, und man will dem anderen nur noch aus dem Weg gehen. Ein unsichtbarer Graben, eine tiefe Schlucht ist zwischen den Beteiligten entstanden.

Folgendes Phänomen fällt mir dabei immer wieder auf, wenn ich mit Menschen rede, deren Ehe gescheitert ist, weil sie vom Partner betrogen wurden: Wenn ich sie frage: „Hast du es nicht gemerkt, dass dein Mann, deine Frau sich jemand anderen gesucht hat?“ häufig erhalte ich dann mehr oder weniger folgende Antwort: „Natürlich habe ich etwas gemerkt, aber ich konnte es nicht greifen. Es war eine Distanz, das Gefühl, dass er oder sie mir entgleitet.“ Man kann es nicht erklären, aber man spürt die Entfernung zwischen einem selbst und seinem Gegenüber.

Auch in meiner Ehe kenne ich solche Situationen. Kürzlich wachte ich friedlich morgens auf, blinzelte verschlafen in die Sonne, als von links nur ein militärisches „Tobias! Hast du mir irgendetwas zu sagen?“ zu mir herüberdonnerte. „Ähhh, was?“, stotterte ich. Ich war ja gerade erst am Aufwachen. Wovon redete sie? Ich kramte mit schlechtem Gewissen in meinem Hirnkasten herum, bis es mir einfiel. Mein Arzt hatte mir vor einiger Zeit eine schlechte Diagnose über den Zustand meines Herzens gestellt. Damit sich Frauke keine Sorgen machte, hatte ich es ihr nicht erzählt. Ich hatte ein Geheimnis vor ihr. Doch sie hatte gespürt, dass etwas nicht stimmte, und stellte mich aufgrund ihres Bauchgefühls nun zur Rede. Gott sei Dank konnte ich es ihr erzählen, und gemeinsam mit Gott konnten wir auch diese Herausforderung meistern.

Liebe erfordert immer Herzensnähe und Offenheit, egal, ob in Beziehungen zwischen Menschen oder zwischen uns und Gott. Ist diese Nähe gestört, dann kommt es zur inneren Distanz. Der andere kann die ganze Zeit neben dir stehen oder sogar die Wohnung oder das Bett mit dir teilen, doch innerlich ist er oder sie Lichtjahre von dir entfernt.

Auch Gott ist faktisch immer nah, er steht gewissermaßen stets neben uns.

Der Herr, euer Gott, geht mit euch. Er hält immer zu euch und lässt euch nicht im Stich! 5. Mose 31,6 (HFA)

Während du das hier liest, schaut er über deine Schulter, doch für dich kann es sich so anfühlen, als würde er irgendwo im Weltall umherschwirren.

Trotzdem ist er da, und er will eine Beziehung zu dir. Sich für ihn zu entscheiden, bedeutet, die innere Distanz zu überwinden, Nähe zuzulassen. Diesen Vertrauensschritt kannst du nur gehen, wenn du von Gottes Wesen und seiner Liebe so tief berührt wurdest, dass es etwas in dir auslöst. Dass du nach seinem Vorbild leben und diese Liebe anderen weitergeben möchtest. Vielleicht hattest du diesen Moment noch nie. Vielleicht handelt es sich nur um eine vage Vermutung. Du bist noch unsicher. Der Graben scheint unüberwindbar.

Doch selbst wenn man sich einmal für die Beziehung zu Gott entschieden hat, existieren solche Gräben noch. Nicht immer ist man sich gleich nah, auch weiterhin existieren Momente oder Phasen der Distanz. Die entscheidende Frage ist also: Wie kann ich das (immer wieder) überwinden, sodass nichts mehr zwischen Gott und mir steht?

DER
TIEF
GRA

BEN

DER HERR, EUER GOTT, GEHT MIT EUCH. ER HÄLT IMMER ZU EUCH UND LÄSST EUCH NICHT IM STICH! 5.MOSE 31,6 (HFA)

WOHIN MIT DEM SEELENMÜLL?

Gott ist in seinem Wesen unbegrenzt und seine Liebe übersteigt ebenfalls alles, was wir uns vorstellen können. In der Bibel wird sie so beschrieben:

Die Liebe ist geduldig und freundlich. Sie ist nicht neidisch oder überheblich, stolz oder anstößig. Die Liebe ist nicht selbstsüchtig. Sie lässt sich nicht reizen, und wenn man ihr Böses tut, trägt sie es nicht nach. Sie freut sich niemals über Ungerechtigkeit, sondern sie freut sich immer an der Wahrheit. Die Liebe erträgt alles, verliert nie den Glauben, bewahrt stets die Hoffnung und bleibt bestehen, was auch geschieht.

1. Korinther 13,4-7 (NLB)

Ich habe das schon oft gelesen und mich dabei immer wieder gefragt: Trifft diese Beschreibung auf meine Art zu lieben und zu leben zu? Gehe ich so mit meinen Mitmenschen um? Oft genug muss ich diese Fragen mit „Nein" beantworten. Und genau darin liegt das Problem.

Gottes Liebe ist so rein und groß, dass ich mit ihr nicht mithalten kann. Das, was er mir entgegenbringt, kann ich in den seltensten Fällen zurückgeben oder anderen Menschen gegenüber aufbringen. Ich schaffe es nicht, immer liebevoll, geduldig oder ermutigend zu sein. Im Gegenteil – ich habe so viele destruktive Entscheidungen in meinem Leben und in meinen Beziehungen getroffen (und treffe sie immer noch), dass ich mich noch nicht mal ansatzweise mit dieser göttlichen Liebe messen kann. Zu oft bin ich verletzend gegenüber anderen – oft, weil ich selbst verletzt worden bin. Ich bin kein fehlerfreier, perfekter Mensch. Und ich wage zu behaupten, dass das nicht nur auf mich zutrifft. Jeder hat und macht Fehler. Fehlerhaftigkeit zeichnet uns Menschen aus. Scheitern gehört leider mit dazu.

LIEBE IST

... geduldig und freundlich. Sie ist nicht neidisch oder überheblich, stolz oder anstößig. Die Liebe ist nicht selbstsüchtig. Sie lässt sich nicht reizen, und wenn man ihr Böses tut, trägt sie es nicht nach. Sie freut sich niemals über Ungerechtigkeit, sondern sie freut sich immer an der Wahrheit. Die Liebe erträgt alles, verliert nie den Glauben, bewahrt stets die Hoffnung und bleibt bestehen, was auch geschieht.

1. Korinther 13,4-7 (NLB)

Die Folgen dieser Fehler und Fehlentscheidungen im Leben tragen wir alle mit uns herum. Sie sind wie Gegenstände, die sich in einer Wohnung ansammeln. Meistens sind sie alt oder überflüssig, aber irgendwie gehören sie zu uns. Daher schmeißen wir sie nicht weg, sondern stellen sie lieber in den Keller. Kennst du dieses Kellerproblem?

Ich wohne im Dachgeschoß eines Mehrfamilienhauses, und seit Wochen liegt mir meine Frau in den Ohren: „Tobias, räum doch endlich mal den Keller auf!" Aber unser Keller ist so dermaßen vollgestellt, dass mich sein derzeitiger Zustand weniger stresst als die Vorstellung, ihn entrümpeln zu müssen. Es widerstrebt mir, ihn auszumisten und für Ordnung zu sorgen, obwohl ich weiß, dass ich das müsste. Aber auch wenn ich ganz oben wohne und der Keller ganz unten ist – ich kann ihn nicht ausblenden. In meinem Unterbewusstsein rumort das Thema.

Jeder von uns hat auch einen geistlichen Lebenskeller, in dem jede Menge Seelenmüll lagert. Wir legen dort alles ab, was uns an Erfahrungen, Erlebnissen oder Fehlern belastet. Dinge, die wir nicht ausmisten wollen, selbst wenn wir wissen, dass wir es sollten. Auch wenn wir sie in die tiefsten, dunklen Winkel verbannen, stressen sie uns doch unterbewusst weiter.

Zu den beliebtesten Dingen, die wir dort abstellen, gehört Schuld, die wir nicht verarbeitet haben. Es kann eigene Schuld sein – Fehler, die wir gemacht haben, oder auch Schuld von anderen uns gegenüber. Dann gibt es Verhaltensweisen, die tiefe Verletzungen mit sich bringen können. Solche Muster können zum Teil über ganze Generationen weitergegeben werden. Zum Beispiel sagt man ja oft: „Das hat schon mein Vater immer so gemacht, das habe ich von ihm." In manchen Familien gehört es fast schon selbstverständlich dazu, dass die Männer eben jähzornig sind. Der Opa hatte sich öfter nicht im Griff, sein Sohn und auch sein Enkel neigen ebenso zu unkontrollierten Wutausbrüchen. Aber auch Krankheiten können Familien über Generationen hinweg drangsalieren. Die Bibel nennt so etwas einen Fluch. Dieses alte Wort beschreibt das immer noch wohlbekannte Phänomen, dass man bestimmten Dingen nicht entkommt, weil man über lange Zeit wie darauf festgelegt wurde. „Es ist halt so." Dinge, die in der Familiengeschichte wieder und wieder auftauchen – Depressionen, Krebs oder Ähnliches – und die sich wie ein roter Faden durch die Generationen ziehen, können so ein Fluch sein.

Ein anderer Punkt, den wir gern in die hinterste Ecke des Kellers verbannen, ist Schmerz. Zum Beispiel, wenn man den Bruch einer alten Beziehung noch nicht verarbeitet hat – vielleicht weil der Partner fremdgegangen ist. Wenn man dann eine neue Beziehung eingehen will, kann einen dabei diese alte Verletzung so stark beeinflussen, dass es schlicht unmöglich wird, sich neu zu öffnen – selbst wenn man gerne möchte. Man tut sich schwer, neues Vertrauen aufzubauen, und schleppt stattdessen den Ballast der alten Beziehung mit, verhält sich eher argwöhnisch und distanziert oder klammert sich zu sehr an den anderen aus Angst, auch ihn zu verlieren. So oder so ist diese neue Partnerschaft gefährdet und wird am Ende vielleicht sogar deswegen zerstört. Auf diese Weise kann sich der Lebenskeller über die Jahre immer weiter auffüllen, ein Schmerz folgt auf den nächsten.

Auf menschlicher Ebene ist es einfach, dieses Phänomen nachzuvollziehen. Nahezu jeder hat schon mal diese oder ähnliche negative Erfahrungen mit Schuld oder Schmerz machen müssen.

Kann es aber sein, dass dasselbe Prinzip auch in unserer Beziehung mit Gott wirkt?

Dass dieser Seelenmüll für den Graben verantwortlich ist, der sich zwischen uns und Gott befindet?

Dass er uns voneinander trennt, sodass wir uns Gott eher fern als nah fühlen?

Quellen unsere Lebenskeller vor lauter Gerümpel aus der Vergangenheit so über, dass es uns kaum möglich ist, eine uneingeschränkte, liebe- und vertrauensvolle Beziehung zu Gott einzugehen?

Diese Fragen können unangenehm, aber auch eine Art Schlüssel sein, um weiterzukommen. Gott möchte, dass wir in der Beziehung zu ihm aufblühen. Wie in zwischenmenschlichen Beziehungen steht aber auch hier alles, was wir in unserem Lebenskeller an Seelenmüll liegen haben, einer echten Herzensnähe im Weg. Ohne sie gibt es wiederum keine echte Gemeinschaft zwischen Gott und uns, aber auch nicht zu unseren Mitmenschen oder zu uns selbst. In allen Belangen sind wir wie blockiert. Es trennt uns vom Leben, wie es eigentlich sein sollte: Versöhnt mit Gott, unseren Mitmenschen und uns selbst. Gott spricht davon, dass er dieses Leben ist, das haben wir schon gesehen:

Ich aber bringe Leben – und dies im Überfluss.
Johannes 10,10b (HFA)

Jesus spricht hier nicht von Atmen, Essen und Schlafen. Er spricht von jenem Leben, das Gott für uns vorbereitet hat. Ein Leben ohne Einschränkungen. Ja, er macht es möglich, dass wir es in aller Freiheit genießen können.

AM ZIEL VORBEIGESCHOSSEN

Die Bibel kennt einen Begriff für all das, was unseren Keller füllt und den Graben gräbt zwischen Gott, anderen Menschen und uns:

SÜNDE!

Was für ein Wort!

Ich weiß ja nicht, wie es dir mit diesem Begriff geht, aber bei mir gingen da über viele Jahre hinweg regelmäßig sämtliche Vorurteilsschubladen auf! Jeder hat eine Vorstellung von Sünde und füllt sie damit auf.

Der eine hebt gern den Zeigefinger und verurteilt: „Oooh Sünde! Böse, böse! Du Sünder, du!"

Der andere denkt an das Sprichwort: „Das ist aber eine Sünde wert." Was so viel bedeutet wie: Alles was Spaß macht, ist von Gott verboten. (Und macht deswegen gleich noch mehr Spaß ...) Lass uns mal probieren, diesen Begriff zu entstauben. Um die Bedeutung eines biblischen Wortes zu verstehen, empfiehlt es sich meistens, dessen Ursprung nachzuschlagen.

Unser Wort „Sünde" ist eine Übersetzung des griechischen Wortes *hamartia*, das eigentlich aus dem Sportbereich kommt!

Wie bitte? Sünde? Sport?

10
9
8
7
6
5
4
3
2
1

Die Erklärung lautet folgendermaßen: In der Antike war Bogenschießen ein Sport, den die Reichen und Schönen liebten. Bogenschützen waren meistens wohlhabend und besaßen dementsprechend viele Sklaven. Gerade bei diesem Sport war das von Vorteil, denn es gab damals noch keine Ferngläser. Man stellte also den Sklaven neben die Zielscheibe, damit er dem Schützen Auskunft darüber geben konnte, wie gut sein Schuss war. Traf der Pfeil nicht ins Schwarze, schrie der Sklave (wenn er noch konnte, weil er nicht selbst getroffen worden war): HAMARTIA! Was so viel hieß wie: Ziel verfehlt! Voll daneben!

Das also meint die Bibel, wenn sie von Sünde spricht: Das Ziel wurde verfehlt. All die Dinge in unseren Lebenskellern sind deswegen Müll, weil sie uns das göttliche Ziel für unser Leben verfehlen lassen: eine Liebesbeziehung mit Gott, anderen Menschen und uns selbst zu führen. Sie verhindern die Herzensnähe zu Gott, blockieren uns im Umgang mit unseren Mitmenschen und trennen uns sogar von uns selbst. Das ist mal wirklich voll daneben! In der Bibel steht auch recht drastisch:

Denn die Sünde wird mit dem Tod bezahlt.
Römer 6,23a (HFA)

Sünde zieht immer den Tod nach sich – im übertragenen Sinn meint das den Tod von Beziehungen, Vertrauen, Herzensnähe, von Freundschaften, Ehen und Familien – geistlich wie seelisch. Jedes Mal, wenn du etwas Neues in deinen Seelenkeller dazustellst, ist etwas abgestorben. Ein guter Grund also, Sünde nicht zu verharmlosen, sondern ernst zu nehmen.

Und danach zu fragen, wie sich das Ganze bereinigen lässt.

Als Teenager und Student hatte dieser Graben zwischen Gott und mir große Ausmaße. Mein Lebenskeller war vollgestopft mit seelischem Müll und ich habe mich nicht alleine hinunter getraut. Doch trotzdem oder vielleicht gerade deshalb studierte ich Theologie. Ich wollte Antworten finden. Ich habe meine Dozenten, Mitstudenten und vor allem viele meiner Freunde, die eine Beziehung mit Gott hatten, mit Fragen gelöchert.

Irgendwann verstand ich es und erlebte meinen persönlichen Durchbruch:

Gott ist der Einzige der diesen Graben überwinden kann.

Warum?

Auf der einen Seite ist Gott reine Liebe und hat ein wundervolles Ziel für dein und mein Leben. Auf der anderen Seite ist er vollkommen gerecht. Anders als uns passieren ihm keine Fehler. Unsere Fehler dagegen haben Konsequenzen: Schmerz, Zerstörung, Tod. Schuld tritt in unser Leben und diese Schuld muss beglichen werden. Alles andere wäre ungerecht: „Du hast Mist gebaut? Ach egal, es spielt keine Rolle ...“

Wir befinden uns also mitten in einem schier unlösbaren Widerspruch: Gott ist gerechterweise konsequent hinsichtlich unserer Zielverfehlungen, aber er wünscht sich nichts mehr als eine uneingeschränkte Liebesbeziehung mit jedem von uns.

Gott wäre aber nicht Gott, wenn er nicht auf eine überraschende Lösung gekommen wäre ...

GOTT WÄRE ABER NICHT GOTT, WENN ER NICHT AUF EINE ÜBERRASCHENDE LÖSUNG GEKOMMEN WÄRE …

JESUS
die Revolution

JESUS – DIE REVOLUTION

„Jesus ist die Lösung!"

„Echt? *Der*?", war meine Reaktion, als ich das zum ersten Mal hörte. Dieser Typ, dieser Sandalenträger, dieser Gutmensch, der vor 2000 Jahren durch die Welt gezogen ist, sollte die Lösung für meine Trennung von Gott sein?

Ja, der.

Im letzten Kapitel hab ich die Bibelstelle aus Römer 6,23 zitiert:

Denn die Sünde wird mit dem Tod bezahlt.

Das ist allerdings nur der erste Teil des Verses. Der Rest geht so:

Gott aber schenkt uns in der Gemeinschaft mit Jesus Christus, unserem Herrn, ewiges Leben. Römer 6,23b (HFA)

Jesus macht uns ein Angebot: Er weiß, wie wir den Graben überwinden können. Und er weiß es nicht nur, er hilft uns auch hinüber.

Er kennt den Zustand unserer Keller genau. Er will uns beim Aufräumen helfen. Auf sich allein gestellt ist man oft wie gelähmt, wenn es darum geht, das Gerümpel und den Seelenmüll, die Verletzungen, die Schuld und die Bitterkeit, die in den dunklen Ecken des Lebenskellers vor sich hingammeln, ans Tageslicht zu bringen. Gottes Ziel ist es, dass wir uns in unseren Lebenshäusern wieder wohl fühlen, weil wir mit seiner Unterstützung zusammen klar Schiff machen.

DIE GUTE NACHRICHT

Das klingt für dich – wie für mich damals – vielleicht immer noch reichlich abstrus ... Meine Erfahrung ist allerdings mittlerweile, dass es sich dabei um eine wirklich gute, ja sogar die beste Nachricht handelt, die ich je bekommen habe. Und sie ist nicht exklusiv für mich, sondern Gott hat sie genauso für dich. Also lass uns mal weiter forschen ...

Mit welcher Technik macht Jesus sauber? Hat er vielleicht besondere „Putzmittel" im Gepäck? Ja, durchaus:

Die Zeit ist erfüllt und das Reich Gottes ist herbeigekommen. Markus 1,15a (LUT)

Kurz ins Neudeutsche übersetzt: Die Zeit ist gekommen, in der sich alles zum Guten wendet. Eine erfüllte Beziehung zu Gott, dir selbst und deinen Mitmenschen ist möglich. Alles, was dich bisher noch davon abgehalten hat, dich „beherrscht" hat, muss jetzt keine Rolle mehr spielen, denn in Gottes Reich steht dir alles offen. Dazu bietet Jesus dir an, deinen Keller leerzuräumen. Großputztag ist angesagt! Das Leben, das er bringen will, steht dir zur Verfügung.

Doch wie will er das genau anstellen? Und was ist dabei dein und mein Part?

Tut Buße und glaubt an das Evangelium.
Markus 1,15b (LUT)

Okay ... Geht's noch ein bisschen konkreter? Richtig spannend hört sich das so jetzt noch nicht an. Was meint Jesus mit diesen Worten? Ich gehe mal ins Detail:

Das Wort *Evangelium* stammt aus dem Griechischen und bedeutet: Gute Nachricht.

Wenn ich mich jedoch an meine Jugend erinnere, dann war ich teilweise in Gemeinden unterwegs, in denen das Evangelium auch getreu dem Motto: „Turn or burn!" verkündet wurde. Entscheide dich für Jesus oder fahr zur Hölle! Wo bitte war da die gute Nachricht? Das war doch Zwang! Ich sah förmlich den drohend erhobenen Zeigefinger – einladend wirkte das nicht auf mich! Bei mir war die logische Konsequenz, dass ich mich dafür verschloss und genau das Gegenteil von dem tat, was man von mir verlangte.

„EVANGELIUM“

ist eigentlich gar kein Wort aus dem religiösen Kontext. Im alten Griechenland hieß der Bote, der das Ende einer Schlacht verkündete: “euangelistes”, Evangelist. Er rief aus: „Freut euch, wir haben gesiegt” („euangelion”, in unserer Sprache: Evangelium). Das Volk erhoffte sich nun Frieden.

Paulus übertrug dieses Wort in die Bibel. Wenn er „Evangelium“ auf Jesus bezieht, heißt es so viel wie: Ein neuer Herrscher ist eingesetzt, der wahren Frieden bringt.

Aber Gott möchte weder mich noch dich zu irgendetwas zwingen. Er will, dass du dich freiwillig für ihn entscheidest. Er drängt sich dir nicht auf, sondern macht dir ein Angebot, das du annehmen, aber auch ausschlagen kannst. Das liegt ganz bei dir:

Wenn ihr mich sucht, werdet ihr mich finden. Ja, wenn ihr mich von ganzem Herzen sucht, will ich mich von euch finden lassen.
Jeremia 29,13-14 (HFA)

Wenn du Gott kennenlernen möchtest, ist er jederzeit bereit dafür.

Und es geht ihm dabei sicher nicht darum, dir irgendwelche willkürlichen Vorschriften zu machen, die du strikt einhalten musst, weil es sonst ab geht in die Hölle ...

„Es ist alles erlaubt“, sagt ihr. Das mag stimmen, aber es ist nicht alles gut für euch. Mir ist alles erlaubt, aber ich will mich nicht von irgendetwas beherrschen lassen. 1. Korinther 6,12 (HFA)

Was du gerade gelesen hast, bedeutet: Du darfst alles machen, du hast absolute Freiheit. Aber nicht alles, was du machen kannst, ist allein deshalb auch eine gute Idee. Denn: Nicht alles tut dir gut und ist schlau. Vieles schadet eher und häuft daher nur mehr Ballast in deinem Lebenskeller an. Davor möchte Gott dich am liebsten schützen – aber es bleibt deine Entscheidung.

Mich erinnert das an meinen Sohn Benedikt. Seit er laufen kann und sich sein Radius damit auf höher als 30 cm über dem Boden erweitert hat, habe ich ihm schon tausendmal gesagt: „Junge, fass nicht auf die Herdplatte, wenn sie angeschaltet ist, denn sie ist HEISS und wird dir die Finger verbrennen!“ Und was macht der Kurze? Er fasst auf die Herdplatte und verbrennt sich die Finger. Das macht wahrscheinlich jedes Kind irgendwann mal.

Wie reagiere ich jetzt darauf? Sage ich ihm, dass er böse ist und dass sein Vater ihn nicht mehr lieb hat, weil er nicht auf ihn gehört hat? Natürlich nicht. Ich liebe ihn noch genauso viel wie zuvor. Ich nehme ihn in den Arm und spende ihm gerne den Trost, den er braucht. Ich verbinde und versorge ihn. Aber ich hoffe auch, dass er etwas aus dieser Erfahrung lernt – dass sein Vater es gut mit ihm meint und er Schmerz vermeiden kann, wenn er mir vertraut.

So ist das auch in der Beziehung zwischen Gott und uns: Wenn wir Gott nicht vertrauen, dass seine Gebote und Regeln, die er uns in der Bibel gibt, nichts anderes als Hinweise auf die Herdplatten des Lebens sind, werden wir uns im Leben die Finger verbrennen. Gott warnt dich und mich vor Verletzungen. Wenn du dich dennoch entscheidest, deine eigenen Erfahrungen machen zu wollen, wird Gott dich trotzdem weiterhin bedingungslos lieben, für dich da sein und hoffen, dass du irgendwann begreifst, dass er es gut mit dir meint und du dich auf ihn und seine Tipps verlassen kannst.

Auf der Haut bleiben nach solchen Herdplattenmomenten Verbrennungen unterschiedlichen Ausmaßes zurück – und auch innerlich lassen uns schmerzhafte Erfahrungen oft ganz schön ramponiert aussehen. Stell dir mal vor, du bekommst einen 500-Euro-Schein. Ursprünglich funkelnagelneu – frisch aus der Druckerpresse. Du steckst ihn in den Geldbeutel und er bekommt erste Knicke. Du vertraust ihn einer Person an, aber sie zerknüllt ihn förmlich. Du holst ihn dir zurück, aber dabei fällt er auf den Boden. Die Person trampelt jetzt sogar wütend darauf herum – er wird dreckig und schmuddelig. Voller Abscheu spuckt sie auch noch darauf! Als du ihn angewidert aufhebst, reißt er auseinander. „Okay!“ denkst du, „dann muss ich ihn jetzt wohl auf der Bank gegen einen neuen austauschen.“ Aber warum geht das? Weil der Wert des Scheins noch genau der Gleiche ist: 500 Euro.

Genauso sieht Gott dich. Egal, ob du zerknickt oder angespuckt wurdest oder jemand auf dir rumgetrampelt ist, dein Wert bleibt derselbe. Es spielt dafür auch keine Rolle, ob du selbst derjenige warst, der dies anderen angetan hat, der egoistisch war und anderen keinen Respekt entgegengebracht hat. Sogar ganze Risse sind für Gott kein Hindernis, dich genauso weiter zu lieben wie bisher. Für ihn hast du immer den gleichen Wert, was auch immer du in deinem Leben getan hast oder dir angetan wurde.

Aber Gott möchte den 500-Euro-Schein deines Lebens wieder erneuern. Genauso wenig wie dir gefällt ihm der Anblick eines angespuckten, zertrampelten und zerknitterten Scheins. Also kannst du ihn bei ihm, wie bei der Bank, gegen ein brandneues Exemplar eintauschen.

HOT

„GANZ NEU ANFANGEN“

Und nicht nur das – nein! Es kommt noch besser: Es geht nicht nur darum, dass du entrümpelst und ausmistest, den ganzen Seelenmüll loswirst, sondern Gott bietet dir an, ganz neu anzufangen:

Gehört jemand zu Christus, dann ist er ein neuer Mensch. Was vorher war, ist vergangen, etwas Neues hat begonnen. 2. Korinther 5,17 (HFA)

Für viele Menschen ist diese Tatsache – egal, wie verlockend sie klingt – dennoch nicht leicht zu akzeptieren. Eines Tages kommt nach einer Predigt ein Mann zu mir und sagt: „Tobias! Das klingt ja alles schön und gut, was du sagst. Aber, sorry, wenn ich es so sage: Du verstehst mich nicht: Gott *kann* mich gar nicht lieben. Du kennst mich nicht, du weißt nicht, was ich alles in meinem Leben angestellt habe. Ich habe so viel Mist gebaut. Wie soll Gott mich da noch lieben können? Es ist unmöglich! Ich hasse mich ja selbst schon für meine Taten.“

Harte Worte, oder? Ich habe ihm darauf ein Erlebnis aus meinem Beruf erzählt:

Ich bin Hauptschullehrer und eigentlich mag ich den Job, aber manchmal bringen mich die Kinder an meine Grenzen. Ein Schüler stach heraus, er war besonders anstrengend. Er störte den Unterricht, wackelte auf seinem Stuhl herum und bombardierte mich unablässig mit Fragen. Jede Unterrichtsstunde forderte er meine komplette Aufmerksamkeit. Für mich eine große Herausforderung, denn ich konnte kaum noch meinen Job machen und musste mich sehr zusammenreißen, immer freundlich zu ihm zu sein.

Eines Tages kam der Junge auf mich zu und stellte eine neue Frage:

„Herr Teichen, was ist eigentlich Leukämie?"

Wie in aller Welt kam dieser Fünftklässler auf ein solches Thema??? Ich erklärte es ihm, doch dann fragte ich ihn auch, warum er mir so eine Frage gestellt hatte. Der Junge erwiderte: „Mein Bruder hat das. Er liegt seit Wochen im Krankenhaus. Mama ist immer bei ihm und ich bin alleine zu Hause. Ich habe Angst, dass er sterben wird. Ich denke die ganze Zeit daran, wenn ich daheim auf Mama warte."

In diesem Augenblick hat sich mein gesamtes Bild von diesem Jungen um 180 Grad gedreht. Er war allein, traurig und voller Angst. Seine alleinerziehende Mutter war mit der Situation seines Bruders überfordert und hatte keine Zeit und Kraft, sich mit ihm und seinen brennenden Fragen und Sorgen auseinanderzusetzen. Mit einem Mal sah ich ihn mit anderen Augen. Ja, er war immer noch anstrengend, doch ich wusste jetzt, weshalb. Er war derselbe wie zuvor, doch ich war verändert! Eine kleine Information über dieses Kind hatte gereicht, um in mir Liebe und Verständnis freizusetzen.

Gott braucht sich die Informationen über dich und mich gar nicht zu holen, er weiß alles über uns. Seine Kapazitäten sind da weitaus größer als unsere menschlichen. Nichts bleibt ihm verborgen. Und weil er einfach alles über dich weiß, kann er gar nicht anders, als dich zu lieben. Er kennt jedes tiefe Tal deiner Seele und weiß, warum du die Dinge getan hast, für die du dich in deinen eigenen Augen verurteilst und die dich belasten. Er weiß, dass du – wie wir alle – Opfer und Täter zugleich bist. Du brauchst dich nicht vor ihm zu schämen, denn es gibt nichts, was du vor ihm verbergen musst. Er weiß es ohnehin schon. Und es ist kein Grund für ihn, seine Liebe auch nur in geringstem Maße einzuschränken.

Alles schön und gut, doch die Frage drängt sich auf: Wohin mit unserer Schuld? Nur weil sie einer Beziehung zwischen Gott und uns nicht im Weg steht, heißt es ja nicht, dass sie nicht mehr existent wäre.

Was macht Gott also damit? Hier kommt Jesus ins Spiel:

Gott hat den Schuldschein, der uns mit seinen Forderungen so schwer belastete, eingelöst und auf ewig vernichtet, indem er ihn ans Kreuz nagelte.
Kolosser 2,14 (HFA)

Ans Kreuz nageln? Was soll das denn bedeuten? Ich habe Theologie studiert und trotz vieler Semester nicht verstanden, was es mit diesem Tausch am Kreuz auf sich haben soll. Warum stirbt Jesus? Und was genau wird hier ausgetauscht? Die Antworten darauf erhielt ich dann aber nicht beim Bibelstudium, sondern in meinem realen Leben.

Mein Sohn hatte sich bei seiner Geburt mit einem gefährlichen Bakterium infiziert, das ohne spezielle Behandlung tödlich ist. Er musste auf die Kinderstation, während meine Frau nicht aufstehen durfte, da sie per Kaiserschnitt entbunden hatte. Also saß ich da, den Kleinen im Arm, von anderen Babys umgeben, die an Kabel und Überwachungsmonitore angeschlossen waren. Nachts musste ich ihn dort bei den Krankenschwestern „alleine zurücklassen" ... In dieser furchtbaren Situation hatte ich mit Tränen in den Augen nur einen Gedanken: Ich hätte alles gegeben, um die Krankheit von Bene auf mich übertragen zu können. Ich hätte keine Sekunde gezögert, meinem Sohn dieses Bakterium abzunehmen und mich an seiner Stelle in das Krankenhausbett zu legen, wenn dieses kleine Wesen dadurch in der Lage gewesen wäre, zu seiner Mutter und dann nach Hause gehen zu können. Meine Liebe für meinen Sohn war so groß, dass ich lieber für ihn leiden wollte, als ihn leiden zu sehen.

In dem Moment hatte ich auf einmal einen Blitzgedanken - als ob Gott direkt zu mir gesagt hätte:

„Schau, Tobias, du liebst Bene so sehr, dass du sogar krank werden und mit ihm tauschen möchtest. Nur du kannst es nicht! Aber ich kann es! Alle Menschen sind meine geliebten Kinder und ich möchte, dass es ihnen gut geht. Ich möchte sie befreien von ihren Lasten und Schmerzen, selbst wenn der einzige Weg darin besteht, mit ihnen zu tauschen. Im Gegensatz zu dir kann ich das. Und genau das habe ich getan."

Jesus stirbt am Kreuz und tauscht damit sein Leben ein gegen unser zerknittertes, beschmutztes, zerstörtes Leben – damit wir von Neuem unbeschwert und befreit leben können. Damit alles, was uns voneinander und auch von Gott trennt, weggeblasen wird und so die Zugänge zwischen den Menschen und zu Gott wieder frei sind – ohne Barrieren. Das ist keine simple Sache, sondern sie hat Jesus alles gekostet. Er hat wirklich buchstäblich unsere Demütigungen, Verletzungen, Krankheiten, unsere Schuld und vieles mehr auf sich genommen und am Kreuz dieses unermessliche Leid getragen.

Damit steht fest: Unser früheres Leben endete mit Christus am Kreuz. Unser von der Sünde beherrschtes Wesen ist vernichtet, und wir müssen nicht länger der Sünde dienen. Römer 6,6 (HFA)

Egal, wie oft und wie weit ich am Ziel vorbeigeschossen bin und wie viel Schuld ich angehäuft habe, bei Jesus am Kreuz kann ich sie eintauschen gegen Vergebung.

Verletzung und Krankheit gegen Heilung.
Sucht gegen Freiheit.
Fluch gegen Segen.
Ablehnung gegen Annahme.
Angst gegen Zuversicht und Hoffnung.
Stolz gegen Dankbarkeit und Demut.
Und, und, und ...

Die Leute im alten Israel haben so gedacht: Man lebte sozusagen ein Prinzip des stellvertretenden Auf-sich-Nehmens. Es war üblich und ganz normal, dass die Menschen ein Tier schlachteten, wenn sie ihre Schuld begleichen wollten. Damit sagten sie: „Ich habe Fehler gemacht und mein Recht auf Leben verwirkt. Deshalb gebe ich dir, Gott, an meiner Stelle das Leben dieses Tieres." So entstanden all die verschiedenen Opferrituale. Aus unserer heutigen Sicht ist das zwar völlig unfair dem Tier gegenüber, aber so waren die Sitten damals – Tierschützer gab es da wohl noch nicht. Es war eine Symbolik, die das krasse Ausmaß unserer Verfehlungen verdeutlichen sollte: Unsere Entscheidungen, Gedanken und Taten können so zerstörerisch sein, dass sie schließlich zum Tod von Beziehungen führen.

Das Tier – oft ein Lamm – starb also stellvertretend für die Verfehlungen, die der Mensch begangen hatte. Sein Leben wurde eingetauscht als Wiedergutmachung und für die Chance, neu anfangen zu können.

Und es kommt noch besser: Durch diese Praxis deutete die Bibel über Jahrhunderte hinweg schon auf einen Plan hin, den Gott bereits lange im Voraus hatte: seinen eigenen Sohn als Opfer zu senden. Denn alles Bisherige brachte keine wirkliche Veränderung:

Vielmehr geschieht dadurch [das Opfern von Tieren] alle Jahre nur eine Erinnerung an die Sünden. Denn es ist unmöglich, durch das Blut von Stieren und Böcken Sünden wegzunehmen. Hebräer 10,3-4 (LUT)

Der Tod von Tieren kann Sünden nicht wegnehmen, sondern uns nur das Ausmaß unserer Entscheidungen im wahrsten Sinne vor Augen führen. Jesus jedoch macht genau das schließlich möglich:

Am nächsten Tag sieht Johannes, dass Jesus zu ihm kommt, und spricht: Siehe, das ist Gottes Lamm, das der Welt Sünde trägt! Johannes 1,29 (LUT)

EGAL, wie oft & wie weit
ICH AM ZIEL
VORBEIGESCHOSSEN
& WIE viel SCHULD ich SCHON
angehäuft habe,
BEI Jesus AM
KREUZ
KANN ICH SIE EINTAUSCHEN
GEGEN VERGEBUNG:
VERLETZUNG & KRANKHEIT,
SUCHT,
Fluch
ABLEHNUNG
ANGST
STOLZ
GEGEN
FREIHEIT & HEILUNG
SEGEN
ZUVERSICHT

OPFERLAMM

Johannes erkennt, wer Jesus wirklich ist. Bis in die heutige Zeit und bis zum Ende unserer Welt ist er das endgültige Opferlamm, stellvertretend für jeden Menschen und jede Verfehlung. Durch ihn müssen wir keine unschuldigen Tiere mehr schlachten, weil er seine Unschuld gegen unsere Schuld getauscht hat. Er nimmt sie freiwillig auf sich – aus Liebe. Und er kann es auch tatsächlich – weil er Gott ist.

Christus opferte auch nicht das Blut von Böcken und Kälbern für unsere Sünden. Vielmehr opferte er im Allerheiligsten sein eigenes Blut ein für alle Mal. Damit hat er uns für immer und ewig von unserer Schuld vor Gott befreit. Hebräer 9,12 (HFA)

Wow – kommst du noch mit?

Mir geht es – egal zum wievielten Mal ich das durchdenke – jedes Mal gleich: Ich bin extrem fasziniert, aber auch herausgefordert. Und es bewegt mich, ganz besonders als Vater: Gott gibt seinen eigenen Sohn – einen Menschen, dessen Leben komplett nach göttlichen Prinzipien ausgerichtet ist - als das größte Opfer, das möglich ist. Ein unschuldiger Tod im Tausch für uns, damit wir ein neues, befreites, echtes, wahres, erfülltes Leben haben können. Jesus hat den Hass und die Bösartigkeit der Menschen im wahrsten Sinne des Wortes auf sich genommen – man denke nur mal an die Art und Weise seiner Anklage, Verurteilung und Hinrichtung, das war schon starker Tobak, und dann hat er ihnen auch noch all ihre Sünden und Schuld abgenommen. Jesus bürgt sozusagen für unsere Verfehlungen, welche den Graben zwischen Gott und uns aufgerissen haben. Er springt ein, um die Lücke zu schließen. Er bringt Licht in die dunkelsten Ecken. Er stellt uns wieder her – weil wir in Gottes Augen unendlich wertvoll und kostbar sind.

Gehört jemand zu Christus, dann ist er ein neuer Mensch. Was vorher war, ist vergangen, etwas Neues hat begonnen. All dies verdanken wir Gott, der durch Christus mit uns Frieden geschlossen hat. Er hat uns beauftragt, diese Botschaft überall zu verkünden. Denn Gott ist durch Christus selbst in diese Welt gekommen und hat Frieden mit ihr geschlossen, indem er den Menschen ihre Sünden nicht länger anrechnet. Gott hat uns dazu bestimmt, diese Botschaft der Versöhnung in der ganzen Welt zu verbreiten.
2. Korinther 5,17-19 (HFA)

Diese Versöhnung, dieser göttliche Frieden, der durch das, was Jesus am Kreuz getan hat, möglich geworden ist, ist der Kern der Guten Nachricht. Es ist eine Revolution! Wir können bei ihm all unsere Lasten abgeben und sehen, wie sich damit unser Leben zum Guten wendet. Soweit schön und gut! Doch das ist ja nur der eine Teil ...

Du erinnerst dich – Jesus sagt:
Tut Buße und glaubt an das Evangelium. Markus 1,15 (LUT)

Zeit also, den anderen Teil – Buße tun – zu betrachten. Denn was bringt die Gute Nachricht, wenn man sie nur liest und theoretisch glaubt? Stimmt genau, nichts! Man muss das, was drinsteht, auch umsetzen. Das ist das Tolle daran: Man kann all dies nicht nur durchdenken und annehmen, man kann es auch *erleben*. Durch die Buße. Sie ist das praktische Werkzeug – sozusagen der Schrubber für das Großreinemachen deines Lebenskellers.

BUSSE TUN HEISST NICHT BÜSSEN

Buße! Auch wieder so ein Anti-Begriff. Was heißt das denn jetzt wieder? Kommen dir auch diese grausamen Bilder von Bußgürteln und Peitschen in den Sinn? Sollen wir „Mea culpa" murmelnd mit dem Kreuz auf dem Rücken die Via Dolorosa hochkrabbeln? Oder was ist der Deal?

Das sicher nicht. Gott liebt uns und will auf keinen Fall, dass wir uns Schaden zufügen. Und was er auch vermeiden möchte: dass wir zweimal die gleiche heiße Herdplatte berühren. Gott ist ein Fan von Veränderungsprozessen zum Guten hin. Und das heißt Buße bei ihm. Jetzt klingt es schon mal nicht mehr so unsympathisch, oder?

Im griechischen Originaltext steht hierfür das Wort „metanoia". Das bedeutet „umkehren", „umdenken". Im Hebräischen finden wir auch das Wort „schub", was noch mehr als „denken" beinhaltet: das praktische Verändern des eigenen Verhaltens, Umkehr mit allem, was man ist und tut. Im wahrsten Sinn des Wortes ein „Schub" in die richtige, göttliche Richtung. Man wendet sich ab vom Destruktiven hin zu einer erfüllten Lebensführung.

Doch wenn du jetzt glaubst, dazu reicht es, nur ein bisschen anders zu denken, muss ich dich leider enttäuschen. Du musst aktiv werden, damit die gute Nachricht auch dich erreicht.

Und ganz ehrlich – Paulus hat nicht unrecht, wenn er sagt:

Dass Jesus Christus am Kreuz für uns starb, muss freilich all denen, die verloren gehen, unsinnig erscheinen. Wir aber, die gerettet werden, erfahren gerade durch diese Botschaft vom Kreuz die ganze Macht Gottes. 1. Korinther 1,18 (HFA)

Wenn man nicht wirklich *erfährt*, wie sich das eigene Leben zum Positiven verändert, weil man an Jesus glaubt, wenn man den Tausch am Kreuz nicht auch heute noch aktiv *anwenden* könnte und wenn man nicht *erleben* würde, welche Kraft dahintersteckt, dann erscheint es als der größte Blödsinn.

Wenn man aber genau das tut – anwenden, leben und erleben, dann erfährt man das wirklich Revolutionäre am Christentum. Jesus hat dafür den ersten Schritt getan. Nun ist die Frage: Bist du bereit, deine Schritte hinterherzugehen? Kannst du dir vorstellen, mit ihm in deinen Lebenskeller hinunterzustapfen, um die Kartons, die Spinnweben und Ratten, die an deinen Altlasten knabbern, zu entfernen? Manchmal ist es eine große Überwindung, sich dazu aufzuraffen – aber dann sind es doch nur drei Schritte, die zu gehen sind …

1. ERKENNEN

Unterbewusst kennen wir all die Dinge, mit denen unsere Lebenskeller vollgestopft sind – die vielen Verletzungen, Fehler und all die Schuld. Aber wir vertuschen, verstecken und verdrängen das gerne. Denn Schlechtes ans Licht zu bringen, Fehler zuzugeben – das ist nicht einfach. Warum ist das so? Ich glaube, wir haben Angst, weil wir nicht wissen, wie wir damit umgehen sollen – Angst, dass da immer mehr hochkommt und wir damit nicht fertig werden. Durch Gottes Hilfe allerdings dürfte das kein Problem sein. Wenn jemand die Power hat, all die Punkte zu bewältigen, dann er. Er sagt uns zu:

Aber er hat zu mir gesagt: „Meine Gnade ist alles, was du brauchst! Denn gerade wenn du schwach bist, wirkt meine Kraft ganz besonders an dir." Darum will ich vor allem auf meine Schwachheit stolz sein. Dann nämlich erweist sich die Kraft Christi an mir.
2. Korinther 12,9 (HFA)

Selbst wenn wir dieses Vertrauen fassen können und es wagen, den Seelenmüll aus dem Keller zu holen, dann gibt es meist noch eine zweite Hürde zu nehmen: Es ist nicht nur unangenehm und schmerzhaft, sondern auch oft peinlich. Es ist ungefähr so toll, als würde man nackt und bei vollem Bewusstsein auf einem OP-Tisch liegen. Man weiß, der Arzt macht seinen Job nur dann gut, wenn er bis ins kleinste Detail jeden Fehler im Körper analysiert und wieder in Ordnung bringt. Aber dazu muss er eben auch ganz genau hinschauen.

In Bezug auf unseren Seelenmüll ist es ähnlich – wir werden davon abgehalten, unsere Fehler explizit ins Visier zu nehmen, weil uns Fragen durch den Kopf schießen wie: Was denken andere von mir, wenn sie *das* erfahren? Werden sie dann eine schlechte Meinung über mich haben?

Bei Gott sind diese Fragen allerdings total egal, denn er liebt uns bedingungslos. Es gibt nichts, was ihn davon abhalten könnte. Egal, wie stark zerknittert, beschädigt oder vielleicht sogar zerrissen unser Geldschein ist – er bleibt gleich wertvoll in Gottes Augen. Aber er will unseren Geldschein wieder glatt und neu machen, als käme er frisch aus dem Drucker.

Und er will nicht nur, er kann auch. Jesus ist der Spezialist für alle Fälle, auf seinem OP-Tisch landen komplizierteste Brüche, aber er nimmt sich auch Zeit für Schnupfen oder andere vermeintlich harmlose Krankheiten. Er möchte der Arzt für jeden sein – egal, um welche Beschwerden es sich handelt:

Jesus hörte das und antwortete: „Die Gesunden brauchen keinen Arzt, sondern die Kranken. Ich bin gekommen, um Menschen in die Gemeinschaft mit Gott zu rufen, die ohne ihn leben - und nicht solche, die sich sowieso an seine Gebote halten." Markus 2,17 (HFA)

Wir müssen aber unsere „Krankheiten" auch sehen und erkennen, was schief gelaufen ist, genau hinschauen. Du darfst also absolut ehrlich mit Gott sein – er verzeiht dir alles. Du musst nichts mehr verteidigen, dich nicht mehr rechtfertigen – du kannst unbesorgt alles vor dir und ihm ausbreiten.

Je länger ich das anwende, desto feiner wird auch mein Gespür für die kleinsten Wehwehchen. Je besser ich Gott kenne, desto sensibler wird meine Wahrnehmung. Und desto früher kann ich Prävention betreiben, sodass große Klöpse viel seltener passieren. Das ist genau das Prinzip, über das Jesus in der Bergpredigt (Matthäus 5-7) ausführlich redet: Es geht nicht nur darum, andere zum Beispiel nicht körperlich zu töten, sondern auch auf die eigenen Worte und Taten zu achten, damit sie keinem schaden und dadurch letztlich auch eine Art von Tod anrichten.

Es reicht also nicht, nur die größten Kartons aus deinem Lebenskeller ans Licht zu bringen und grob sauber zu machen. Du musst schon den ganzen Dreck – auch die kleinen Krümelchen – beseitigen.

Kennst du das? Du erzählst jemandem, was du erlebt hast, aber vielleicht ist dir dabei eine bestimmte Stelle peinlich und so lässt du sie einfach aus – der andere muss ja schließlich nicht alles wissen.

Diese Taktik, so gut sie bei Menschen auch klappt, funktioniert bei Gott leider nicht. Wenn du etwas vor ihm verstecken willst, grenzt das eher an Comedy. Gott ist Gott und weiß doch eh schon alles über dich! So eine Salamitaktik bei ihm anzuwenden, ist daher ehrlich gesagt total schwachsinnig.

Mit seiner Hilfe kannst deshalb auch du erkennen, was er schon längst weiß, um es dann zu:

2. BEKENNEN

Wenn wir sagen, wir seien ohne Schuld, betrügen wir uns selbst und die Wahrheit ist nicht in uns. Doch wenn wir ihm unsere Sünden bekennen, ist er treu und gerecht, dass er uns vergibt und uns von allem Bösen reinigt. Wenn wir behaupten, wir hätten nicht gesündigt, machen wir Gott damit zum Lügner und beweisen, dass sein Wort nicht in unserem Herzen ist.
1. Johannes 1,8-10 (NLB)

Wie macht man das? Bekennen. Und was ist der Unterschied zum *Er*kennen? Wenn ich etwas erkenne, bekenne ich es dann nicht eigentlich auch schon? Leider nicht ganz – es gehört mehr dazu. Das Ziel, das Gott für uns hat, ist eben nicht „nur“ Vergebung, sondern auch Veränderung.

Was meine ich damit?

Die Bibelstelle, die du gerade gelesen hast, redet davon, dass ich meine Verfehlungen zu Gott bringe. Aber wie geht das – „zu Gott bringen“? Im Wort „behaupten“ liegt die Antwort. Das Wort ist so wichtig, dass es gleich zweimal im Vers auftaucht. Es geht nicht (nur) darum, was ich denke und erkenne, sondern vor allem auch um das, was ich ausspreche. Vielleicht kommt dir da auch die Phrase „zu seinem Wort stehen“ in den Kopf? Sie sagt aus, dass eine Person dann glaubwürdig ist, wenn man sich darauf verlassen kann, was sie sagt, weil sie auch entsprechend lebt, also kein leeres Gequatsche von sich gibt. Und genau so kann man auch Dinge vor Gott bringen, nämlich indem man sie ausspricht – dadurch allein passiert ein wesentlicher erster Veränderungsschritt: Fang an, zu reden!

Worte haben Macht, sie können über Leben und Tod entscheiden. Sprüche 18,21 (HFA)

Gut, alleine laut vor sich hinreden fällt nicht jedem leicht – mir fällt es aber leichter, als allein unter der Dusche zu singen. Ich gehe öfter mal laut betend durch meine Wohnung oder auf einen Spaziergang. Doch es gibt noch einen zweiten Schlüssel, sozusagen eine Steigerung zum Bekennen alleine, der diesen Schritt zu einer wirklich göttlichen Sache macht: Wenn man sich einen sogenannten „Lichtpartner“ sucht, der einem hilft, die Dinge vom Verborgenen, vom dunkelsten Kellereck, hinaufzuschleppen und eben „ans Licht zu bringen“. Ich meine keinen Engel, sondern einen realen Menschen, einen Kumpel, einen Freund. Oder auch jemanden, der schon länger mit Jesus unterwegs ist und etwas reifer ist und dir hilft, dein Projekt: Kellerentrümpelung durchzuführen –, aber der dir auch sonst als Begleiter zur Seite steht. Ihm kannst du von deinem „Müll“ berichten. Ich kann jedem nur raten, sich solch eine Vertrauensperson zu suchen. Vielleicht gibt es in deiner Gemeinde entsprechende Leute, vielleicht traust du dich auch einfach und sprichst jemanden an, der dir sympathisch ist. Und dann trefft ihr euch regelmäßig, vielleicht so alle 2-3 Monate, und besprecht, was bei dir gerade anliegt. Womit wir wieder beim Punkt „unangenehm und peinlich“ wären ... Jetzt legst du dich also nicht nur nackt auf den OP-Tisch – machst alle Beulen und Wunden im grellen Neonlicht sichtbar –, sondern es bleibt dabei auch nicht im intimen Rahmen zwischen dem Arzt, Jesus, und dir, sondern der Kreis wird noch größer, und das auch noch mit einem „menschlichen Mitwisser.“

„FANG AN, ZU REDEN!“

Als ich das erste Mal meine Probleme in dieser Form zu Jesus bringen wollte, fand ich die Vorstellung, dass jemand meinen ganzen Mist hören sollte, auch nicht prickelnd. Aber ich habe angefangen, meinen Begleiter ins OP-Bild einzubauen, und dann verlor das Ganze schon wieder seinen Schrecken.

Ich stelle mir meinen Begleiter dabei als OP-Schwester oder Pfleger vor. Er ist unbedingt notwendig, um zu assistieren – durch seine Hilfe kann die OP erst gelingen –, aber der Operateur ist und bleibt Gott. Meine Gebete gehen direkt zu Gott, all das, was ich falsch gemacht habe und was ich gegen etwas Neues eintausche, sage ich ihm – nur bei ihm ist es richtig platziert. Mein Begleiter ist dabei eine Art Zeuge, der dafür mit einsteht und betet. Und ein zweiter wichtiger Punkt: Er kann mir anschließend – ebenfalls laut, um es wirklich in die Realität zu holen – Vergebung zusprechen und mich segnen. Auch da hat das gesprochene Wort mehr Kraft als das gedachte Wort.

Du siehst: Es geht also nicht darum, sich vor einem Menschen zu entblößen und sich dabei schlecht zu fühlen. Bei dem Tipp, dass du „vor jemandem deine Sünden bekennen sollst“, kamen dir vielleicht Bilder und Erinnerungen von dunklen, etwas unheimlichen Beichtstühlen vor Augen. Doch Gott will das ja gerade nicht. Er hat kein Interesse daran, dich zu demütigen oder dir zehn Vaterunser und zwanzig Ave Maria aufzubrummen. Sondern er möchte, dass du zu ihm kommst – dem „Vater des Lichts“ (Jakobus 1,17), um Vergebung und Veränderung zu erfahren. Und dabei kann ein Begleiter ein extrem wertvoller Support sein. Wenn du alles Schlechte, das dich belastet, vor Gott und ihm aussprichst – dir sozusagen „von der Seele redest“ –, verliert es seinen Schrecken und du erlebst Befreiung. Im wahrsten Sinne des Wortes kommst du vom Dunkel ins Licht.

Du bringst also „die Dinge ans Licht". Vor Kurzem fiel mir bei der Gartenarbeit ein guter Vergleich zu diesem Prinzip ein. Ich hatte mal einen Weg aus diesen ganz alten, massiven Steinplatten. Davon musste ich eine hochheben. Weißt du, was dann passiert ist? Genau! Hunderte der unterschiedlichsten Käfer, Maden, Würmer und Spinnen krabbelten und wuselten darunter umher – alles Tiere, die man für gewöhnlich nicht so gerne als Zimmergenossen hat. Diese ekligen, kleinen Viecher lieben die Dunkelheit. Sie vermehren sich unbehelligt und fühlen sich da einfach wohl. Allerdings flüchten sie schon beim ersten Licht-strahl in alle Richtungen. Innerhalb von Sekundenbruchteilen sieht man kein einziges Tier mehr, alle haben sich verkrochen. Mir schoss folgende Bibelstelle in den Kopf:

Das Licht scheint in der Dunkelheit, und die Dunkelheit konnte es nicht auslöschen. Johannes 1,5 (NLB)

Gott möchte, dass du die Steinplatte deines Herzens dauerhaft wegwirfst und alles ans Licht bringst, damit keine unerwünschten Tierchen mehr in deinem Lebenskeller krabbeln.

Eine geniale Perspektive! Doch auch hier gilt: Steinplatten hochheben ist und bleibt ein Kraftakt. Operationen bleiben schmerzhaft. Kellerentrümpelungen sind anstrengend. Und die Gefahr ist, dass man all diese Dinge nur oberflächlich durchführt. Man kann den Begriff „Buße tun" trotz guter Absicht falsch anwenden. Wenn du glaubst, es reicht, einfach nur zu Gott zu gehen, deine Schuld zu erkennen, zu bekennen und dir deine Vergebung abzuholen, dann hast du einen Schritt zu früh aufgehört. Du gehst anschließend zurück in dein Leben und machst genau dieselben Fehler wie davor. Du latschst dann wenig später mit dem gleichen Mist wieder zu Gott und sagst: „Gott, hallo, ich bin's wieder – mit demselben Problem! Kannst du mir vergeben? Danke!" Das machst du einmal, zweimal, dreimal, hundertmal. Irgendwann bist du ein frustrierter Christ, weil immer wieder dieselben Probleme auftauchen.

Das ist das größte Missverständnis beim Tausch am Kreuz, dass man vergisst, wirklich zu tauschen. Viele Christen kommen zwar zu Jesus, bleiben ehrfürchtig vor dem Kreuz stehen, legen dankbar ihre Päckchen ab –, aber dann drehen sie sich um, gehen in ihr Leben zurück. Und was wartet da? Der gleiche Schlammassel wie vorher. Was machen sie falsch? Sie gehen *zum* Kreuz, aber nicht *hindurch*. Doch genau darauf kommt es an: dass wir in ein neues Leben – nach vorne gerichtet – weitergehen, eine neue Richtung einschlagen und uns konkret dafür ausrüsten lassen. Es ist genial, dass wir abladen dürfen, dass unsere Müllberge im wahrsten Sinne des Wortes mit Jesus weggeschafft und ausradiert sind. Aber Jesus ist nach drei Tagen

Licht
scheint
in der
Dunkelheit

und Dunkelheit konnte es nicht auslöschen.

„VER-ÄNDE-RUNG IST DAS ENT-SCHEI-DENDE.“

wieder auferstanden, das heißt, er besiegt den Tod, indem er neues Leben schenkt. Das wäre so schade, fast schon tragisch, wenn wir das nicht erleben sondern verpassen würden. Denn sogar heute, nach über 2000 Jahren, können wir Jesu Angebot annehmen! Ich finde es immer wieder großartig, wenn ich daran denke! Das ist eine Riesenchance für jeden von uns.

Vergebung ist nämlich nur ein Zwischenschritt: Veränderung ist das Entscheidende.

Warum tue ich die Dinge, die ich nicht tun will? Warum tue ich sie immer wieder? Der Ausbruch aus diesen oft eingefahrenen Verhaltensmustern ist es, was Gott mit mir zusammen schaffen möchte. Der Tausch am Kreuz ist nur dann nachhaltig, wenn ich an die Wurzel meines Problems geh und diese ausradiere und wieder neu darüberschreibe. Wenn mir klar wird, dass nicht immer alles im Desaster enden muss –, kann ich bereits frühzeitig Dinge erkennen und stoppen.

Kennst du diese Teufelskreise? Es beginnt mit nur einer kleinen Lüge, aber damit die Lüge nicht auffliegt, müssen wir eine Lüge nach der anderen dazuerfinden. So geraten wir in einen Strudel, der uns immer tiefer hinabzieht, bis wir keinen Ausweg mehr sehen. Aber du kannst aufmerksam sein, mit Gott zusammen regelmäßig reflektieren und bereits bei der ersten Lüge die Notbremse ziehen. Denn Gott will nicht, dass du in diese Dunkelheit abdriftest. Sein Gegenmittel ist, alles – wirklich alles – ans Licht zu bringen. Egal wie klein und harmlos es erscheint. Denn ganz ehrlich: Eine Lüge ist nun mal eine Lüge, und ob die Lüge klein oder groß ist, ist nicht das, was zählt.

Und andersrum gedacht: Auch Dinge, die schon zur Gewohnheit geworden sind und die dir auf den ersten Blick gar nicht auffallen, kann und will Gott wieder reparieren und erneuern:

Was menschlich gesehen unmöglich ist, ist bei Gott möglich.
Lukas 18,27 (NLB)

Es ist oft schwierig, dieses Vertrauen zu haben und die Kraft aufzubringen, den Problemen auf den Grund zu gehen. Deshalb hat deine Vertrauensperson, dein Begleiter, auch diese Aufgabe: mit der Hilfe von Gott zu spüren, was die Wurzeln deines Problems sein könnten.

BEATE WAGNER

EINE SPÄTE, ABER ERLÖSENDE ERKENNTNIS

Als ich zum ersten Mal von der Möglichkeit des Get Free[1] gehört habe, dachte ich: „Das ist nichts für mich! Das brauche ich nicht machen.“ Ich habe schon als Teenager zum ersten Mal und später immer wieder mit Begleitern ganz bewusst Dinge, bei denen ich am Ziel vorbeigelebt habe, aufgeräumt.

Doch da ich den Wunsch hatte, selbst andere Menschen zu unterstützen und zu begleiten, dachte ich mir: „Ok, dann gehe ich eben auch mal zum Get Free, damit ich wenigstens weiß, wie das abläuft.“

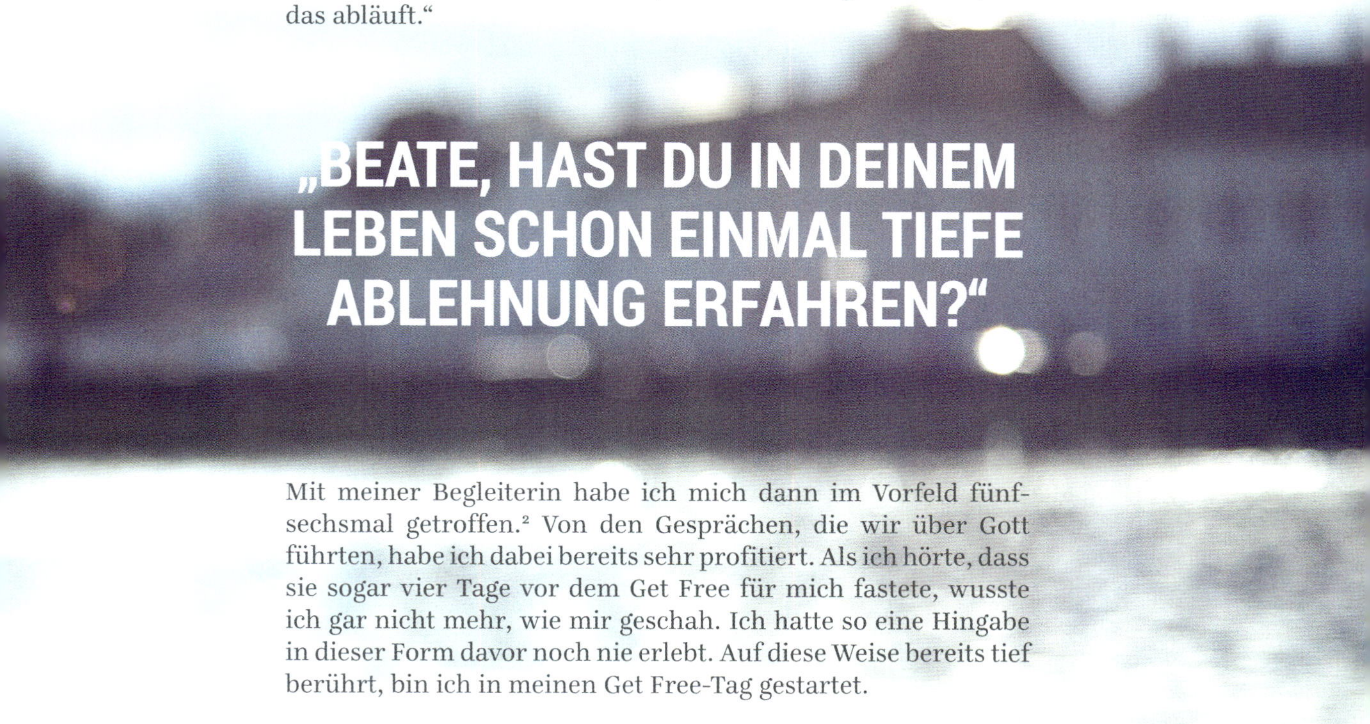

„BEATE, HAST DU IN DEINEM LEBEN SCHON EINMAL TIEFE ABLEHNUNG ERFAHREN?“

Mit meiner Begleiterin habe ich mich dann im Vorfeld fünfsechsmal getroffen.[2] Von den Gesprächen, die wir über Gott führten, habe ich dabei bereits sehr profitiert. Als ich hörte, dass sie sogar vier Tage vor dem Get Free für mich fastete, wusste ich gar nicht mehr, wie mir geschah. Ich hatte so eine Hingabe in dieser Form davor noch nie erlebt. Auf diese Weise bereits tief berührt, bin ich in meinen Get Free-Tag gestartet.

Auf dem Workshop hatte ich dann reichlich Zeit, mit Gott ins Gespräch zu kommen. Während dieser Zeit sind mir doch noch einige Punkte bewusst geworden, die ich mit Jesus klären und zum Kreuz bringen wollte. Meine Begleiterin hörte aufmerksam zu, während ich diese Dinge im Gebet eintauschte. Man merkte richtig, dass sie etwas beschäftigte.

Zwischen den Gebets- und Inputzeiten gibt es in diesem Workshop immer wieder Pausen. Als ich mit ihr so entspannt zusammensaß, fragte sie mich plötzlich: „Beate, hast du in deinem

[1] Get Free ist ein Workshop, den das ICF München anbietet. Unter anderem kannst du hier gemeinsam mit einem Begleiter deine Sorgen, Nöte, negativen Erfahrungen und Verfehlungen zu Jesus bringen und eintauschen.

[2] Für diese Vorbereitungsphase habe ich das Arbeitsheft MOVE I geschrieben, das für diese Gespräche konzipiert ist, um sich interaktiv mit den Themen Gott, Vater, Jesus und Leben zu beschäftigen. Es enthält auch eine praktische Anleitung zum Tausch am Kreuz und ist natürlich nicht nur zur Get Free Vorbereitung geeignet.

Leben schon einmal tiefe Ablehnung erfahren?" Zuerst wusste ich nicht, wovon sie redete und wie sie überhaupt darauf kam. Dann jedoch dachte ich nach und auf einmal fiel es mir ein. Als ich 18 Jahre alt gewesen bin, hat mir meine Mutter Folgendes erzählt: Ich war das dritte Kind und genau ein Jahr und einen Monat nach meiner Schwester zur Welt gekommen. Meine Mutter wollte eigentlich nicht so schnell wieder schwanger werden. Es fiel ihr schwer, diese Schwangerschaft überhaupt zu akzeptieren. Sie war nun ehrlich zu mir und offenbarte mir, dass sie mich ursprünglich im Prinzip gar nicht haben wollte. Als ich jedoch auf der Welt war, hat sie mich geliebt und ich hatte es sehr gut in meiner Kindheit.

Ich konnte gut nachvollziehen, dass man manchmal nicht gleich Ja zu einem Kind sagen kann und hatte Verständnis für meine Mutter. Deshalb habe ich auch gedacht, dass ihre damalige Ablehnung mir gegenüber heute nichts mit mir zu tun hätte.

Meiner Begleiterin fiel jedoch auf, dass ich Dinge, die ich mit anderen erlebte, manchmal sehr persönlich nahm und hat mir deshalb diese Frage gestellt.

Da saß ich nun mit meinen 49 Jahren und musste feststellen, dass sich diese Ablehnung, obwohl sie nur im Mutterleib geschehen war, tief in mein Herz eingebrannt hatte. Ich war aufgrund dieser Erfahrung auch in Bezug auf andere Lebensereignisse schnell verunsichert, fühlte mich angegriffen und konnte nur schwer differenzieren. Oft habe ich alleine geweint und mich gefragt, was falsch an mir ist. Dass die Wurzel meines Problems hierin lag, hätte ich alleine wahrscheinlich nie erkannt. So jedoch konnte ich diese Ablehnung als die Lüge, die sie war, zu Jesus ans Kreuz bringen und stattdessen Gottes Wahrheit für mich annehmen. Unterstützt hat mich dabei der Bibelvers: „Ich habe dich schon gekannt, ehe ich dich im Mutterleib bildete, und ehe du geboren wurdest, habe ich dich erwählt" (Jeremia 1,5 HFA).

Diese neue Sichtweise hat mich freigesetzt. Ich lernte nach und nach, meine alten Muster abzulegen und Ereignisse besser einzuordnen, die mich früher belastet hätten. Im Nachhinein bin ich so dankbar, dass ich das Angebot dieses Get Frees genutzt habe – und dass meine Begleiterin an diesem Tag so präsent gewesen ist.

□

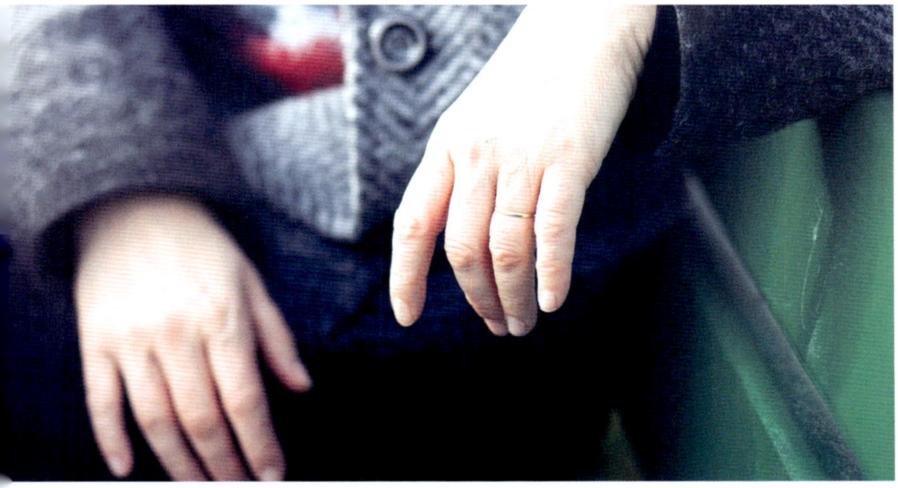

Stell dir die Buße als dreistufige Treppe vor:

Erkennen und Bekennen sind die ersten zwei Stufen – man hat schon viel geschafft, aber ganz oben angekommen ist man noch nicht.

Bevor wir jetzt auf die dritte Stufe steigen, lass uns noch mal in den Garten gehen ... Wenn du die schwere Steinplatte hochhebst, damit sich das Ungeziefer verkriecht, ist ein wesentlicher Schritt getan. Allerdings muss die Platte jetzt ganz weggetragen werden – du kannst sie ja nicht ewig festhalten. Sie muss entsorgt werden. Legst du sie zurück, wächst an der Stelle kein Gras mehr und das Ungeziefer freut sich, denn es darf wieder einziehen.

Weg aus dem Garten, runter in den Keller: Es ist genial, dort auszumisten und all die Kisten hochzuschleppen, den Dreck rauszukehren und einen Müllsack hochzutragen. Aber du kannst all die Dinge ja nicht vor deiner Haustür stehen lassen, irgendwann fängt's an zu müffeln und die Nachbarn werden sich auch beschweren. So wirklich bereinigt ist die Sache noch nicht. Du musst die Müllabfuhr und den Sperrmüll beauftragen, den ganzen Haufen komplett wegzufahren und auf der Deponie zu verbrennen. Recycling ist im Fall von Seelenmüll nicht unbedingt die schlauste Idee – also weg mit dem Zeug, und zwar komplett!

Soweit verstanden? Ready for take off? Ja? Gut – dann nimm jetzt noch mal Anlauf, damit wir die dritte Stufe in Angriff nehmen können ...

3. HANDELN

Allerdings genügt es nicht, seine Botschaft nur anzuhören; ihr müsst auch danach handeln. Alles andere ist Selbstbetrug! Wer Gottes Botschaft nur hört, sie aber nicht in die Tat umsetzt, dem geht es wie einem Mann, der in den Spiegel schaut. Er betrachtet sich, geht wieder weg und hat auch schon vergessen, wie er aussieht. Ganz anders ist es dagegen bei dem, der nicht nur hört, sondern immer wieder danach handelt. Er beschäftigt sich gründlich mit Gottes Gesetz, das vollkommen ist und frei macht. Er kann glücklich sein, denn Gott wird alles segnen, was er tut.
Jakobus 1,22-25 (HFA)

Alles segnen? Klingt gut ... aber dafür müssen wir praktisch werden. Der letzte Schritt in die Freiheit besteht darin, aktiv zu werden: die Dinge, die du bekannt und erkannt hast, nun auch in Ordnung zu bringen.

Wenn du gestohlen hast, bring das Diebesgut zurück. Wenn du dich falsch verhalten hast, geh zu der betreffenden Person und entschuldige dich. Ideen dafür kannst du auch mit deinem Begleiter entwickeln und festlegen. Ich persönlich merke immer wieder, dass ich jemanden brauche, der mich daran erinnert, meine Buße auch in die Tat umzusetzen. Es geht nicht darum, dass dich jemand überwacht – daran haben die meisten Menschen sowieso gar kein Interesse. Aber meiner Erfahrung nach ist es immer einfacher, Vorsätze einzuhalten, wenn man sie nicht nur im stillen Kämmerlein fasst, sondern sie mit jemand anderem teilt. Dieser eingeweihte „Zeuge" möchte ja dein Bestes. Er möchte, dass sich deine problematischen Lebensbereiche verändern und du wieder glücklich wirst.

Beim Tausch am Kreuz geht es darum, dein Leben mit göttlichen Wahrheiten zu füllen und nach göttlichen Prinzipien auszurichten. Das ist oft ein Prozess, der nicht von heute auf morgen passiert. Für den langen Atem, den man dabei braucht, hilft es, wenn man nicht allein dasteht. Den Begleiter verstehe ich dabei wie eine Art Sparringspartner – gemeinsam trainiert und boxt ihr das Gute in deinem Leben durch.[3]

Lange Zeit konnte ich mit dieser angeblich „guten Nachricht" von Gott nicht viel anfangen. Mir fehlte das Know-how dieser drei Schritte. Ich konnte mir nicht vorstellen, dass Gott wirklich etwas in meinem Leben verbessern kann, dass er Probleme und Verletzungen, die zum Teil schon seit Jahrzehnten bestanden, zum Guten wenden kann. Dabei ist genau das der Deal:

[3] Natürlich kannst du durch diese Schritte auch allein gehen, aber ich empfehle dir, jemanden zu suchen, der dir dabei zur Seite steht.

Deshalb trennt euch von aller Schuld und allem Bösen. Nehmt vielmehr bereitwillig Gottes Botschaft an, die er wie ein Samenkorn in euch gelegt hat. Sie hat die Kraft, euch zu retten. Jakobus 1,21 (HFA)

Das heißt: Wir müssen das Samenkorn nicht mehr im Gartencenter kaufen und einpflanzen. Das hat Gott schon getan. Das Gute und Göttliche ist in uns drin, im wahrsten Sinne des Wortes: von Gott gegeben. Diese göttlichen Eigenschaften sind tief in jedem von uns eingegraben. Doch gießen und pflegen müssen wir diesen göttlichen Samen schon selbst, damit er anfängt, zu wachsen und zu blühen.

Und dass das wirklich funktioniert, erlebe ich, seit ich zum ersten Mal den Tausch am Kreuz nicht nur theoretisch nachvollzogen, sondern praktisch ausprobiert habe. Mir wurde eins klar: Gott vergibt mir – das ist schon mal gut. Doch das Beste ist: Er will alles verändern. Er will es neu machen. Nachdem mir das bewusst geworden ist, habe ich einen Lebensbereich nach dem anderen zusammen mit Jesus aufgeräumt. Manches ging schneller, bei anderen Bereichen ist es ein Prozess, der bis heute andauert. Schritt für Schritt mehr in die göttliche Freiheit hinein. Mehr und mehr ein Volltreffer genau ins Schwarze – in Gottes Idee von einem erfüllten Leben, in sein Ziel, ihn, mich selbst und andere uneingeschränkt lieben zu können. Jesus ist dafür für uns am Kreuz gestorben, und vor allem ist er nach drei Tagen von den Toten auferstanden. Das hat er bereits zu Lebzeiten vorhergesagt.

Schon krass, oder? Oder sollte ich lieber sagen: Schon göttlich, oder? Wer sich so etwas traut rauszuhauen, der muss wohl einen besonderen Draht zu Gott haben. Es scheint, als wäre er wirklich Gottes Sohn, denn so etwas kann kein normaler Mensch vor seinem eigenen Tod wissen.

Eine andere, wie ich finde, abgefahrene These von Jesus lautet:

Niemand wird euch sagen können: „Hier ist sie!" Oder „Dort ist sie!" Die neue Welt Gottes ist schon jetzt da – mitten unter euch. Lukas 17,21 (HFA)

Ich finde das so großartig, weil es bedeutet, dass auch wir einen Draht zu Gott haben können. Denn Gott wirkt bereits im Hier und Jetzt. Du musst nicht warten, bis du in der Holzkiste liegst. Er bietet dir mit dem Tausch am Kreuz an, seine Veränderungskraft schon im Diesseits zu erleben. Was für ein Geschenk! Wie jedes Geschenk, das man überreicht bekommt, muss man es aber auch selbst auspacken. Es liegt also an dir und mir.

Jesus ist die Lösung.
Er hilft uns, den Graben zwischen uns und Gott zu überwinden. Er sagt:

Ich bin der Weg, ich bin die Wahrheit, und ich bin das Leben! Johannes 14,6a (HFA)

Und dann sagt er noch etwas, das meistens bei diesem Zitat abgeschnitten wird:

Ohne mich kann niemand zum Vater kommen.
Johannes 14,6b (HFA)

GOTT VATER – REICHT NICHT SCHON (M)EINER?

Jesus möchte also, dass wir „zum Vater kommen“. Er ebnet als sein Sohn den Weg dafür, dass wir dies auch erleben können. Aber möchtest du das überhaupt? Gott als Vater kennenlernen?

Anscheinend ist dies ein ganz besonderes Vorrecht, ein Privileg:

Die ihn [Jesus] aber aufnahmen und an ihn glaubten, denen gab er das Recht, Kinder Gottes zu werden. Johannes 1,12 (HFA)

Wenn du Jesus auf seinem Weg nachfolgst, lädt er dich dazu ein, Teil seiner Familie zu werden – ein Kind Gottes mit allen Familienrechten und -pflichten – ein Sohn, eine Tochter mit einem himmlischen Vater.

Das Bild von Gott als Vater taucht an wirklich vielen Stellen in der Bibel auf – meist ein Hinweis darauf, dass es sich um einen echt zentralen Gedanken handelt – zum Beispiel hier:

Und ihr kennt nur den einen Gott, den Vater von allem, was lebt. Er steht über allen. Er wirkt durch alle und in allen. Epheser 4,6 (GNB)

Klingt nach noch einer „guten Nachricht“! Ein Vater, der immer für uns da und überall bei uns ist – wäre das nicht das perfekte Szenario, um sich beschützt und aufgehoben fühlen zu können? Theoretisch zumindest ... Mir fiel es nämlich lange sehr schwer, Gott tatsächlich als diesen Vater zu sehen und zu akzeptieren.

WOHER KOMMST DU?

Warum? Nun, wir alle haben ja einen menschlichen Vater.

Stimmt, wir haben auch eine Mutter. Bevor in dir vielleicht eine innerliche Feminismus-Debatte losbricht, möchte ich gleich zu Anfang des Kapitels betonen, dass sich Gott in der Bibel nicht bloß männlich, als Vater, sondern auch als Frau und Mutter vorstellt:

Wie einen, den seine Mutter tröstet, so will ich euch trösten.
Jesaja 66,13a (ELB)

Gott erschafft beide – Mann und Frau – als Wesen mit göttlichen Eigenschaften, das biblische Wort dafür ist Ebenbild (1. Mose 1,27). Gott ist also mehr als „nur" Mann oder Frau – er ist einfach beides und sogar mehr als das. Er ist ein für uns nicht greifbares Wesen – und das ist auch gut so. Denn Gott ist Gott und kein Mensch.

Das Bild des Vaters taucht trotzdem häufiger in der Bibel auf. Sicher nicht, um damit eine Wertung der Geschlechter zu vollziehen, aber vielleicht, weil darin eine tiefe Aussage steckt?!

Jeder von uns hat erst mal eine ganz persönliche Assoziation, wenn er das Wort „Vater" hört, denn unsere Identität ist wesentlich von unseren Eltern geprägt. „Identität" kommt vom lateinischen „idem" mit der Bedeutung *der- oder dieselbe*. Rein (bio-) logisch bin ich ein zusammengesetzter Teil meiner Eltern und in Bezug auf meine Identität sozusagen „derselbe" aus beiden Teilen. Genau gleich leitet sich auch der Begriff „Identifikation" her, es heißt so viel wie (Wieder-)Erkennen, Übereinstimmen. Jeder findet sich in seiner „Familienlinie" wieder. Man sieht vielleicht der Mutter äußerlich ähnlich oder hat bestimmte Wesenszüge des Vaters.

EBENBILD

Das ist übrigens der Punkt, der für Waisen oder Adoptierte oft sehr problematisch ist, denn sie kennen ihre Eltern meistens nicht. Ich treffe immer wieder Menschen, die gerade deshalb beginnen, nach ihren Wurzeln zu suchen – häufig im Teenageralter. Auch wenn ihre Pflege- oder Adoptiveltern einen guten Job gemacht haben, wollen diese Kinder doch wissen, woher sie wirklich kommen, was ihr Ursprung ist.[1]

Diese tiefe Sehnsucht nach der eigenen Identität beginnt bereits im Bauch. Schon hier beeinflusst es mich, wie meine Mutter ihr Leben lebt. Ist sie gestresst oder entspannt? Glücklich oder traurig? Meinen gesamten Lebensweg begleiten und prägen mich meine Eltern. Ich lerne ihr Wertesystem kennen und übernehme es (in Teilen). Sogar nach ihrem Tod nehmen sie noch Einfluss auf mein Leben, denn ich war und bin ein Teil von ihnen. Sie haben mich erzogen und sie gehören zu mir, so wie ich zu ihnen gehöre.

Je nachdem, wie du deine Kindheit erlebt hast, wie gut oder schlecht die Beziehung zu deinen Eltern ist, hast du die letzten paar Sätze wahrscheinlich mit Wohl- oder, ganz im Gegenteil, mit Unbehagen gelesen. Bei diesem Thema ist wirklich keiner neutral – eine gewisse Prägung bringt jeder mit.

Von der anderen, der Elternseite betrachtet, wird einem angesichts dieser großen Verantwortung manchmal etwas flau in der Magengegend ... Ich bin selbst noch nicht so lange im Vater-Business tätig, aber wenn ich mir vorstelle, dass mein Sohn später einmal von Gott als Vater hört und dadurch anfängt, einige meiner Eigenschaften als Vater mit denen von Gott zu vergleichen – „Vater? Moment mal, ich habe doch meinen Vater Tobias. *So* soll also Gott sein?“ – dann habe ich ganz schön Respekt vor der Aufgabe, die ich da habe. Denn ich weiß: Egal, wie sehr ich mich auch anstrenge, ich habe doch Fehler und Schwächen, die mein Sohn mit- und teilweise auch abbekommt.

Benedikt war ungefähr eineinhalb Jahre alt und mitten in der „Ich übe erste Worte“ - Phase. Papa, Mama und natürlich Bagger waren seine Favoriten. Er lief den ganzen Tag durch die Gegend und leierte in Dauerschleife: „Mamamamamamamamamama“ oder „Baggerbaggerbagger“ herunter.

An einem Nachmittag war ich alleine mit ihm in der Wohnung. Ich hatte beruflich noch nicht alles erledigt und Termindruck. Mit dem Handy in der Hand arbeitete ich meine offenen Dinge ab. Schrieb Mails und antwortete auf SMS. Im Hintergrund erklang ein andauerndes: „Papapapapapapapapapapapa.“ Ich schaute ihn kurz an, lächelte, denn das kannte ich ja schon ... Bene übte Papa sagen. Also widmete ich mich wieder dem Handy und arbeitete weiter. Das Papapapapapapa wurde lauter und fordernder, aber ich ignorierte es weiter: „Der trainiert ja nur sprechen“, dachte ich.

Doch dann stand er verzweifelt vor mir: „PAPA PAPA PAPA!“ Auf einmal wurde mir klar: Der hat gar nicht geübt, der braucht mich, meine Aufmerksamkeit. Er sagt bewusst Papa, weil er sich alleine fühlt. Als mir das klar wurde, habe ich das Handy weggelegt und mich um ihn gekümmert. Ich hatte ein schlechtes Gewissen, denn es war im Moment meine Aufgabe, für ihn da zu sein, und ich hatte auf sein Rufen nicht reagiert. Ich war in dieser Situation nicht präsent, aber Gott ist immer da.

Gut, dass es also nicht der Deal ist, dass ich versuchen muss, wie Gott zu sein. Trotzdem möchte ich natürlich mein Bestes geben!

Auch die Psychologie hat sich viel mit der Aufgabe und dem Einfluss des Vaters beschäftigt. Als ich mich damit befasst habe, dachte ich mir anschließend: Alter Schwede! Das soll ich alles beachten? Das hätte mir mal einer vor Benes Geburt sagen sollen ... Hier kommen die vier wichtigsten Punkte in Bezug auf das Verhältnis von Vater und Kind:

[1] Gott hebt in der Bibel besonders hervor, dass er gerade auch ein Vater für diese Menschen sein möchte: „Ein Anwalt der Witwen und ein Vater der Waisen ist Gott in seinem Heiligtum. Den Einsamen gibt er ein Zuhause, den Gefangenen schenkt er Freiheit und Glück.“ Psalm 68,6f (HFA)

PAPA
PAPA
PAPA

WIE VIEL BIN ICH MIR SELBST WERT?

1. DIE ENTWICKLUNG DES SELBSTBILDES

Wie denke ich über mich?

Wie viel bin ich mir selbst wert?

Diese Fragen kann natürlich jeder eigenständig für sich beantworten, jedoch hören wir dabei meist die Stimmen anderer im Kopf, ganz besonders die unserer Eltern. Wenn dir in der Kindheit mantramäßig eingehämmert wurde, dass du faul und launisch bist, dann beginnst du auch irgendwann, daran zu glauben und tatsächlich so zu sein. Hattest du auf der anderen Seite Eltern, die deine guten Eigenschaften hervorgehoben und dich darin bestärkt haben, dann wird es dir heute leichter fallen, positiv über dich selbst zu denken.

Es gibt zahlreiche Untersuchungen, dass Jungs besonders dann zu Aggressionen und mangelndem Selbstwertgefühl neigen, wenn sie einen schwachen oder gar nicht vorhandenen Vater hatten. Lebt der Vater aber Erfolg, Ehrgeiz und eine hohe soziale Kompetenz vor, entwickeln sich auch die Söhne zu verantwortungsvollen, selbstbewussten und im positiven Sinne erfolgsorientierten Persönlichkeiten.

Ähnlich ist das auch in der Vater-Tochter-Beziehung: Wissenschaftler haben herausgefunden, dass Mädchen, die von ihren Vätern in die „Männerwelt" integriert werden, besonders erfolgreich in Führungspositionen sind. Solche Väter nehmen ihre Töchter etwa zum Angeln oder Fußballspielen mit und spenden ihnen Lob für gute Leistungen in Schule und Sport.

Der Vater hat einen enormen Einfluss auf die Entwicklung des Selbstbildes seines Kindes. Und den kann er positiv wie negativ geltend machen. Verhält er sich ablehnend und unfreundlich, kann das Kind das auf sich beziehen. Der Gedanke „Ich bin nicht liebenswert" kann sich dauerhaft in sein Gehirn brennen. Auf der anderen Seite kann ein Vater das Ego seines Kindes stärken, indem er ihm positives Feedback gibt und ihm vermittelt, dass es wertvoll und wunderbar ist. All das lässt Kinder in ihrem Selbstbewusstsein regelrecht aufblühen.

„Herr, ich danke dir dafür, dass du mich so wunderbar und einzigartig gemacht hast! Großartig ist alles, was du geschaffen hast - das erkenne ich!“
Psalm 139,14 (HFA)

Gott macht das auf seine positive und lebensspendende Art auch: Er findet seine Schöpfung sehr gut (1. Mose 1,31), ist stolz auf seine Kinder und scheut sich nicht, uns das zu sagen.

Je mehr wir das erkennen, desto mehr verstehen wir folgendes Gebet:

„Herr, ich danke dir dafür, dass du mich so wunderbar und einzigartig gemacht hast! Großartig ist alles, was du geschaffen hast - das erkenne ich!" Psalm 139,14 (HFA)

2. DIE BEZIEHUNGSFÄHIGKEIT UND SOZIALISATION

Wie verhalte ich mich in zwischenmenschlichen Beziehungen?

Bin ich dominant oder eher zurückhaltend, vielleicht sogar unterwürfig?

Hat mein Vater mir beigebracht, wie ich mich durchsetzen kann oder aber, wie ich mich am besten ducke und kleinmache?

Hat mein Vater mir genug Selbstwert vermittelt, dass ich mich nicht wie ein Wetterfähnchen im Wind drehe?

Schaffe ich es, in Konflikten meinen Mann bzw. meine Frau zu stehen?

Ich gebe dir mal ein konkretes Beispiel dazu. Früher war ich nicht besonders konfliktfähig. Ich muss auch dazusagen, dass ich mit einer starken Persönlichkeit verheiratet bin – einem wahren Dynamitbündel –, doch das entschuldigt es nicht. Wenn ich mit Frauke aneinandergeraten bin, habe ich mich meistens schnell geduckt und mich hechelnd wie ein Dackel an Frauchens Beinen gerieben – natürlich nur bildlich. Mir hat das zwar nicht gefallen, aber was sollte ich denn tun? Ich konnte nicht anders.

Irgendwann habe ich so stark unter diesem Manko gelitten, dass ich zusammen mit einem Begleiter das „Get Free"-Angebot genutzt und mich auf die Suche nach der Wurzel meines Verhaltens gemacht habe.[2] Während dieses Prozesses wurde mir klar, warum ich in meiner Beziehung so duckmäuserisch war: Ich kann mich erinnern, dass meine Eltern sich pausenlos gestritten haben, als ich ungefähr vier Jahre alt war. Klein-Tobi saß dann im Bett unter der Decke mit großen Ohren und hörte bei der ganzen Streiterei immer nur einen Satz: „Ich lasse mich scheiden!" Konflikte und Streit in der Partnerschaft bedeuteten für mich seitdem immer sofort: Scheidungsangst! Man geht getrennte Wege. Um das zu vermeiden, habe ich mich in menschlichen Beziehungen lieber ruhig verhalten, damit bloß nichts Derartiges passiert. Lieber versuchte ich Konflikte zu vermeiden, als sie anzugehen und damit vielleicht die Beziehung zu riskieren.

Nachdem mir das klar geworden war, habe ich dieses Übel mitsamt seiner Dackelauswüchse und der tiefliegenden Angstwurzel am Kreuz eingetauscht gegen Freiheit, Konfliktfreudigkeit, aber auch Vertrauen in meine Frau und unsere Beziehung. Infolgedessen musste ich jedoch entsprechend handeln. Meine Lösung war folgende: Ich habe erst mal mit einem Coach versucht, meine Dispute anzugehen. Dadurch habe ich gelernt, konstruktiv zu streiten. Das ging natürlich nicht von heute auf morgen. Es war ganz schön mühsam – und ist es noch. Nicht nur meine Frau, mein ganzes Umfeld hat inzwischen gemerkt, dass sich der liebe, ruhige Tobi auf einmal verändert hat, dass er den Mund aufmacht und nicht mehr alles schluckt. Unterm Strich geht es mir damit heute allerdings so viel besser! Dass ich mal ein Dackel war, glaubt heute keiner mehr. Ich kann es mir ehrlich gesagt selber auch nicht mehr vorstellen.

Einen ähnlichen Prozess geht Gott in der Bibel mit vielen Menschen. Ihr Charakter und ihre Art, mit anderen Menschen umzugehen, verändern sich auf ihrem Lebensweg, den sie mit Gott gehen. Mich beeindruckt zum Beispiel die Entwicklung von Josef. Als junger Mann sieht

[2] Der Get Free - Workshop und das Prinzip vom „Tausch am Kreuz" werden ausführlicher in Kapitel 2 beschrieben.

er im Traum seine Zukunft, doch er muss viele Bewährungsproben durchstehen, bis seine Vision Realität wird. Diese Prüfungen sind wichtig für ihn, denn dadurch reift er auch im zwischenmenschlichen Bereich zu einer Persönlichkeit heran. In meiner Predigtserie „From Dream to Destiny“ kannst du dir seine Geschichte anhören. Du findest die Podcastreihe auf www.icf-muenchen.de.

Die Bibel ist voll von solchen Lern- und Entwicklungsprozessen und immer ist Gott derjenige, der die Menschen freisetzt und sie darin begleitet, nach seinen göttlichen Prinzipien zu leben und miteinander umzugehen.

3. DIE ENTWICKLUNG DER GESCHLECHTERVORSTELLUNG

Wer bin ich?

Bin ich Mann?

Was heißt „Mann sein“?

Bin ich Frau?
Was ist „weiblich“?

Wen und wie liebe ich?

Auf all das hat der Vater einen zentralen Einfluss.

Nicht nur wissenschaftlich bewiesen, sondern auch einfach logisch ist der Gedanke, dass gerade Jungs ihren Vater brauchen, damit sie ihre Rolle als Mann durch sein Vorbild erlernen können. Die Rollenverteilung ändert sich zwar immer häufiger, aber in vielen Familien ist es so, dass die Mutter öfter anwesend und für die Kinder präsenter ist als der Vater. Gerade deshalb ist eine der Hauptaufgaben von Männern, dass der Sohn vom Vater lernt, wie männliches Verhalten funktioniert. Von seiner Mutter kann er viel lernen, aber eben nicht, wie es ist, ein Mann zu sein. Schon in der Kindheit schaut sich ein Junge von seinem Vater ab, wie man sich als Mann bewegt – wie er geht, wie er den Bauch einzieht und die Brust herausstreckt, und er ahmt es dann seinem Vorbild nach.

Bei Töchtern ist der Vater der erste Mann im Leben. Durch ihn lernt das Mädchen, wie sich Zuneigung durch Männer anfühlt. Eine Studie hat ergeben, dass Frauen in den meisten Fällen in ihrem späteren Leben Männer bevorzugen, die sie so behandeln, wie sie es vom Vater kennen. Das gilt erschreckenderweise auch für negative Aspekte. Haben sie zum Beispiel Gewalt durch ihren eigenen Vater erfahren, suchen sie sich auch oft gewaltbereite Männer – und ertragen das Martyrium.

Die Frage nach Mann- und Frausein ist (und bleibt wahrscheinlich) ein Dauerbrenner – gesellschaftlich wie persönlich. Gott hat hier wesentlich seine Finger im Spiel, er hat bewusst zwischen den Geschlechtern unterschieden:

Er schuf sie als Mann und Frau, segnete sie und nannte sie Mensch. 1. Mose 5,2 (NLB)

„Segnen“ bedeutet so viel wie „jemandem Gutes zusprechen“ – Gott hat also sowohl in Bezug auf die weibliche als auch auf die männliche Identität ein absolut positives Bild. Zeit, dass wir dieses kennenlernen und individuell füllen können, oder? Ich persönlich finde es immer wieder spannend, diese Links zwischen Wissenschaft und Bibel nachzuverfolgen.

Lass uns noch einen letzten Punkt aus der Psychologie betrachten ...

4. DIE ERKUNDUNGSBEREITSCHAFT

Habe ich Urvertrauen aufgebaut?

Weiß ich, dass mir nichts passiert, wenn ich in den heimischen Hafen zurückkehre, nachdem ich Fehler gemacht habe?

Denke ich, dass Blut dicker als Wasser ist, dass egal, was für einen Quatsch ich mache, meine Eltern mich lieben und es mir nicht krummnehmen?

Traue ich mich, Risiken einzugehen?

Was kindliches Urvertrauen bedeutet, sehe ich bei meinem Sohn. Man muss wissen: Bene liebt es, überall herunterzuspringen, bevorzugt in meine Arme. Wir wohnen in der vierten Etage eines Mietshauses. Komme ich unten mit Tüten bepackt an, schreit er schon von oben: „Papa, ich spring gleich!“ Dann weiß ich, dass ich bereit zu sein habe. Sobald ich nämlich um die letzte Kurve biege, muss ich blitzschnell die Tüten fallen lassen, damit der Knabe nicht die gesamte Treppe heruntersegelt. Er macht einfach free falling! Bene merkt von meinen Nöten natürlich nichts. Er springt, denn der Papa wird's schon richten, der Papa macht's schon gut. In diesem Punkt hat er ein riesiges Urvertrauen zu mir.

Du kannst das einmal in Bezug auf Gott prüfen. Hast du dasselbe Urvertrauen in ihn? Kennst du diese kindliche, vertrauensvolle Risikobereitschaft in deinem Glauben?

CLAUDIA ELSEN

ETWAS NEUES WAGEN

Für mich ist es ein Wunder, dass du jetzt gerade diesen Text liest. Ich bin die Ghostwriterin dieses Buches und habe es mit Tobias zusammen geschrieben. Dass ich das bin, ist für mich bis heute unfassbar. Ich habe Tobias beim Schreiben dieses Buches unterstützt, dieses Projekt von Anfang an begleitet.

Seit meiner frühesten Schulzeit habe ich von Lehrern, Dozenten und Vorgesetzten gehört: „Claudia, du magst ja viele Talente haben, aber - sorry! - Schreiben ist leider keins davon." So habe ich über die Jahre eine immer größer werdende Schreibblockade entwickelt. Da ich in einem kreativen Beruf arbeite, war das oft ein Problem für mich. Ich habe immer versucht, mich um das Verfassen von Texten oder Pressemitteilungen zu drücken. Meistens mit Erfolg.

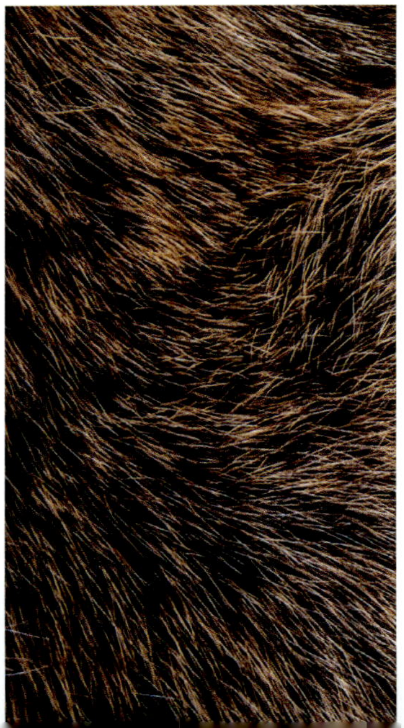

Eines Tages bekam ich für eine Veranstaltung im ICF München die Anfrage, ob ich die Geschichte, wie ich mein Leben als Christin begonnen habe, nicht aufschreiben könnte. „Hilfe“, dachte ich, „ich hasse doch schreiben! Aber na gut, es ist ja kein Job und in der Kirche geht es ja nicht darum, dass ich jetzt wie Goethe schreibe. Was soll's!“ Also schrieb ich meine Geschichte auf und hatte dabei das Gefühl, als ob ich den Text für irgendwie „mehr“ schrieb als für seinen konkreten Zweck bei der Veranstaltung – ich konnte aber nicht sagen, welches das sein sollte. Ich schickte die E-Mail ab und das Thema war damit erst mal für mich erledigt.

Kurze Zeit später kam dann allerdings Tobias auf mich zu: Er hätte ein Angebot für mich. Okay, dachte ich, er weiß, dass ich prinzipiell Interesse habe, beim ICF mitzuarbeiten. Ich sah mich schon in einem der verschiedenen Teams, die mich interessierten.

„Claudia“, sagte er, „ich will, dass du das Ghostwriting für mein Buch übernimmst. Ich habe deinen Bericht gelesen und den Impuls gehabt, dass du dafür geeignet bist. Du schreibst genau so, wie ich mir das für meine Bücher vorstelle.“ Ich glaube, er hatte erwartet, dass ich mich freuen würde, doch meine Reaktion war so ziemlich das Gegenteil: „Ich? Schreiben? Auf gar keinen Fall! Kann ich nicht!“ Und wollte ich auch nicht! Es war einfach absolut jenseits meines Vorstellungsvermögens. Stell dir vor, jemand bittet dich, ab heute Teppiche zu knüpfen. Die meisten (bis auf die paar Teppichknüpfer, die das jetzt lesen) könnten ihre Reaktion auf so ein Angebot recht gut mit meiner vergleichen, als ich sein Angebot hörte.

Zuerst Stille auf Tobias' Seite. Dann hat er angefangen, mir eine Geschichte nach der anderen zu erzählen, bei denen es Menschen genauso ging wie mir, die dann aber schlussendlich auf Gott und den Impuls von anderen vertraut haben. Ich habe also nachgedacht und schließlich habe ich einen ersten Schritt gewagt ... Und auf Gott vertraut, dieses Buchprojekt tatsächlich anzugehen.

Das war alles andere als einfach. Nicht nur, weil bis dahin die Angst vor Schreibblockaden und Kritik tief in mir drin steckte, sondern auch, weil diese Entscheidung Konsequenzen hatte: Ich musste andere Projekte und Aufträge absagen und mich wirklich darauf verlassen, dass Gott das Talent zum Schreiben in mir wecken würde. Für mich eine gewaltige Erfahrung: Alles lief geradezu wie am Schnürchen! Sogar meine härtesten Kritiker fanden plötzlich gut, was ich schrieb. Mir ist dadurch klar geworden, wie wichtig es ist und wie sehr es sich lohnt, Gott zu vertrauen, Glaubensschritte zu gehen und sich auch auf Dinge einzulassen, die einem selbst eigentlich unmöglich erscheinen. Vorausgesetzt natürlich, dass Gott einen an diesem Platz haben will.

□

Natürlich ist es nicht immer einfach, Gott auf diese Weise zu vertrauen – gerade dann, wenn es Mut und Risikobereitschaft auf unserer Seite voraussetzt. Aber Gott hat einen guten Plan für jeden von uns. Er kümmert sich um seine Kinder. Traust du dich, einen Versuch zu starten, das zu erleben?

Was geht nach dem Lesen der vier Punkte in dir vor? Haben deine Eltern diese Aufgaben gut gemeistert? Waren sie den Anforderungen gewachsen? Wie geht es dir als Elternteil damit? Mir fallen direkt Situationen ein, in denen ich es mal voll vermasselt habe. Wie sicher jedem Vater und jeder Mutter. Auch deine Eltern haben bestimmt nicht zu 100 Prozent alles perfekt geschafft. Das und darum geht es aber gar nicht. Jeder Mensch darf Fehler machen und es ist normal, dass das passiert. Aber wie ist das bei Gott?

ES GIBT IHN, DEN PERFEKTEN VATER

Stell dir vor, jemand könnte tatsächlich alle vier Punkte erfüllen. Dir ein absolut gesundes Selbstbild vermitteln, dich als Mann oder Frau bestärken, deinen Weg zu gehen, dich in deiner Beziehungsfähigkeit fördern und in deiner Erkundungsbereitschaft unermüdlich ermutigen, sodass du jede Menge Urvertrauen mitbringst. Klingt ein wenig nach Utopie –, aber wäre das nicht der Knaller? Gott möchte und kann das für dich tun. Und er ist sicher nicht nur auf die vier Punkte beschränkt, er will einfach alles geben. Er will, dass du dich geliebt und wertvoll fühlst – dass deine Identitätstanks sozusagen zu 100 Prozent gefüllt sind.

Vielleicht haben deine Eltern sie bereits zu 80 Prozent mit positiven Bestandteilen gefüllt. Vielleicht hattest du aber auch ein suboptimales Elternhaus und deine Identitätsskala liegt bei nur 30 Prozent. Das würde bedeuten, dass du 70 Prozent Minderwert mit dir herumträgst. Dein gefühlter Wert wäre dann wahrscheinlich sogar noch kleiner als 30 Prozent, oder? Und selbst 20 Prozent Minderwert können dich davon abhalten, 100 Prozent Vollgas zu leben. Egal also, wie gut oder schlecht deine Kindheit gelaufen ist, es gibt immer Luft nach oben. Eben weil Menschen nicht dazu in der Lage sind, die Tanks komplett zu befüllen, sondern weil sie Fehler machen und dadurch etwas in anderen zerstört wird.

Weil das aber so traurig klingt und wir das nicht wahrhaben wollen, versuchen wir, diese Lücken irgendwie zu füllen, damit wir uns besser fühlen. Ein gern genommenes Mittel ist dabei die Suche nach Anerkennung. Anerkennung durch Leistung, Anerkennung durch meinen tollen Job, meinen Status, Anerkennung durch die Beziehungen, die ich habe. Mein Haus, mein Auto, meine Bilderbuchfamilie – alles schön und gut. Nur wenn ich versuche, meinen Minderwert dadurch zu kompensieren, funktioniert das auf Dauer leider nicht. Ich fühle mich nicht wirklich besser, nur weil ich einen Ferrari fahre oder Celebrities als Freunde habe. Die Lücke in meinem Selbst bleibt, egal mit was ich äußerlich versuche, sie zu kitten. Und da gibt es noch andere, destruktive Möglichkeiten: Süchte, Alkohol, Schönheitswahn, Lästerei über andere – man kann die Liste beliebig fortführen.

Mit Jesus hast du diese Lückenbüßer nicht mehr nötig. Er möchte dich stattdessen in eine erfüllte und erfüllende Beziehung zum Vater führen, der dir eine Identität schenkt, die wächst – und wächst und wächst. Sein Ziel für dich ist, dass du zu 100 Prozent weißt, wer du bist, sodass Minderwert einen Raum von noch exakt null Prozent in deinem Leben hat. Gott sei Dank ist diese Perspektive völlig unabhängig davon, wie gut oder schlecht der Job deiner leiblichen Eltern auch gewesen sein mag. Es ist egal, zu wie viel Prozent Gott deine Identitätsskala auffüllen muss – er tut es.

Aber nicht nur in Bezug auf Identität haben wir bisweilen Luft nach oben – es gibt auch eine Art „geistlichen Minderwert", in dem man sich wie gefangen fühlen kann.

Der Geist, den Gott euch gegeben hat, ist ja nicht ein Sklavengeist, sodass ihr wie früher in Angst leben müsstet. Es ist der Geist, den ihr als seine Söhne und Töchter habt. Von diesem Geist erfüllt, rufen wir zu Gott: „Abba! Vater!" Römer 8,15 (GNB)

Okay, hier steckt ziemlich viel Erklärungswürdiges drin …

Was bedeutet „Sklavengeist"? Sind Leibeigene nicht längst abgeschafft? Doch, aber uns versklaven zwar keine reichen Großgrundbesitzer mehr (zumindest nicht in Deutschland), dafür aber Mechanismen wie Suche nach Anerkennung durch Leistung oder eben auch bestimmte Glaubensdinge. Minderwert führt hier nämlich unter anderem dazu, dass wir Gott nicht glauben können, dass er uns so annimmt, wie wir sind. „So jemanden wie mich kann Gott gar nicht lieben", sagen viele Menschen, denen ich begegnet bin. Sie denken, sie sind es nicht wert, geliebt zu werden. Sie sind es gewohnt, Ablehnung zu erfahren, weil sie sich selbst nicht mögen oder sich etwas nicht verzeihen können.

Viele versuchen dann, diesen geistlichen Minderwert dadurch zu kompensieren, dass sie spenden, für die Kirche arbeiten oder sich ehrenamtlich einbringen. An sich sind das alles gute Sachen. Die Einstellung dahinter ist das Problem: Das Ziel ist dann, sich vor Gott besser zu fühlen und lieb Kind bei ihm zu machen. In der Bibel steht von der ersten bis zur letzten Seite, dass wir für Gott immer den gleichen Wert haben. Er kann nicht gemindert werden, aber wir können uns andererseits auch keine Bonuspunkte verdienen, damit unser Wert vor Gott steigt. Er möchte den Minderwert auf gesunde Art und Weise beseitigen, nicht durch Arbeit oder Zwang. Das wäre kein Geschenk und von daher auch keine echte Liebe. Er will keinen Sklavengeist in unserem Leben. Sondern er schenkt uns seinen eigenen Geist, stellt uns dadurch seine göttliche Sichtweise zur Verfügung.

Ein anderes, nicht sofort verständliches Wort aus dem Vers ist: „Abba." Wir sollen Gott nicht einfach nur „Vater" nennen – sondern wie Jesus „Abba". Was heißt das jetzt? „Dancing Queen" oder „Mamma Mia" singen? Je nach Musikgeschmack keine schlechte Idee, in diesem Zusammenhang aber nicht unbedingt des Rätsels Lösung.

„Abba" ist Aramäisch, die Muttersprache von Jesus. Im Deutschen gibt es viele Entsprechungen, mit denen man die Bedeutung wiedergeben kann – und irgendwie stimmen alle ein bisschen und keine ganz. Wenn Jesus „Abba" sagt, meint er damit zum einen das liebevolle „Papa", das ein Kleinkind zu seinem Vater sagt und das Urvertrauen und absolute Nähe ausdrückt. Wie bei „Vater" ist außerdem vollkommen klar, dass man die gleiche DNA besitzt, eins ist. Zum anderen ist in „Abba" die Bedeutung „Schöpfer" enthalten. Dies drückt eine erwachsenere, ehrfurchtsvolle Haltung zu Gott aus. Leider gibt es im Deutschen kein Wort, das diese unterschiedlichen Facetten zusammenfasst, daher bleiben wir mal bei „Abba".

Abba

Dass Jesus diese Anrede für Gott benutzt, wäre damals Schlagzeile in wirklich allen Zeitungen gewesen, wenn es welche gegeben hätte – ein absoluter Skandal! Eine Beziehung, erst recht eine so vertraute und liebevolle Beziehung zu Gott war etwas, das zu Jesu Lebzeiten für die Menschen nicht vorstellbar war. Nur eine Person, der Hohepriester, durfte zu Gott in den Tempel und das Allerheiligste – jenen Ort, an dem man Gott begegnen konnte. Und er durfte das auch nur einmal im Jahr, am höchsten Feiertag. Er hatte dabei ein Seil um den Bauch geschlungen und Glöckchen an den Beinen, weil man eine so große Ehrfurcht und auch Angst vor Gott hatte, dass man mit der Möglichkeit rechnete tot umzufallen, wenn man ihm von Angesicht zu Angesicht begegnete. Weil man aber weder nachsehen konnte, ob der Hohepriester die Begegnung mit Gott überlebt hatte, noch selbst ins Allerheiligste durfte, um ihn dort rauszuholen, dachte man sich den Trick mit dem Seil und den Glöckchen aus: Hörten sie auf zu bimmeln, war der Priester tot und man konnte ihn mittels Seil aus dem Allerheiligsten wieder herausziehen.

Jesus hat dagegen eine Beziehung zu Gott (vor)gelebt, die diese enorme Distanz nicht kannte, sondern auf Herzensnähe basierte. Er ist Gottes Sohn und Gott sein liebender Vater, sein „Abba“. Damit auch wir Gott so kennen und erleben können, hat er als Mensch gelebt, ist für uns gestorben. Jesus hat den Weg freigemacht – im Moment seines Todes zerriss der dicke, schwere Vorhang im Tempel, der das Allerheiligste vom Rest abtrennte, von oben nach unten durch. Weg mit der Barriere! Und rein in ein neues Leben, in dem Gott als Vater in unserem Leben wirken und unsere Identität prägen kann. Er ist der perfekte Vater. Er gibt Rat und ist ein Ruhepol, er gibt uns ein innerliches Zuhause und kümmert sich um uns, seine Kinder. Das ist das Größte überhaupt und wir können uns wie Jesus darüber freuen:

Ihr erinnert euch, dass ich zu euch gesagt habe: „Ich gehe weg, und ich komme wieder zu euch.“ Wenn ihr mich wirklich lieben würdet, würdet ihr euch freuen, dass ich zum Vater gehe; denn der Vater ist größer als ich.
Johannes 14,28 (NGÜ)

LÖSE DIE BLOCKADEN

Wie so oft bei Glaubensfragen klingt das in der Theorie alles schön und gut. Gott – ein perfekter, liebender Vater, bei dem wir bedingungslos Halt und Unterstützung finden. Aber in der Praxis kann es sein, dass wir das zu genau null Prozent oder nur ansatzweise auch so erleben. Denn wir wissen zwar mit dem Kopf, aber wir leben mit dem Herzen. Im Kopf hört sich das alles plausibel und gut an, aber unser Herz kommt da eventuell gar nicht mit. Zwischen Kopf und Herz ist bei vielen von uns eine Blockade und es kann unheimlich schwer sein, diese zu überwinden. Anders ausgedrückt: Der Abstand zwischen Kopf und Herz mag nur wenige Zentimeter betragen, manchmal ist es jedoch der längste und schwierigste Weg, und man schafft es kaum, ihn zurückzulegen. Egal wie sehr wir es uns wünschen, Gott als einen liebenden Vater sehen zu können – es kann trotzdem immer wieder passieren, dass sich unterbewusst das Bild unserer Eltern dazwischenschiebt. Das begrenzt unsere Perspektive auf Gott.

Ich habe als Kind leidenschaftlich gern Fußball gespielt und sah mich bereits als zukünftigen Profifußballer über den Platz laufen. Mein Vater hat mich bei diesem Traum immer unterstützt. Er fuhr mich zu jedem Spiel, stand am Spielfeldrand und feuerte mich an, feierte mit mir meine Siege und baute mich nach jeder Niederlage wieder auf. Schoss ich ein Tor, kam ich mir vor wie der König des Platzes, da mein Vater vor lauter Stolz ein imaginäres Feuerwerk zündete. Mir fällt es deshalb immer leicht zu glauben, dass auch Gott in vielen Punkten stolz auf mich ist. Dann wiederum tue ich mich schwerer, bestimmte Eigenschaften anzunehmen –, weil ich sie so (intensiv) bei meinem Vater nicht wahrgenommen habe.

Wie ist das bei dir? Waren deine Eltern immer für dich da und fällt es dir daher leicht, das auch über Gott zu glauben? Vielleicht haben sie aber auch nie wirkliche Nähe zugelassen, weshalb du dir Gott nur schwer als liebevollen, zärtlichen Vater vorstellen kannst? Oder war dein Vater jähzornig und du projizierst auch das auf Gott? Je nachdem, was wir erlebt haben, kann das die Blockade zwischen Kopf und Herz richtig stark machen. Dann handelt es sich nicht nur um eine Art Schablone, durch die wir eingeschränkt sehen können, sondern es hält uns ganz davon ab, Gott als Vater näherkommen zu können. Das theoretische Wissen darüber rutscht einfach nicht ins Herz.

Wie aber schafft man es, diese Schablone wegzunehmen? Wie kann man sogar feste Blockaden einreißen? Hier kannst du wieder die Prinzipien vom Tausch am Kreuz anwenden.

1. Du kannst Gott im Gebet darum bitten, dir zu zeigen, wo genau du Blockaden hast. Was haben deine Eltern richtig und was falsch gemacht? Mir hat es geholfen, die Tatsache anzunehmen, dass meine Eltern menschlich und daher begrenzt sind. Sie *können* gar nicht perfekt sein. Daher geht es auch nicht unbedingt darum, ihnen ihre Fehler vorzuwerfen oder sie schlechtzumachen. Aber eine ehrliche Analyse kann helfen und sehr befreiend wirken. Auf der anderen Seite kannst du bewusst für das dankbar werden, was deine Eltern für dich getan haben – vielleicht fällt dir hier etwas ein, selbst wenn du viele negative Erfahrungen gemacht hast. Das entspricht auch der Forderung aus den zehn Geboten, die Eltern zu ehren (2. Mose 20,12). Darüber hinaus ist es eine Möglichkeit, dass du dein eigenes Vater- oder Muttersein prüfst: Was gibst du an deine Kinder weiter? Worin liegen deine Stärken? Wo hast du Potenzial?

2. Es geht wie gesagt nicht darum, eine Art „Abrechnung" zu machen. Wenn du reflektiert hast, welche Dinge zwischen deinen Eltern und dir nicht optimal gelaufen sind, dann wäre es jetzt an der Reihe, ihnen zu vergeben. Manchmal ein echt schwieriger Schritt –, aber vielleicht hilft dir die Sequenz aus dem Vaterunser „Und vergib uns *unsere* Schuld wie auch wir vergeben unsern Schuldigern" (Matthäus 6,12 LUT). Dass Gott uns unsere Schuld vergibt, ebnet den Weg dafür, dass auch wir den Schritt gehen können, anderen zu vergeben. Auch wenn du selbst Vater oder Mutter bist, ist es eine Entlastung, das in Anspruch zu nehmen – die eigenen Verfehlungen als Elternteil bekennen und dafür Vergebung von Gott annehmen zu können.

3. Nun kannst du aktiv die negativen Bilder, die du von deinen Eltern im Kopf hast, durch positive Gottesbilder ersetzen. Wenn dein Vater zum Beispiel eine eher schwache Person war, die dich nicht herausfordern konnte oder wollte, kannst du dich daran erinnern, dass Gott die ganze Welt durch sein Wort erschaffen hat und in der Lage ist, selbst das Unmögliche möglich zu machen. Dazu kannst du dich mit entsprechenden Bibelstellen ausrüsten, in dem Fall zum Beispiel mit:

„Für Menschen ist es unmöglich, aber nicht für Gott. Für ihn ist alles möglich!" Markus 10,27 (HFA) [3]

Dadurch findet eine Art „Umprogrammierung" statt und alte Blockaden spielen weniger bis keine Rolle mehr. Dann ist es vielleicht auch möglich, ganz praktisch einen Schritt auf die Eltern zuzugehen. Entweder ist es dran, ihnen mal bewusst Danke für einige Punkte zu sagen, oder es kann ein Prozess gestartet werden, in dem ihr gemeinsam eure Vergangenheit aufarbeitet. Wenn du selbst Kinder hast, ist es ebenfalls eine gute Idee, aktiv umzudenken und dir von Gott zeigen zu lassen, wie er dich als Vater oder Mutter stärken möchte. Wo wir nicht perfekt sind, da liebt er es besonders, in die Bresche zu springen:

Aber der Herr hat zu mir gesagt: „Du brauchst nicht mehr als meine Gnade. Je schwächer du bist, desto stärker erweist sich an dir meine Kraft." Jetzt trage ich meine Schwäche gern, ja, ich bin stolz darauf, weil dann Christus seine Kraft an mir erweisen kann.
2. Korinther 12,9 (GNB)

Auf der Basis und mit seiner Hilfe kannst du auch die Dinge in Ordnung bringen, bei denen du als Vater oder Mutter Fehler bei deinen Kindern gemacht hast.

Gott als den perfekten Vater zu kennen und zu erleben ist das, was Jesus dir ermöglichen möchte. Denn er weiß aus eigener Erfahrung, dass Gott, der Vater, nichts mehr will, als für dich da zu sein, dich zu lieben und zu versorgen. Das bedeutet, du kannst dich fallen lassen in seine offenen Arme – ähnlich wie Bene mir schon von der obersten Treppenstufe entgegenspringt – im vollen Vertrauen, dass es gut geht.

Jesus rief ein kleines Kind, stellte es in die Mitte und sprach: „Das will ich euch sagen: Wenn ihr euch nicht ändert und so werdet wie die Kinder, kommt ihr nie in Gottes neue Welt. Wer aber so klein und demütig sein kann wie ein Kind, der ist der Größte in Gottes neuer Welt."
Matthäus 18,2-4 (HFA)

Kinder hadern oder zweifeln nicht. Sie sind neugierig und offen, sie haben Träume und Ziele. Aber vor allem vertrauen sie. Ein Kind fragt nicht danach, ob der Kühlschrank voll ist und die Klamotten im Schrank. Es *weiß* einfach, dass Mama und Papa sich darum kümmern, dass es ihm an nichts fehlen wird.

Gott will dasselbe auch für dich tun. Er weiß genau, was du brauchst. Er wird dir nichts vorenthalten.

Kannst du das glauben und als sein Kind leben?

Diese Frage ist essenziell, denn deine Antwort darauf hat grundlegend etwas damit zu tun, ob dein Glaube aufblüht und immer weiter wachsen kann.

[3] Passende Bibelstellen kannst du leicht mit dem Bibleserver finden, es funktioniert im Grunde wie eine Art Bibelsuchmaschine, in die man einen Begriff oder Satz (z.B. „alles ist möglich") eingibt und dann die entsprechenden Verse ausgespuckt bekommt. www.bibleserver.com

Pl. 10.

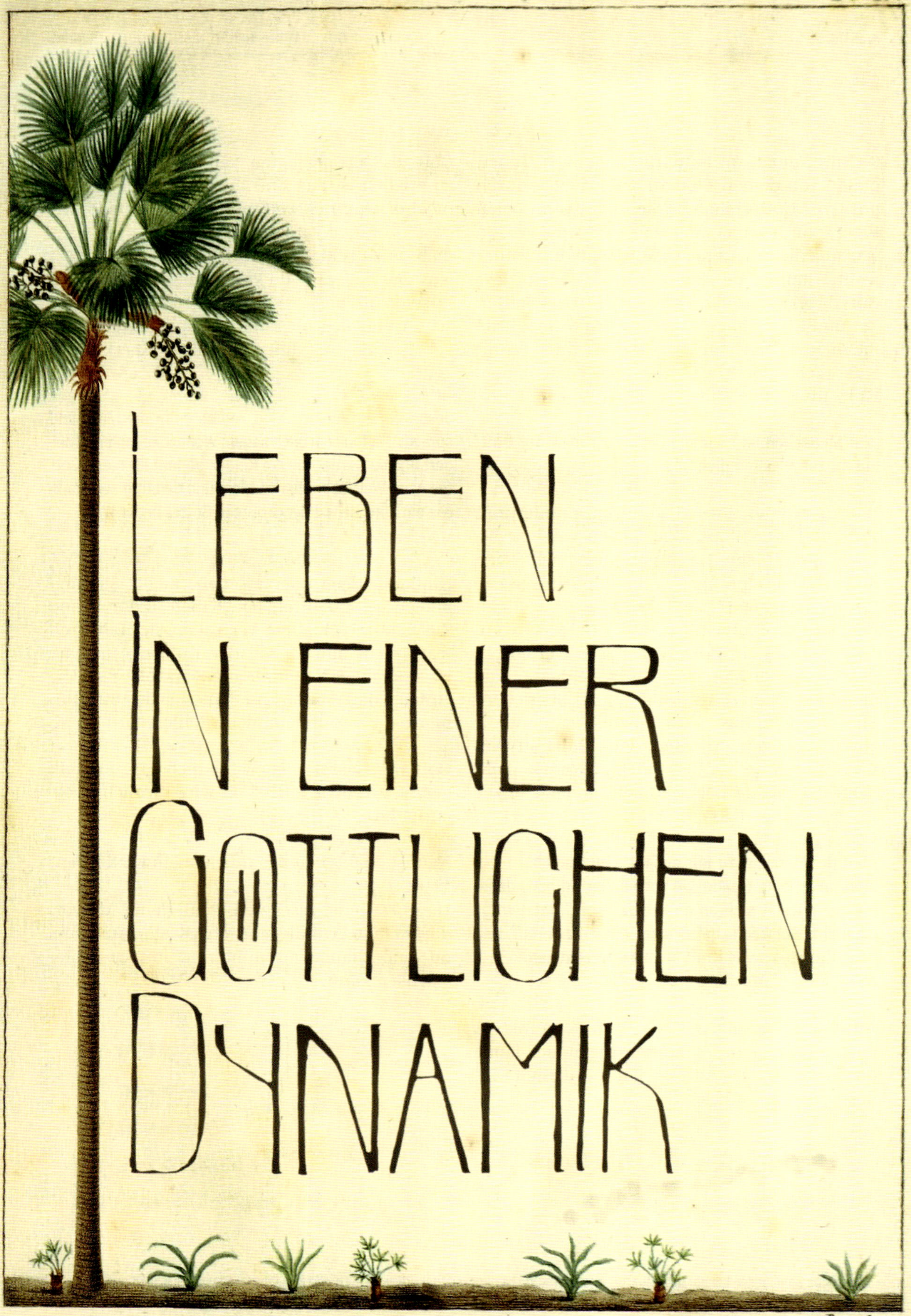

Renard sc.

LEBEN – IN EINER GÖTTLICHEN DYNAMIK

Wir alle müssen immer wieder Entscheidungen treffen, die unser Leben grundsätzlich verändern werden. Sei es ein Job, die Wahl des Wohnortes oder eines Partners: Überall treffen wir auf unserem Lebensweg Entscheidungen, wohin die weitere Reise gehen soll. That's life!

Gerade in Liebesbeziehungen ist es auf Dauer gesünder, wenn wir uns für oder gegen einen klaren Weg entscheiden. In welche Richtung wollen wir? Gehen wir einen Schritt weiter oder eben nicht?

Der Moment, in dem mir klar wurde, dass ich mit Frauke den Rest meines Lebens verbringen wollte, ist ... na ja ... etwas ungewöhnlich. Auf einer Skala der besten Heiratsanträge aller Zeiten lande ich mit meinem sicher auf dem allerletzten Platz! Die Jungs bei „Nur die Liebe zählt“ haben es bestimmt alle besser geplant und romantischer inszeniert als ich! Wobei ich auch glaube, dass Frauke ungern in einem Herz aus brennenden Kerzen gesessen hätte und von zehn Kameras beobachtet worden wäre, als ich ihr die Frage aller Fragen gestellt habe ... Aber das führt jetzt zu weit. Und soll auch keine Rechtfertigung für meine chaotische Variante sein ...

Folgende Ausgangslage: Frauke und ich sind schon länger zusammen, wir haben keine rosaroten Brillen mehr auf, unsere Liebe ist aber immer noch groß und die Schmetterlinge flattern weiterhin wild in unseren Bäuchen umher. Jedoch ist es in Beziehungen eben so, dass man den Partner immer klarer sieht – der rosa Schimmer verfliegt (Gott sei Dank!). Kleine Eigenheiten kommen zum Vorschein. Man entdeckt Ecken und Kanten. Das ist normal, niemand ist perfekt. Hin und wieder gibt es dann auch mal Streit.

So wie an jenem Tag meines Heiratsantrags. Ich bin krank und es geht mir wirklich übel. Doch das ist egal, wir streiten uns trotzdem wie die Kesselflicker (natürlich weiß heute niemand mehr, weshalb). Mein Fieberthermometer zeigt 39 Grad, doch innerlich bin ich auf 180, Frauke bestimmt auf 210. Wir stehen regelrecht in einer Sackgasse, hier ist kein Ausweg möglich. In jenem Moment schießt mir ein Gedanke in meinen Fieberschädel: „So, entweder du machst jetzt Schluss oder du heiratest sie." Für mich in diesem Moment ganz logisch, wenn die Beziehung diesen Streit übersteht, dann wird sie auch alle anderen Stürme aushalten, die noch kommen werden.

Mitten in einem ihrer Wutausbrüche frage ich sie also:

„Frauke, willst du mich heiraten?"

„WAS?"

Ungläubiger, zorniger Blick.

(Wahrscheinlich vermisst sie gerade zu Recht das ganze Programm: auf die Knie fallen, rote Rosen in der Hand, Feuerwerk oder zumindest Kerzen, weiße Tauben ...)

Ihrem ungläubigen Blick entnehme ich, dass sie sich nicht sicher ist, ob ich sie auf den Arm nehmen will oder das hier tatsächlich der unromantischste Heiratsantrag des Jahrhunderts ist.

Doch ich meine es ernst.

„Frag mich morgen noch mal", ist ihre schroffe Antwort.

Ich sage dir, das war keine besonders ruhige Nacht für mich!

Am nächsten Morgen hat sie jedoch tatsächlich „Ja" gesagt und seitdem haben wir wirklich alle anderen Stürme gemeinsam durchgestanden.

WILLST DU?

EIN DATE MIT GOTT? PHASEN EINER GOTTESBEZIEHUNG

Frauke und ich haben an diesem Tag eine Entscheidung getroffen, die unser Leben verändert hat: Wir haben unsere Beziehung aufs nächste Level gebracht. Höheres Commitment, größere Verbindlichkeit, keine Hintertürchen mehr. Dieselbe Möglichkeit existiert auch in der Beziehung zu Gott. Es gibt – ähnlich wie in menschlichen Beziehungen – verschiedene Stufen oder Phasen, welche aufeinander aufbauen.

DIE DATINGPHASE

Auch „der Balztanz" genannt: Das Männchen plustert sich auf, um dem Weibchen zu gefallen – das klingt zwar stark nach (tierischen) Klischees, aber wir Menschen werben tatsächlich auf diese oder ähnliche Weise umeinander.

Bei Gott stellt sich nicht die Frage, welche Datingregeln man einhalten oder wer sich nun mehr Mühe geben sollte. Bei ihm ist diese Phase recht relaxt, denn er hat sich bereits für dich entschieden. Er muss nichts mehr austesten. Aber er freut sich auf dich und darauf, dass du Interesse an ihm zeigst – das ist seine Art der „Balz". Ob du in dieser Phase steckst, zeigt sich meistens daran, dass Gott zwar irgendwie in deinem Leben vorhanden ist, aber es fühlt sich noch unwirklich an, ist irgendwie nicht richtig greifbar. Es hat wenig bis gar nichts mit deinem Alltag zu tun. In den unterschiedlichen Bereichen deines Lebens (Familie, Freunde, Job, Finanzen, Zeiteinteilung usw.) fragst du ihn wahrscheinlich noch nicht nach seiner Meinung, wenn du Entscheidungen triffst.

In der Datingphase ist es typisch, dass wir dem „Bauchgefühl" folgen – auch, wenn wir mit Gott „daten". Springt etwas in mir an? Kann ich mir eine Beziehung mit ihm vorstellen? Bleibe ich dran? Genau wie einem potenziellen Partner geben wir Gott nach einer solchen Einschätzung das „Go" oder den Laufpass. Und zwar ohne die Person oder Gott in all seinen Wesenszügen genau zu kennen, jedes Detail über ihn erfahren zu haben.

Gott dagegen – und das ist während des Kennenlernens für uns noch nicht ganz vorstellbar – hat bereits den Durchblick. Er kennt jeden von uns wie den innersten Winkel seiner Westentasche. Und das macht sein Angebot umso wertvoller. Die Frage ist, ob wir es wagen, unserem Bauchgefühl zu vertrauen und einen Schritt auf ihn zuzugehen?

FÜR GOTT GIBT
ES VON VORNE
HEREIN KEINE
HINTERTÜR

DIE BEZIEHUNGSPHASE

Hat man sich also gegenseitig beschnuppert und gefällt sich, erklimmt man gemeinsam die nächste Stufe: Man wird ein Paar. Das bedeutet mehr Verbindlichkeit, mehr Vertrauen, mehr Ehrlichkeit und dadurch auch mehr Beziehung. Man öffnet sich und zeigt weitere Facetten seines Wesens. Dabei ist man – und das ist der große Unterschied zur folgenden Phase – in einem permanenten Prüfen. Vielleicht gibt es ja Wesenszüge am Partner, die mir so gar nicht gefallen? Vielleicht passen wir doch nicht so gut zusammen? Das Hintertürchen bleibt offen und man kann jederzeit rausgehen und die Beziehung wieder beenden. Für Gott gibt es auf seiner Seite von vorneherein kein Hintertürchen. Er weiß, wie gesagt, was er will. Seine verbindliche Entscheidung für dich ist bereits getroffen. Der Ball liegt also bei dir. Spielst du ihn zurück?

In dieser Phase hast du Gott bereits etwas kennengelernt. Ihr habt die Balz hinter euch und du entdeckst und erlebst immer mehr Facetten seines göttlichen Wesens. Du besuchst Gottesdienste, engagierst dich vielleicht auch praktisch in der Kirche und hast in einigen deiner Lebensbereiche schon gespürt, welche Kraft Jesus für dich bereithält. Aber eben nur in einigen. In anderen bist du dagegen noch nicht sicher, ob du ihm vertrauen kannst. Oft sind das die Themen, die man lieber „privat" hält, die irgendwie heikel oder ein Tabu sind. Das können Finanzen sein – denn über Geld spricht man nicht. Oder auch Sexualität. Ein Sprichwort lautet: „Geldbeutel und Unterhose entscheiden sich als letztes, Gott zu vertrauen."

Vielleicht kennst du persönlich solche Vorbehalte gar nicht? Es kann natürlich sein, dass du bereits vollauf begeistert von Gott bist und seine große Liebe erwidern willst. Dann kannst du überlegen, deine Beziehung im nächsten Schritt quasi öffentlich verbindlich zu machen. Vielleicht möchtest du aber vorerst lieber noch in der Beziehungsphase bleiben und weitertesten, schließlich kann man da ja noch aussteigen, wenn es zu heiß wird. Das ist vollkommen legitim. Mein Tipp wäre an der Stelle einfach, dass du dann besonders die für dich heiklen Themen bewusst angehst und Gottes Ideen dazu kennenlernst und prüfst, damit du für dich doch irgendwann zu einer Entscheidung kommen kannst. Denn sonst hängt man ewig im Niemandsland rum, kommt nicht wirklich vorwärts, ist aber auch irgendwie blockiert für etwas anderes. Man schleppt einen Kompromiss mit sich rum und das ist eigentlich nie gut.

Die Entscheidung bleibt auf jeden Fall dir überlassen. Du kannst festlegen, wann und ob überhaupt der nächste, große Schritt für dich dran ist. In dieser finalen Phase gibt es noch mal viel Neues und Spannendes miteinander zu erleben.

EINEN BUND SCHLIESSEN

Zwischen Menschen sprechen wir dabei für gewöhnlich von Ehe. Die Ehe ist in ihrer ursprünglichen Idee ein Bund fürs Leben, den zwei Menschen miteinander schließen, kompromisslos. Sie wollen gemeinsam durch dick und dünn gehen. Sie wollen Höhen und Tiefen miteinander erleben und sich gegenseitig unterstützen.

Als Frauke und ich diese Entscheidung getroffen haben, war das für uns beide ein unfassbares Gefühl: Wir würden für immer zusammenbleiben. Wir würden uns entscheiden, Krisen nicht als Endstation, sondern als Durchgangspunkt zu einer tieferen und besseren Beziehung zu sehen. Wir würden über die Jahre hinweg durch schwierige Zeiten und Neuanfänge hindurch in immer neue Dimensionen unseres gemeinsamen Abenteuers vordringen.

Meistens weinen bei Hochzeiten mindestens zwei Drittel aller Gäste – eben weil die Bedeutung dieses Moments gewaltiger und emotionaler nicht sein könnte. Wir spüren darin etwas, das unsere ursprüngliche Sehnsucht nach Liebe und Annahme anrührt.

Das Spannende daran ist, dass das Ganze – wie so viele andere gute Ideen – eigentlich auf Gottes Mist gewachsen ist. Einen Bund einzugehen, ist das, was er im Grunde die ganze Bibel hindurch mit verschiedenen Menschen tut. Mit Noah, Abraham, Isaak, Mose, David – um nur einige zu nennen. Im ersten Teil der Bibel war es immer wieder notwendig, Opfer zu bringen, um diesen Bund wiederherzustellen oder zu bekräftigen. Heute ist das nicht mehr so. Jesus hat das endgültige Opfer gebracht. Er macht dir und mir das Angebot, Teil eines festen, unauflöslichen Bundes mit Gott zu werden:

Nach dem Essen nahm er den Becher mit Wein, reichte ihn den Jüngern und sagte: „Dies ist mein Blut, mit dem der neue Bund zwischen Gott und den Menschen besiegelt wird. Es wird für euch zur Vergebung der Sünden vergossen." Lukas 22,20 (HFA)

Wir können also eine ebenso weitreichende, gewaltige und (je nach Persönlichkeitstyp mehr oder weniger) emotionale Entscheidung treffen: Ein Ja zum Bund mit Gott. Ja, ich werde bei dir bleiben und mit dir leben, so wie du schon immer bei mir bist, Gott. Ja, ich will ganze Sache mit dir machen. Ja, ich trete einen Schritt zur Seite, damit du der Mittelpunkt sein kannst.

Diese „Jas“ auszusprechen kostet sicher Mut und auch einen gewissen Preis, aber man kann durch sie in eine Tiefe gelangen, die nur durch diese komplette Hingabe möglich ist. In einer Ehe blüht man ebenfalls nur dann richtig auf und erlebt eine tiefe, innige Liebe, wenn sich beide bemühen, dem anderen ganz zu vertrauen. Es klingt verrückt, aber je weniger man etwas vom Partner erwartet und je mehr man dafür selbst in ihn und die Ehe investiert – an Priorität, Zeit oder kreativen Ideen –, desto besser funktioniert das Ganze und desto glücklicher wird man damit. Einzige Bedingung ist, dass beide Beteiligten sich so verhalten. Ein Bund ist nämlich immer gegenseitig. Die Beziehung gerät sofort in Schieflage, wenn es einseitig wird.

Die Aussicht, eine Beziehung mit Gott zu führen, die einer perfekten Ehe ähnelt, ja sie noch übertrifft, kann verlockend sein. Vor allem, wenn man sich vor Augen hält, dass er die besten Gedanken und Ideen für unser Leben hat – in allen Bereichen. Diese können mitunter das Leben, das wir bisher (sozusagen als Singles) geführt haben, komplett umkrempeln:

Deshalb orientiert euch nicht am Verhalten und an den Gewohnheiten dieser Welt, sondern lasst euch von Gott durch Veränderung eurer Denkweise in neue Menschen verwandeln. Dann werdet ihr wissen, was Gott von euch will: Es ist das, was gut ist und ihn freut und seinem Willen vollkommen entspricht.

Römer 12,2 (NLB)

Aber genau dadurch bleibt es auch nach Jahren immer noch spannend. Ich finde es nach wie vor einfach nur faszinierend, Gottes Ideen umzusetzen und zu merken, dass er wirklich alles weiß und das Beste für mein Leben will. Wenn du wie ich auf diesem Level deiner Gottesbeziehung angekommen bist, vertraust du Gott so sehr, dass du ihn in allen Lebensbereichen um seine Ratschläge bittest, dass du immer wieder nach seinen Antworten suchst und dein Leben insgesamt nach göttlichen Prinzipien ausrichtest. Wie das genau funktioniert, können wir uns in den nächsten Kapiteln noch ausführlicher anschauen.

Eines musst du bei aller Euphorie jedoch wissen: Wenn du Gott sozusagen auf den Chefsessel deines Lebens setzen willst, bedeutet das nicht, dass deshalb ab jetzt alles nur noch Friede, Freude, Eierkuchen ist. Selbst mit dem besten Chef der Welt gibt es in jeder Firma Hochphasen, aber auch Tiefpunkte und Krisen. Also was tun, um die zu bewältigen? Es braucht immer wieder teilweise anstrengende Umstrukturierungen und Veränderungen. Aber keine Angst, eine komplette Pleite brauchst du nicht befürchten. Gott kommt auch auf Umwegen immer zum Ziel. Mit ihm als Chef ist dein Arbeitsplatz, dein Leben in guten Händen – auch wenn es mal nicht so super läuft, zum Beispiel weil dir Dinge wie Schmerz, Krankheit oder Verlust begegnen, aber auch weil du selbst an dem vorbeischießt, was Gott in den Firmenzielen eigentlich festgelegt hat. Du erinnerst dich – Sünde ist Zielverfehlung. Denn das kann weiterhin vorkommen – du selbst bist verantwortlich für das, was du entscheidest und tust. Gerade dann aber, wenn etwas in die Hose gegangen ist, kannst du dich wieder deinem Chef zuwenden, zu ihm zurückkommen und dich auf ihn verlassen. Er haut dich raus.

Die Frage ist also: Räumst du den Chefposten in deinem Leben und überlässt ihn Gott? Fusionierst du mit ihm? Man sollte nicht vergessen: Fusion bedeutet ja immer auch Expansion! Klingt doch gut, oder?

Der ein oder andere setzt an der Stelle vielleicht schon den Vertrag auf – manchen ist das wieder zu unromantisch.

Deshalb gehe ich mal wieder zurück zu dem Bild der Eheschließung. Ein sehr schönes Symbol ist dabei der Ring, den man sich gegenseitig an den Finger steckt. Er ist das äußerliche Zeichen für die innere Entscheidung, die man getroffen hat und mit der man zum Ausdruck bringen will: „Ich gehöre zu meinem Partner, ich weiß wo mein Platz ist und bleiben wird.“ Keine Chance mehr für andere potenzielle Kandidaten. Die Verhältnisse sind geklärt. Außerdem haben Ringe durch ihre Kreisform kein Ende und stehen für Unendlich- oder Ewigkeit.

Wenn du den Bund mit Gott eingehen möchtest, kannst du ein ähnliches äußeres Zeichen dafür setzen: die Taufe.

DIE TAUFE – GANZE SACHE MACHEN

Jesus war die Taufe so wichtig, dass er sogar sich selbst taufen ließ (Matthäus 3,13). Später sagte er darüber Folgendes:

Geht hinaus in die ganze Welt, und ruft alle Menschen dazu auf, mir nachzufolgen! Tauft sie im Namen des Vaters, des Sohnes und des Heiligen Geistes!
Matthäus 28,19 (HFA)

Das waren mehr oder weniger seine letzten Worte, sein Testament, das, was er seinen Jüngern als Anweisung mitgab, kurz bevor er nach seiner Auferstehung zu Gott ging (Apostelgeschichte 1). Anscheinend war es ihm wichtig, dass diejenigen, die an ihn glauben, auch diesen Schritt gehen.

In der heutigen Zeit sind viele von uns als Baby getauft worden. Wenn du zu diesen Christen gehörst, denkst du jetzt vielleicht daran, diesen Abschnitt zu überspringen. Schließlich bist du bereits getauft, also geht dich das Thema nichts mehr an. Aus meiner Sicht trifft das leider nicht ganz zu. Versuch doch einmal, dich an deine Taufe zu erinnern ...

Und?

Wie präsent ist dir das, was damals passiert ist?

Hast du dich damals bewusst für Gott entschieden?

Hast du ein Ja zu dem Bund mit ihm ausgesprochen?

Hast du für dich angenommen, dass Jesus für dich am Kreuz gestorben ist?

In den meisten Fällen lautet deine ehrliche Antwort wahrscheinlich eher Nein, schließlich sind das nicht die Sorte Gedanken, die einem als Baby durch den Kopf gehen. Darum taufen wir im ICF München keine Babys – weil wir ihnen diese Entscheidung nicht abnehmen können und wollen.

Manchmal ist das der Wunsch der (christlichen) Eltern, der hinter der Taufe steckt: dass ihr Kind ebenfalls mit Jesus lebt. Durchaus berechtigt – ich denke genauso in Bezug auf meinen Sohn –, aber es ist eben nicht mehr als ein Wunsch. Wie jemand sein Leben gestaltet und ob er das mit Gott zusammen tut oder nicht, das entscheidet jeder für sich selbst. Kein anderer hat diese Möglichkeit, egal wie gut er es meint.

Viele Eltern taufen ihr Kind auch einfach aus Tradition, ohne sich groß Gedanken darüber zu machen. Oder weil sie es dadurch unter Gottes Schutz und Segen stellen möchten. Aus diesem Grund feiern wir im ICF München beispielsweise Kindersegnungen. Wir sind nämlich genau dieser Meinung, dass es ganz wichtig ist, unseren Kindern Gottes Segen zu schenken und ihnen Gutes mit auf den Lebensweg zu geben. Daher beten wir für sie in einem feierlichen Rahmen. Feiern ist sowieso eine gute Idee, wenn ein neuer, kleiner Mensch das Licht der Welt erblickt.

Bei der Taufe allerdings geht es um mehr als„nur“ um Gottes Segen. Was du damit aussagst, ist, dass du bedingungslos Jesus nachfolgen willst und ihn zum Chef in deinem Leben machen willst. Die Tragweite dieser Entscheidung ist vielleicht etwas zu groß, um sie einem Baby zuzumuten, oder?

TAUFE

„TAUFERINNERUNG“

Wer sich bereits bewusst hat taufen lassen, hat die Möglichkeit, diesen Schritt immer wieder von Neuem zu bekräftigen: mit der Tauferinnerung. In katholischen Kirchen findet man am Eingang ein Becken mit Weihwasser. Damit bekreuzigt man sich beim Rein- und Rausgehen. Dieses Ritual hat seinen Ursprung in der jüdischen Tauferinnerung. Das hebräische Denken und Leben ist voll von Ritualen und Festen, die an irgendein Erlebnis mit Gott erinnern. In diesem Fall daran, dass Gott das Meer geteilt und sein Volk aus der Sklaverei in Ägypten befreit und in ein neues Leben geführt hat. Jedesmal, wenn ein Jude an Wasser vorbeikommt, kann er folgende Schritte durchlaufen, die auch wir als Tauferinnerung im Gebet durchmeditieren können:

MIT DEN FÜSSEN INS WASSER GEHEN
Ich will dorthin gehen, wo Gott mich haben will und ich vertraue darauf, dass er mir den Weg ebnet.

DIE HÄNDE EINTAUCHEN
Ich will das tun, was Gott von mir verlangt.

BIS AUF DIE HÖHE DES HERZENS INS WASSER GEHEN
Gottes Pläne sollen auch meine Herzensanliegen sein. Er darf Herr über meine Entscheidungen und Gefühle sein.

MIT DEM KOPF KOMPLETT UNTERTAUCHEN
Meine Gedanken sollen von Gottes Ideen geprägt werden, ich will seine Perspektive einnehmen. Mit meinem Haupt, allem, was mich ausmacht, stelle ich mich unter seine Herrschaft.

Ein ähnliches Ritual kannst du immer und immer wieder durchführen. Im Grunde genommen braucht es keinen besonderen Anlass – es kann sogar beim täglichen Duschen sein. Es braucht dazu kein besonderes Wasser, denn nicht das Wasser ist das Heilige, sondern das, was du damit machst.

Du kannst die Tauferinnerung aber auch nutzen, um bewusst eine „neue Ära“ mit Gott einzuläuten, zum Beispiel wenn du eine schwere Zeit hinter dir hast oder eine bestimmte Veränderung feiern möchtest. Du kannst auch deinen persönlichen Dankbarkeitsmoment damit gestalten, wenn du etwas Großartiges mit Gott erlebt hast. Genau wie bei der Taufe kannst du Menschen, die dir wichtig sind, einladen, dabei zu sein. Es gibt eigentlich keine Gestaltungsgrenzen.

Mit der Taufe triffst du eine Grundsatzentscheidung. Genau wie beim Eingehen einer Ehe bedeutet das aber nicht, dass du dich anschließend zurücklehnen und nichts tun sollst. Im Gegenteil, jetzt fängt das Abenteuer erst richtig an! Für deine Ehe musst du dich im Alltag immer wieder neu entscheiden: treu bleiben, dran bleiben, investieren und vieles mehr. Genau das bringt die Tauferinnerung auf den Punkt: dass du an der Grundsatzentscheidung festhältst und die Beziehung mit Gott immer wieder auffrischst – in dem Fall sogar im wahrsten Sinne des Wortes: mit Wasser.

Wenn du schon länger Christ bist, hast du's wahrscheinlich schon gemerkt. Aber falls für dich die Taufe und damit die erste, bewusste Entscheidung für den Bund mit Gott noch ansteht, solltest du dir einer Sache bewusst sein: Das Ganze wird Konsequenzen haben. „Konsequenzen“ – ja, ich weiß, das hört sich nach erhobenem Zeigefinger an. Aber wir sprechen hier davon, dass du den Bund mit Gott als deinem liebenden Vater eingehst. Also keine Angst vor Ermahnungen! Wenn sie kommen, dann niemals, um dich zu nerven oder etwas von dir einzufordern, sondern um dich vor destruktiven Einflüssen zu schützen und dich stattdessen das Leben leben zu lassen, das ein Volltreffer in Gottes Zielscheibe ist. Und selbst wenn du danebenbretterst, vor Gott wegläufst oder aus der Beziehung ganz heraustrittst, Gott wird seinerseits euren Bund nie brechen, das hat er versprochen. Er ist und bleibt immer da. Er will dein Leben durch seine göttlichen Prinzipien zum Aufblühen bringen.

Das kann ganz unterschiedlich aussehen. Ich gebe dir mal einige Beispiele dazu:

Du könntest mit seiner Hilfe Verletzungen aus der Vergangenheit aufarbeiten und dadurch einen liebevolleren Umgang mit anderen Menschen pflegen.

Du könntest alltägliche Herausforderungen bewältigen, indem du dir Tipps und Ideen aus der Bibel holst oder direkt mit Gott im Gebet besprichst.

Du könntest jede Entscheidung, die du triffst, mit Gott absprechen. Egal, ob in beruflichen Fragen oder auch ganz profan, wenn du zum Beispiel überlegst, wohin du in den Urlaub fährst.

Du könntest mit Jesus als deinem besten Freund, Berater, Lehrer, Chef, Retter und Erlöser in allen Belangen deines Lebens kooperieren und echte Freiheit erleben.

SILAS
ULRICH

DIE JESUSSACHE

Ich komme aus einer christlichen Familie und meine Eltern haben ihren Glauben immer sehr nach außen hin gelebt. Wir hatten zum Beispiel ein „Jesus lebt"-Schild vorne im Auto in der Windschutzscheibe liegen. Als ich noch klein war, hat mich das nicht gestört, ich wusste einfach von Anfang an, dass es Gott gibt.

Später sind mir dann allerdings die dummen Sprüche der anderen ziemlich auf den Keks gegangen. „Jesus-Kind" war noch ein netter Spitzname, den sie mir gegeben haben. Ich wurde älter und eigenständiger und hatte irgendwann einfach keinen Bock mehr, bei diesem ganzen Jesuskram mitzumachen. Von meinen Freunden wollte ich nicht mehr dafür verarscht, sondern akzeptiert werden. Ich wollte ein ganz normaler junger Mann sein, der das macht, was alle anderen auch machen. Oder vielleicht sogar ein bisschen mehr als das. Also habe mir zum Beispiel mit 19 Jahren einen Porsche gekauft. Den konnte ich mir im zweiten Lehrjahr zwar nicht so wirklich leisten, aber das war mir egal, denn ich wollte ihn unbedingt besitzen. Der 19-jährige Azubi mit einem Porsche. Klingt doch nicht schlecht!

Mir war wichtig, immer wieder gewisse Aktionen zu bringen, einen Status zu haben und gut da zu stehen. Ich suchte mir Leute, die in meinen Augen etwas zu sagen hatten und gut ankamen. Sie faszinierten mich. Also passte ich mich an, war viel feiern und habe die ein oder andere Damenbekanntschaft gemacht. Ein Vorteil aus dem Versuch, vor anderen gut dazustehen, war, dass ich sehr gute Noten in der Berufsschule hatte.

Irgendwann habe ich allerdings gemerkt, dass mich all das nicht ausfüllt. Es war Zeit für einen radikalen Schritt. Ich habe meinen Job gekündigt und erst mal nichts gemacht, um zu überlegen, was ich eigentlich wirklich will.

Durch Zufall bin ich im Internet auf das ICF München gestoßen und habe gelesen, dass die ein Snowcamp veranstalten. Ich hatte Bock auf Snowboarden, Zeit hatte ich auch genug, also meldete ich mich an und fuhr mit. Auf dem Camp war ich dann sehr überrascht. Ich kannte Kirchenfreizeiten aus meiner Kindheit zur Genüge, doch das hier war irgendwie anders. Es ging nicht nur die ganze Zeit um Gott. Irgendwie begann mich diese Kirche zu interessieren und ich wollte weiter hinter die Kulissen schauen.

Also ging ich auch mal zu einem Gottesdienst und sprach danach mit Tobias, dem Pastor. Er wollte von mir wissen: „Wer bist du?" Eine eher simple Frage, aber ehrlich gesagt konnte ich sie nicht beantworten, da ich in meinem Leben bisher immer so gewesen war, wie andere mich haben wollten. Ich fing an, mich immer tiefer mit mir und meinem Glauben auseinanderzusetzen. Dabei war ich oft am Limit, denn ich wurde mit Fragen und Aussagen konfrontiert, die für mich schwer zu begreifen waren. Zum Beispiel: „Ohne Gott kannst du nichts erreichen!" – „Stimmt doch gar nicht!", dachte ich, „Ich bin sicher kein Baby, dass alleine nichts machen kann außer heulen!" Immerhin hatte ich bisher ohne Gott durchaus so einiges erreicht: Freunde, Autos, Urlaube, Luxus ... Doch auf einmal verstand ich, warum mir das auf Dauer nicht mehr genug war. Ich begriff, dass all diese Dinge zu 100 Prozent auf der Erde zurückbleiben würden. Das alles hatte in der Ewigkeit keinen Wert.

Das war der Punkt, an dem ich dieser ganzen Jesussache eine neue Chance gab. Ich fand Menschen, die nicht weltfremd und komisch waren, sondern Spaß am Leben hatten und gemeinsam mit mir meinen Fragen auf den Grund gingen. Mehr und mehr erhielt ich dabei Antworten, die wirklich Sinn machten. Nach einem langen Zeitraum des Suchens, Denkens, Diskutierens, aber auch Feierns und Spaßhabens habe ich einen Entschluss getroffen: Ich wollte das Ganze fest machen, keine halben Sachen mehr! Ich würde das Geschenk annehmen, das Jesus mir gibt. Ein Leben mit Sinn und Tiefgang, aber auch Freiheit und Freude.

Aber wie? Mit einer Taufe im Chiemsee! Ich habe mich ganz allein für die Taufe entschieden, weil ich es wollte. Nicht, weil ich jemandem gefallen wollte oder weil es jemand von mir verlangt hat. Ich wollte Gott damit sagen, dass ich seinen Plan annehmen will und Jesus in mein Leben lassen möchte.

Und das habe ich getan!

Und ich habe es durchgezogen. Bis heute.

Heute mag ich immer noch sportliche Autos und luxuriöse Dinge, aber ihr Stellenwert hat sich verändert. Ich genieße zum Beispiel die Sauna eines Freundes so, als wäre sie meine eigene. Ich brauche deswegen aber nicht selbst eine, um mich gut zu fühlen. Ich merke, dass es mich erfüllt, in Menschen zu investieren. Ich liebe es, Kindern und Jugendlichen diesen Jesus vorzustellen, damit sie ihn ebenfalls als ihren Freund kennenlernen. Dafür bin ich mittlerweile im ICF München verantwortlich. Vor ein paar Jahren wäre das noch unvorstellbar gewesen, aber ich habe Gott eine Chance gegeben, es ernst gemeint und erlebe, dass er es ebenfalls ernst meint und mir Dinge anvertraut, die wirklich wertvoll sind. □

Taufe ist mehr als nur ein bisschen Wasser. Das habe auch ich in meinem Leben gemerkt. Besonders an zwei Dingen sieht man, wo meine Prioritäten liegen (und lagen): an meinem Konto und meinem Terminkalender. Der alte Tobi stand auf Sport und auf alles, was Spaß macht. Kino, Musik, Konzerte und Fußballtickets – das sind daher auch die Abbuchungen und Einträge, die man auf meinem Bank- und Zeitkonto finden konnte, als ich mit Gott noch in der Balzphase war. Ich bin zwar in die Kirche gegangen, aber in die Kollekte habe ich dort nie viel gegeben. Es war mir ehrlich gesagt einfach nicht wichtig. Meine zwanzig Euro fand ich auf der Bowlingbahn besser investiert – weil ich da mehr Spaß hatte. Von meinem Zeitkonto ging bis auf die zwei Stunden am Sonntag auch nicht gerade viel für Gott weg.

Dennoch musste ich zugeben, dass ich innerlich nicht erfüllt war, trotz all dem Spaß, dem Spiel und der Musik. Je mehr ich mein Leben auf Jesus ausgerichtet habe, desto mehr haben sich auch meine Prioritäten verändert. Ich habe mich mehr und mehr für Menschen interessiert – dafür, anderen zu helfen und für sie da zu sein. Dementsprechend sehe ich heutzutage vor allem diese Dinge auf meinem Konto und Terminkalender. Ich genieße Schönes immer noch, aber ich will mit meinen Finanzen auch einen Unterschied in meiner Kirche und bei den Menschen machen, die Gott in mein Leben stellt. Viele Dinge, die ich mir damals gekauft habe, vergammeln heute auf irgendeinem Schrottplatz. Jede Investition jedoch, die Menschen dabei geholfen hat, Jesus kennenzulernen oder Gottes Großzügigkeit durch mich zu erleben, habe ich bis heute nicht bereut.

Wenn wir eines Tages sterben, können wir nichts Materielles in die Ewigkeit mitnehmen. Aber wir können es sozusagen vorausschicken, indem wir in Dinge investieren, welche auch nach dem Tod noch existieren werden: Menschen.

Die Erfüllung, die ich spüre, wenn ich mich von Gott leiten lasse und Zeit und Geld, aber auch meine Kraft, Fähigkeiten oder Talente großzügig für andere einsetzen darf, ohne dabei selbst zu kurz zu kommen – all das habe ich früher einfach nicht gekannt.

Mit dieser bewussten Entscheidung für Gott treten wir in genau dieses Verhältnis mit Gott ein, wir werden zum Verwalter und Manager der Ressourcen, die er uns zur Verfügung stellt. Wir genießen also viel Vertrauen von unserem Chef und bekommen einen großen Verantwortungsbereich. Wir dürfen die göttlichen Ressourcen anzapfen und aus Sicht der Ewigkeit gewinnbringend einsetzen. Eine Win-win-Situation für alle Seiten.

Mein Terminkalender und Konto geben Auskunft darüber, was mir wichtig ist. Wofür ich mich einsetze, spiegeln meine Prioritäten wider. Jesus beschreibt das so:

Denn wo dein Reichtum ist, da wird auch dein Herz sein. Matthäus 6,21 (NGÜ)

Wenn mein Herz klar bei Gott positioniert ist, ist es nicht nur offen für das, was er für mich hat, es wird auch durchlässig für das, was er durch mich in anderen bewirken will. Es ist wie ein göttlicher Liebeskanal, der durch mich hindurchfließt.

Je mehr ich erlebe, dass Jesus mich heilt und befreit, desto größer ist der Wunsch, dass auch andere dieses Geschenk erleben können.

Je mehr ich erlebe, dass Gott mich versorgt, desto größer wird der Wunsch, dass auch andere dieses Prinzip erleben können.

Je mehr ich erlebe, wie großzügig Gott mit mir ist, desto großzügiger werde ich auch mit anderen.

Ich kann nur bestätigen, dass es tatsächlich stimmt, was schon Paulus erfahren hat – auch wenn es erst mal paradox klingt:

Geben macht glücklicher als nehmen.
Apostelgeschichte 20,35b (HFA)

Die Bibel berichtet auf faszinierende Art und Weise über diese Freiheit, die wir erleben können, wenn wir unsere Ressourcen mit und für Gott einsetzen. Es ist, besonders auch im Bereich Finanzen, ein riesiges Abenteuer, das einen gleichzeitig immer gelassener und entspannter damit umgehen lässt – denn man hat ja den ultimativen Ratgeber an seiner Seite.

Gott gibt und erinnert uns nicht dauernd daran.
Afrikanisches Sprichwort

„FOLGE MIR NACH!“ EINE GROSSE EHRE

Vielleicht fragst du dich, wie Taufe nun ganz praktisch funktioniert? Im Grunde genommen kannst du sie ähnlich wie die Tauferinnerung in jedem Gewässer praktizieren. Manche Kirchen haben dafür auch spezielle Taufbecken. Teilweise sind das nicht nur kleine steinerne Tröge, sondern richtig große, in den Boden eingelassene Becken – fast wie ein Mini-Swimmingpool. An beiden Seiten sind Treppen. Die Täuflinge gehen hier auf der einen Seite hinein, tauchen dann unter und treten auf der anderen Seite wieder heraus. Bildlich gesehen gehen sie dadurch nicht zurück in ihr altes, sondern vorwärts in ihr neues Leben mit Jesus. Ein schöner Gedanke, wie ich finde. Man kehrt nicht um, sondern folgt Jesus nach – es geht nach vorne.

Aber wie muss man sich das zu Jesu Lebzeiten vorstellen? Wie kam es hier überhaupt dazu, dass Menschen ihm nachfolgten? Die Antwort ist so simpel wie faszinierend – er forderte sie einfach dazu auf:

Als Jesus weiterging und am Zollhaus vorbeikam, sah er dort einen Mann sitzen; er hieß Matthäus. Jesus sagte zu ihm: „Folge mir nach!“ Da stand Matthäus auf und folgte Jesus. Matthäus 9,9 (NGÜ)

Moment – Jesus sagt etwas, und die Leute tun es einfach? Matthäus lässt sofort alles stehen und liegen? Warum das denn?

Es kommt sogar noch härter. Die Menschen, die mit ihm auf diese Weise unterwegs waren, fanden sich oft in schwierigen Situationen wieder:

Einer, der zu seinen Jüngern gehörte, bat Jesus: „Herr, ich will erst noch meinen Vater bestatten, aber dann möchte ich mit dir ziehen.“ Doch Jesus erwiderte: „Komm jetzt mit mir, und überlass es den Toten, ihre Toten zu begraben.“ Matthäus 8,21f (HFA)

Das ist schon ein wenig krass, wie ich finde. Es waren ja damals hauptsächlich einfache Leute, die sich Jesus angeschlossen haben: Fischer, Handwerker, Beamte – Leute wie du und ich. Ist es nicht erstaunlich, dass sie ohne Wenn und Aber alles hinter sich gelassen haben, um sich für Jesus zu entscheiden?

Aber so außergewöhnlich, wie es für uns heute aussieht, war es nicht. Es steckte ein tiefes Verständnis dahinter, was diese Aufforderung „Folge mir nach!“ beinhaltete. Sie war die Einladung eines Rabbis, eines Lehrers, sein Schüler zu werden. Rabbis waren damals sehr angesehene Persönlichkeiten; in ihrem Kreis sein und von ihnen lernen zu dürfen, war etwas ganz Besonderes, eine große Ehre. Und hier kommt noch dazu: Jesus war nicht irgendein Rabbi, er war für diese Menschen *der* Rabbi. Mit ihm unterwegs zu sein, war sozusagen der Jackpot. Auch wenn es bedeutete, dass man quasi keine Privatsphäre mehr hatte – sein Leben miteinander zu teilen, war in diesem Kontext eine 24/7-Sache.

In einem jüdischen Sprichwort heißt es: „Mögest Du mit dem Staub deines Rabbis bedeckt sein.“ Das bedeutet, dass man seinem Lehrer stets so dicht auf den Fersen war, dass man vom Straßenstaub, den seine Schritte aufwirbelten, bedeckt wurde. Man folgte dem Rabbi sogar bis aufs Klo – um wirklich jede Gelegenheit zu nutzen, von ihm zu lernen. Gott sei Dank ist das heute keine Sitte mehr! Puh, wenn ich mir überlege, wie es wäre, meinem Religionslehrer bis auf die Toilette nachzufolgen …

Früher aber hatte das sehr viel damit zu tun, welches Verständnis man vom Lernen hatte. Ein Rabbi war kein Lehrer, wie man ihn heute von der Schule kennt. Er war auch kein Universitätsprofessor, der nur Vorträge hält. Ein Rabbi war tagein, tagaus mit seinen Schülern unterwegs und brachte ihnen in erster Linie bei, in allen möglichen Situationen die richtigen Fragen zu stellen und sich richtig zu verhalten. Auch Jesus hat versucht, seinen Jüngern eine göttliche Art zu leben beizubringen und auf anschauliche Weise zu erklären. Es ging ihm nicht darum, theoretisches Wissen in ihre Köpfe zu pflanzen, wie es leider heutzutage in vielen Schulen und Universitäten passiert, sondern handfeste Tipps. Die Anwendung war das Entscheidende.

Ein Freund von mir, der ebenfalls Lehrer ist, hat mir vor Kurzem ein Erlebnis mit seinem Sohn erzählt. Er durfte auf sehr eindrückliche Weise erfahren, was es bedeutet, lebensnah und anschaulich Wissen zu vermitteln.

Eines Tages saß er mit seinem Sohn im Auto, als dieser ihn fragte: „Papa, was sind das für Tabletten da im Handschuhfach?“ Es waren Tabletten gegen Heuschnupfen. Nicht unbedingt ein einfaches Konzept, aber auch nichts, was ein Vater nicht erklären könnte: „Also, Sohn, pass auf: Das sind Antihistamine – das bedeutet, diese Tabletten enthalten Wirkstoffe, die meinen körpereigenen Botenstoff Histamin abschwächen ...“ – „Ist okay, Papa“, unterbrach ihn da sein Sohn. „Das reicht schon – ist nicht so wichtig.“ Womit er seinem Vater klarzumachen versuchte, dass das nun wirklich keinen interessiert. „Gut“, dachte sich der, „das hab ich versemmelt – komplett am Leben vorbei erklärt –, aber beim nächsten Mal will ich es besser machen.“

Die Gelegenheit kam schneller, als er dachte: Am Abendbrottisch desselben Tages stellt der Sohn die nächste Frage: „Papa, warum sind eigentlich so große Löcher im Käse?“ Seine wohlüberlegte Antwort: „Schau, mein Sohn, Käse besteht aus Milch. Damit sie zum Käse reifen kann, braucht es Bakterien, das sind so winzig kleine Lebewesen. Und die Löcher im Käse, das sind Bakterien-Pupsballons.“ „Eeecht Papa?“ – „Klar! Die Bakterien essen die Milch, bekommen Blähungen und pupsen. Dadurch entstehen die Ballons.“ Sein Sohn war natürlich hellauf begeistert. Also setzte er noch einen drauf, schnitt den Käse auf und fragte seinen Sohn, ob er denn mal wissen wolle, wie so ein Bakterienfurz riecht. Sein Sohn hielt die Nase an den Käse und rief entsetzt: „Bäh, Papa, wie heftig stinkt denn so ein Bakterienfurz!?!“

THE
ADVENTURE
W
S
BEGINS

Als zwei Wochen später Freunde zu Gast waren und die Frage in die Runde warfen, wo denn eigentlich die Löcher im Käse herkämen, antwortete der Sohn wie aus der Pistole geschossen, noch ehe der Vater den Mund aufmachen konnte: „Das weiß doch jeder: Das sind die Bakterien-Pupsballons!"

„Weißt du, Tobi", sagte mein Freund am Ende seiner Erzählung, „in diesem Moment wurde mir klar, dass mein Sohn das nie mehr vergessen wird. Ich hatte es ihm so lebensnah erklärt, dass er es wirklich verstanden hatte und es sogar anderen weitererzählen wollte."

Jesus hatte vielleicht weniger mit Bakterien-Pupsballons zu tun, aber im Grunde hat er genau das auch getan: die Dinge in Bildern lebensnah erklärt, sodass seine Schüler es nicht nur nicht mehr vergessen würden, sondern es verstehen, umsetzen und weitergeben konnten. Zahlreiche Geschichten und Gleichnisse in der Bibel versuchen genau das – für die Leute damals wie heute.

Das Geniale ist: Jesus hört nicht damit auf, Menschen wie dich und mich aufzufordern: „Folge mir nach!" Seine Einladung steht bis heute. Wenn du dich also dazu entscheidest, ihn als deinen Rabbi anzunehmen und sein Jünger, also sein Schüler zu werden, lade ich dich ein, das alte Bild zu vergessen, das du von deinen Lehrern im Kopf hast (ich darf das sagen, denn ich bin selbst Lehrer). Stattdessen kannst du dich an seine Fersen heften und gespannt sein, was er dir beibringt. Er hat einen wirklich großen Lehrauftrag von seinem Vater bekommen: Er soll denen, die sich ihm anschließen, zeigen, wie man nach göttlichen Prinzipien lebt. Das setzt voraus, dass er selbst sie zu hundert Prozent umsetzt – und das tat er! Er lebte vor, was es heißt, in wirklich allen Belangen mit Abba, Gott Vater, zu kooperieren.

„Die Messlatte hängt also hoch", denkst du jetzt vielleicht. Das kann manchmal eher demotivierend sein, stimmt. Aber Jesus ist auch der ermutigendste Lehrer, den ich kenne. Wenn er als Rabbi entscheidet, dass man ihm nachfolgen darf, dann ist das nicht nur eine große Ehre, sondern vor allem bedeutet es auch: „Ich glaube an dich! Ich sehe dein Potenzial!" Er hält uns also für würdig und fähig, ihm nachzufolgen und gibt uns dazu das nötige Back-up:

Ich versichere euch: Wer an mich glaubt, wird die Dinge, die ich tue, auch tun; ja er wird sogar noch größere Dinge tun. Denn ich gehe zum Vater, und alles, worum ihr dann in meinem Namen bittet, werde ich tun, damit durch den Sohn die Herrlichkeit des Vaters offenbart wird. Johannes 14,12f (NGÜ)

Das Studium mit Jesus endet im Gegensatz zu einem Ingenieurstudium zum Beispiel nicht nach ein paar Jahren mit dem Masterabschluss, sondern wir lernen lebenslang. Selbst wenn du schon ewig mit Jesus unterwegs bist, wird er dich immer wieder überraschen, herausfordern und dir neue Facetten und Möglichkeiten zeigen, wie du dein Leben nach seinen Ideen ausrichten kannst.

„FOLGE
MIR
NACH!“

BEATE STRÖSSER

GOTT SETZT EINS DRAUF

Seit nunmehr 37 Jahren bin ich mit Jesus unterwegs und er überrascht mich immer wieder.

Im Oktober 2014 sind wir mit den Angestellten des ICF München zum Teamwochenende ins Chiemgau gefahren. Am ersten Abend trafen wir uns alle im Saal, es spielte die ICF Band und wir wollten zusammen singen, beten und einfach Zeit mit Gott verbringen. Ich hatte vom letzten Jahr gehört, dass dort „spannende“ Sachen passiert sind, bewegende Erlebnisse mit Gott. Ich konnte mir das aber alles nicht genau vorstellen. Während der ersten Lieder hatte ich dann den Eindruck, ich sollte eine Kollegin umarmen. Ich fand den Gedanken ehrlich gesagt voll doof und sagte Gott, was ich davon hielt: „Voll peinlich!“ Schließlich kannte ich sie nicht sehr gut und außerdem traute ich mich auch nicht.

Der Abend nahm seinen Lauf und nach einem kurzen Input kam eine Zeit der Buße. Ich überlegte: Stand etwas zwischen mir und Gott? Während ich so in mich ging, durchzuckte es mich wieder: „Geh zu der Kollegin, die ich dir genannt hab und umarme sie." Schließlich schaute ich mich um, ob ich die betreffende Person überhaupt sah – und ja, sie saß am selben Platz wie vorhin, als ich in den Raum gekommen war! Okay, vielleicht war es doch dran, mich zu überwinden? Zögernd ging ich also in ihre Richtung, während ich noch mit Gott verhandelte, weil ich doch gar keine Idee hatte, was ich ihr dazu sagen sollte. Einfach „nur" umarmen? Als ich zu ihr kam, saß sie vornübergebeugt da und hatte die Hände vor den Augen. Ich nahm sie also in den Arm, betete leise und sagte nichts. Zumindest wehrte sie sich auch nicht! So saßen wir dort eine ganze Zeit. Ich weiß nicht, wie lange, ich hatte ja auch keine Ahnung, wie lange das so gehen sollte. Ich fragte Gott, wann ich wieder gehen dürfte. Doch es geschah nichts, bis sie sich auf einmal zu mir wandte und sagte, dass sie jetzt rausgehen wollte. Hmmm, das fühlte sich jetzt nicht gerade nach einem Erlebnis mit Gott an ... Ich war etwas ratlos.

Während ich ihr nachsah und überlegte, ob ich ihr hinterhergehen sollte, kniete sich eine andere Kollegin, die für die Gebetsteams in unserer Kirche verantwortlich ist, vor mich hin und fragte, ob sie für mich beten dürfte. Ich habe mich gefreut und war sehr gespannt. Sie segnete mich und sagte, dass ich die Gabe der Prophetie leben bzw. annehmen sollte und dass Gott den Glauben dafür in mir stärken wollte. Diese Worte verfehlten nach dem gerade vorhergegangenen Ereignis ihre Wirkung auf mich zwar nicht, aber dennoch war die ganze Sache noch nicht vollends rund. Ich ließ den Abend erst einmal weitergehen.

Komplett umgehauen wurde ich dann am Ende des Teamwochenendes in der Abschlussrunde, als wir einige Highlights austauschten. Besagte Kollegin setzte sich nach vorne und erzählte, dass sie am ersten Abend ein intensives Gotteserlebnis hatte. Sie war im Gespräch mit ihm über ein schwieriges persönliches Thema und brauchte von ihm eine spürbare Zusage für seine Nähe und seine Liebe – und genau in diesem Moment kam ich und nahm sie in den Arm. In einem sehr tiefen Moment eines anderen Menschen war ich eine lebendige Gebetserhörung geworden! Mich hat das so bewegt, dass ich nur weinend über Gott und sein Timing staunen konnte. Und es fasziniert mich, wie ich auch nach so langer Zeit immer wieder ein neues Level in meiner Beziehung mit Gott entdecken kann. □

Leider können wir heute keine Seminarreihe mit Jesus als Live-Dozent mehr buchen. Vielleicht fragst du dich, wie du seine Ideen und Ratschläge dennoch selbst hören kannst?

Vielleicht stellst du dir eine der folgenden Fragen:

„Wie kann ich das erleben?"

„Was willst du von mir, Jesus?"

„Was sind deine Ideen für mein Leben?"

Um Antworten auf diese Fragen zu bekommen, hat Gott sich etwas ganz Besonderes ausgedacht, das ich dir im nächsten Kapitel vorstellen möchte.

DER HEILIGE GEIST
GOTTES POWER IN UNS

DER HEILIGE GEIST – GOTTES POWER IN UNS

Wir haben jetzt schon zwei wichtige Facetten Gottes kennengelernt und sind seinem Wesen auf den Grund gegangen: Er ist Vater und Jesus. Eine Dimension fehlt aber noch, damit das „Dreamteam" komplett ist: der Heilige Geist. Seine Funktion innerhalb des „göttlichen Trios" können viele am Anfang nur schwer greifen und einordnen.

Gehörst du zu den Menschen, die als Kind einen unsichtbaren Freund hatten? Jemand, der immer bei dir war und für den Mama und Papa vielleicht sogar ein Gedeck mit auf den Tisch gestellt haben? Vielleicht stellst du dir den Heiligen Geist wie eben diesen Kumpel vor, der immer um dich ist. Wenn dir diese Vorstellung nicht fremd ist oder nicht komisch vorkommt, hast du auf jeden Fall schon mal eine positive Ausgangslage.

Vielleicht gehörst du aber auch zu denjenigen, denen eher dieser Satz sofort in den Kopf schießt: „Na, wenn's keiner war, war's bestimmt der Heilige Geist!" Gerade von Menschen aus meiner Großelterngeneration habe ich den oft gehört. Am häufigsten, wenn sie etwas verlegt hatten und es mir ankreiden wollten. Stritt ich das zu Recht ab, dann wurde es dem Heiligen Geist in die Schuhe geschoben. Der kam mir dann immer so vor wie ein kleiner Kobold, der gerne sein Unwesen treibt und alles versteckt. Als Kind habe ich beim Begriff „Heiliger Geist“ auch an Hui Buh oder andere Schlossgespenster gedacht, oder gleich an kettenrasselnde Grusel-Monster.

Vielleicht hast du auch die Vorstellung von einer Art Hausgeist, der von Gott kommt. Oder irgendeine andere Assoziation, die aber meist nicht nur vollkommen danebenliegt, sondern uns oft auch abschreckt, uns wirklich mit dem Phänomen Heiliger Geist zu befassen.

Wie so oft macht uns beim Verständnis eines Begriffes aus der Bibel die Tatsache Probleme, dass wir auf eine deutsche Übersetzung angewiesen sind.

„Geist“.

Und „heilig“.

Nicht gerade leicht zugänglicher Stoff …

In den Ursprungssprachen der Bibel benutzen die Autoren zwei Worte für den Heiligen Geist: das hebräische „Ruah“ (sprich: „Ruach“) und das griechische „Pneuma“. Diese beiden Worte haben übersetzt in unsere Sprache verschiedene Bedeutungen und zeigen die ersten unterschiedlichen Facetten des Heiligen Geistes:

WIND

Wind ist unsichtbar. Okay, ein Schlossgespenst ist das auch, aber den Wind kann man fühlen, er kann eine kleine Brise sein, die du nur leicht spürst – aber auch ein Sturm, der mit großer Kraft tobt. Du kannst den Wind nicht festhalten, er ist flüchtig, aber trotzdem anwesend. Auch wenn du ihn nicht siehst – seine Auswirkungen kannst du durchaus wahrnehmen: sichtbar und spürbar. Wir haben es beim Heiligen Geist also mit einer göttlichen Power zu tun, die ganz praktisch ihre Spuren in unserem Alltag hinterlässt, wenn wir sie in uns wirken lassen.

LUFT | ATEM

Ohne unseren Atem können wir nicht leben. Kommen wir aus dem Mutterleib auf diese Erde, beginnen wir als Erstes damit, Luft in unsere Lungen einzusaugen. Und wieder rauszublasen. Ein – aus. Erst bei unserem Tod hören wir damit wieder auf. Woher kommt diese lebensnotwendige Sache? Von wem stammt der Atem? Der Bibel zufolge ist es Gott selbst, der hierfür der Ursprung ist:

Da nahm Gott Erde, formte daraus den Menschen und blies ihm den Lebensatem in die Nase. So wurde der Mensch lebendig. 1.Mose 2,7 (HFA)

HAUCH

Ein Hauch ist zart und leise, du kannst ihn spüren, aber auch verpassen oder bewusst ignorieren. Es kommt darauf an, wie aufmerksam du bist. Entweder weht der Hauch sanft an dir vorbei oder du merkst, wie er dich streift und sich zum Beispiel deine Armhaare bewegen. Ebenso ist auch der Heilige Geist ein Gentleman, der sich nicht aufdrängt, sondern dir die Wahl lässt. Du kannst dich bewusst darauf einlassen, mit ihm zu kooperieren und deine Sensibilität trainieren, ihn wahrzunehmen. Genau so erlebt es zum Beispiel Elia, ein Prophet im ersten Teil der Bibel:

Da antwortete ihm der Herr: „Komm aus deiner Höhle heraus, und tritt vor mich hin! Denn ich will an dir vorübergehen.“ Auf einmal zog ein heftiger Sturm herauf, riss ganze Felsbrocken aus den Bergen heraus und zerschmetterte sie. Doch der Herr war nicht in dem Sturm. Als Nächstes bebte die Erde, aber auch im Erdbeben war der Herr nicht. Dann kam ein Feuer, doch der Herr war nicht darin. Danach hörte Elia ein leises Säuseln. 1. Könige 19,11-12 (HFA)

HAUCH
ATEM
WIND

DENN ER BLEIBT BEI EUCH UND WIRD IN EUCH SEIN.

GEIST

Mit „Geist“ ist hier erst mal nichts Spektakuläres oder Mystisches verbunden. In der Bibel steht dieser Begriff recht neutral für eine Kraft, die dich dazu inspiriert, bestimmte Dinge zu tun. Verspürst du zum Beispiel einen großen Gerechtigkeitsdrang, dann willst du vielleicht Richter werden oder engagierst dich sozial und deckst Missstände auf. Dann würde die Bibel davon sprechen, dass du den „Geist eines Richters“ hast. Der Heilige Geist ist dementsprechend die Quelle, die dich dazu bringt, im göttlichen Sinne zu handeln. Damit kann es dann also durchaus auch spektakulär werden!

Aber nicht nur das. Der Heilige Geist hat vor allem eine Aufgabe: Er ist ein Kommunikator. Er ist sozusagen der Übersetzer und Vermittler zwischen dir und Gott. Wir können ja leider nicht mehr von Angesicht zu Angesicht mit Jesus sprechen. Mit Gott-Vater auch nicht. Die beiden sind ziemlich retro, was moderne Kommunikation angeht: keine Social Media-Profile, keine E-Mail-Adressen, keine Smartphones, noch nicht mal Festnetz oder Postadressen. Wie soll man sich denn dann bitte austauschen? Kurz bevor Jesus diese Welt verlässt, stellt er uns exakt dafür den Heiligen Geist vor: als seinen Stellvertreter und sein göttliches Sprachrohr.

Der Vater wird euch an meiner Stelle einen anderen Helfer geben, der für immer bei euch sein wird; ich werde ihn darum bitten. Er wird euch den Geist der Wahrheit geben, den die Welt nicht bekommen kann, weil sie ihn nicht sieht und nicht kennt.
Johannes 14,16-17a (NGÜ)

Jesus verspricht uns, dass der Heilige Geist die Aufgaben übernimmt, die er bisher innehatte. Durch ihn wird der Austausch mit Gott weiter möglich sein. Wie aber kann man mit einem Unsichtbaren kommunizieren? Jesus war ja ein Mensch, den ich direkt hätte fragen können. Aber wie sollen wir einen „Geist“ fragen –, der so flüchtig ist wie Wind, so wenig greifbar wie Luft? Wo ist er denn überhaupt? Die Antwort darauf hat Jesus direkt parat:

Aber ihr kennt ihn, denn er bleibt bei euch und wird in euch sein. Johannes 14,17b (NGÜ)

Er ist in uns! Er ist die Quelle, die aus unserem Innersten entspringt, die wir ab dem Moment unserer Entscheidung für ein Leben mit Gott anzapfen können. Gott legt ein Stück von sich selbst, seinen Geist, in uns hinein. Er ist damit ein fester Bestandteil von uns. Dadurch ist es ganz natürlich, dass wir jederzeit mit ihm kommunizieren können. Wir müssen ihn dazu nicht von extern irgendwoher einladen. Er ist schon da! Er redet zu uns in ganz alltäglichen Situationen. Er gibt uns Rat und führt uns durch unser Leben. Dabei hat er aber nicht nur theoretisch gute Ideen, sondern er hat eine ganz praktische Durchschlagskraft wie kein anderer:

Mehr noch: Der Geist, der in euch lebt, ist ja der Geist dessen, der Jesus vom Tod auferweckt hat. Dann wird derselbe Gott, der Jesus Christus vom Tod auferweckt hat, auch euren todverfallenen Leib lebendig machen. Das bewirkt er durch seinen Geist, der jetzt schon in euch lebt. Römer 8,11 (GNB)

Abgefahren!

Dieselbe Kraft, die Tod in Leben verwandelt, lebt in uns. Der Heilige Geist hilft uns in unserem Leben und verleiht uns eine übernatürliche Veränderungskraft, die auf göttliche Weise selbst tote Lebensbereiche zu neuem Leben erwecken kann. Egal wie kaputt sich meine Ehe anfühlt, egal wie hoffnungslos die Sucht mich im Griff hat, egal wie oft ich schon probiert habe, aus meinen innerlichen Gefängnissen auszubrechen: Der Heilige Geist ist derjenige, der genau da anfängt, wo ich nicht mehr weiterkomme.

Ich persönlich finde es schon spannend, mich zu fragen, wie genau das für mich heute möglich wird. Aber vielleicht fragst du dich auch: Gibt es den Heiligen Geist also erst, seitdem Jesus nicht mehr da ist? Was ist mit all den Menschen vorher, im ersten Teil der Bibel? Wir können nicht nur davon ausgehen, dass er schon immer existent war (so steht es z.B. in 1. Mose 1,2), sondern auch nachlesen, wie zahlreiche Propheten und einfache Leute, die Gott herausgerufen hat, seine Aufträge umzusetzen, ihn konkret erlebt haben. Allerdings beginnt mit dem Ereignis an Pfingsten eine Art neue Ära, der Heilige Geist hat hier einen ganz besonderen Auftritt:

Plötzlich setzte vom Himmel her ein Rauschen ein wie von einem gewaltigen Sturm; das ganze Haus, in dem sie sich befanden, war von diesem Brausen erfüllt. Gleichzeitig sahen sie so etwas wie Flammenzungen, die sich verteilten und sich auf jeden Einzelnen von ihnen niederließen. Alle wurden mit dem Heiligen Geist erfüllt, und sie begannen, in fremden Sprachen zu reden; jeder sprach so, wie der Geist es ihm eingab. Wegen des Pfingstfestes hielten sich damals fromme Juden aus aller Welt in Jerusalem auf. Als nun jenes mächtige Brausen vom Himmel einsetzte, strömten sie in Scharen zusammen. Sie waren zutiefst verwirrt, denn jeder hörte die Apostel und die, die bei ihnen waren, in seiner eigenen Sprache reden. Apostelgeschichte 2,2-6 (NGÜ)

Ziemlich spektakulär ... und für Gott scheinen ein kräftiges Brausen und Flammenzungen kein Widerspruch zu sein – normalerweise flackert eine Kerze beim geringsten Luftzug oder erlischt ganz. Im Gegenteil, beides entspricht genau seinem Wesen: gewaltige Power einerseits, sanftes Auftreten andererseits. Die Apostel werden dadurch in ganz besonderer Weise ausgerüstet. Sie sollten den Auftrag von Jesus umsetzen und seine Botschaft in der ganzen Welt verkünden – eine mächtige Aufgabe, mit der sie sich wahrscheinlich ziemlich überfordert gefühlt haben! Das Entscheidende an dem, was sie erleben, ist nun aber: Sie geben das, wozu sie imstande sind – sie sprechen über Gott, predigen sozusagen. Aber der Heilige Geist übersetzt ihre Botschaft, sodass wirklich *jeder* der Umstehenden es in seiner Muttersprache versteht. Das wäre ehrlich gesagt mein Traum für das ICF München – wir haben zunehmend internationale Besucher und ich weiß genau, was die Übersetzungsanlagen kosten, die notwendig sind, um meine Predigten für sie zugänglich zu machen! Oder stell dir mal vor, du gehst irgendwo in Afrika in ein Dorf und auf einmal sprechen die Bewohner dort akzentfreies Deutsch und teilen dir großartige Dinge mit. Da wärst du sicher genauso überrascht wie jene Menschen damals in Jerusalem.

Doch das Ziel von Pfingsten war nicht, die Menschen mit ein paar unheimlichen Geschehnissen zu verwirren oder sie durch Effekthascherei zu beeindrucken, sondern einen Weg der Kommunikation zu eröffnen, der die Zuhörer gerade *nicht* überfordert – jeder hört ja die ihm wohlbekannte und vertraute Muttersprache. Der Heilige Geist macht Verstehen möglich, er vermittelt zwischen Gott und uns Menschen.

Das klingt jetzt alles toll – was es auch ist –, aber eventuell fällt es dir trotzdem schwer, das tatsächlich zu erleben. Vielleicht bleibt der Heilige Geist für dich schwammig? Vielleicht hast du auch das Gefühl, dass du seine Anwesenheit gar nicht spürst, ihn nicht hörst oder wenn doch, ihn nicht richtig verstehst? Dass dir sozusagen das Wörterbuch für „Gott" im Regal fehlt? Keine Sorge, man kann das Reden mit ihm lernen. Eine Art Sprachkurs belegen. Kommunikationsprobleme sind grundsätzlich lösbar – erst recht, wenn man Gott an seiner Seite hat ...

DAS WESEN DER KOMMUNIKATION

Viele menschliche Beziehungen scheitern, weil sich Kommunikationsprobleme eingeschlichen haben. Jeder Konflikt basiert im Kern auf einem mangelnden Verständnis füreinander. Kennst du das Hauptproblem der Kommunikation? Dein Gegenüber erklärt dir etwas und fragt dich anschließend: „Verstehst du, was ich meine?“ Und du sagst Ja, auch wenn das häufig gar nicht stimmt. Du hast deinen Gesprächspartner nicht verstanden – du glaubst es nur. Du bist davon überzeugt, dass deine Auslegung auch der ursprünglichen Bedeutung entspricht. Du als Empfänger der Mitteilung wirst etwas jedoch nie zu hundert Prozent so verstehen wie der Sender, der die Nachricht ausspricht. Du interpretierst und wertest die Aussage in deinem Gehirn immer noch einmal selbst.

In meiner Ehe habe ich diese Herausforderungen auch hin und wieder. Folgende Szene könnte sich so oder so ähnlich bei uns abspielen. Der Mann fragt seine Frau:

„Schatz, was ist das Grüne da in der Suppe?“

Sie antwortet:

„Warum? Schmeckt es dir nicht? Dann koch halt selbst!“

Er ist völlig verdattert – ihn hat doch nur interessiert, welches Gewürz sie benutzt hat. Petersilie oder etwas anderes?

In ihrem Kopf haben sich im Bruchteil einer Sekunde aber ganz andere Synapsen verknüpft. Sie interpretiert: „Dem schmeckt das Grüne also nicht. Dabei habe ich mir so viel Mühe gegeben! Wie undankbar von ihm!“ Ein Satz – zwei unterschiedliche Wertungen. Die Frage ist jetzt: Wer hat recht? Subjektiv gesehen beide, im Sinne guter und gelingender Kommunikation aber immer derjenige, der die Information gesendet hat. In dem Fall war es die neutral gemeinte Frage nach dem Grünen. Der Sender einer Nachricht entscheidet darüber, wie sie gemeint ist, nicht der Empfänger. Wobei natürlich auch das Wie nicht unwichtig ist.

Allerdings interpretieren wir alle – wir können gar nicht anders. Hast du Lust auf ein kleines Experiment? Versuch mal, diesen kurzen Text zu lesen:

Luat enier Sduite an enier Elingshcen Unvirestiät ist es eagl, in wlehcer Riehnelfoge die Bcuhtsbaen in eniem Wrot sethen, das enizg wcihitge dbaei ist, dsas der estre und lztete Bcuhtsbae am rcihgiten Paltz snid. Der Rset knan tatoel Dueheriancndr sien, und du knasnt es torztedm onhe Porbelme lseen. Smtimt's?

Unser Gehirn ist so gestrickt, dass wir fehlende Informationen ergänzen und uns unser ganz eigenes Bild von einer Sache machen. Bei Kommunikation ist das aber alles andere als hilfreich. Zwischenmenschlicher Frust beruht oft auf solchen Fehlinterpretationen und Missverständnissen.

Die Frage ist also: Wie kann man das vermeiden? Dazu brauchen wir alle ein geschärftes Bewusstsein dafür. Wenn ich weniger in meiner eigenen Gedankenwelt versumpfe und stattdessen aktiver beim Gegenüber nachfrage, wie er es genau meint, stehen die Chancen gut, dass die ursprüngliche Bedeutung und mein Verständnis, wie ich es auffasse, nicht mehr ganz so eklatant auseinanderklaffen.

Die Frau hätte beispielsweise einfach fragen können, warum der Mann das wissen will, und er hätte sagen können: „Weil es so lecker schmeckt und ich wissen will, warum.“

Eitel Sonnenschein!

VERSTEHST DU, WAS ICH MEINE?

VOM MONOLOG ZUM DIALOG

Die gleichen Voraussetzungen gelten für unsere Kommunikation mit Gott beziehungsweise seinem Helfer, dem Heiligen Geist. Beide – du und er – können sowohl Sender als auch Empfänger sein. Vielleicht ist das ein echt revolutionärer Gedanke für dich. Dass man Gott nicht nur mit eigenen Anliegen in den Ohren liegen und ihn im Gebet monologartig volltexten kann und dann „Amen" sagt, sondern wie in einem guten Gespräch unter Freunden auch zuhört und wertvolle Gedanken und Einschätzungen zu den Themen, die man eingebracht hat, erhält. Ein echter Dialog eben, bei dem man auch die ein oder andere ehrliche Rückfrage bekommt. Einen wahren Freund macht in meinen Augen aus, dass er mir nicht nach dem Mund redet, sondern mir den Spiegel vorhält und mich dazu bringt, genau hinzuschauen und ehrlich zu werden. Genauso ist das bei Gott –, er liebt es, dir seine Sicht der Dinge zu vermitteln und du kannst nicht nur zuhören, sondern auch ganz aktiv nachfragen. Wie genau du diesen Dialog mit Gott gestalten kannst und wie dadurch deine Freundschaft mit ihm an Tiefe und Qualität gewinnt, ist Thema im Kapitel „Dein Gebet - keine Einbahnstraße".

ANEINANDER VORBEIREDEN ODER EINANDER VERSTEHEN?

Aber selbst wenn dir dieser Gedanke, Gott auch zuhören zu können, altbekannt ist, kann er noch zum echten Frustthema werden! Vielleicht hast du Gott auch schon mal um Rat gefragt und keine Antwort bekommen oder die Antwort nicht verstanden. Die ersten Gedanken sind dann oft: „Was meint er denn? Was will er mir sagen? Wieso kann ich ihn nicht verstehen?" Bis hin zu grundlegenden Zweifeln: „Ist er das überhaupt? Ist das nicht alles Blödsinn?" Ein ernstzunehmendes Problem. Wenn du dich entschieden hast, Jesus nachzufolgen und ihn als deinen Rabbi anzuerkennen, solltest du auch verstehen, was er von dir will. Ihr müsstet dieselbe Sprache sprechen. Sonst wird es schwer bis unmöglich, nach seinen Prinzipien zu leben und eine erfüllte Beziehung mit Gott zu führen. Verstehst du deinen Lehrer nicht, kannst du auch nichts von ihm lernen – egal, wie sehr du willst.

Genau daran bin ich in meiner Schulzeit einmal ziemlich kläglich gescheitert. Ich hatte einen Lateinlehrer, der – flapsig gesagt – einen an der Waffel hatte. Er fing damit an, Lateinisch zu sprechen, und wechselte dann auf einmal ins Russische. Wir Schüler verstanden beides nicht. Denn auf Deutsch wurde prinzipiell nichts erklärt. Das Schlimme war, dass er es gar nicht bemerkte, wenn er mitten im Satz plötzlich Russisch redete. Auf unsere Rückfragen hin wurde er stets wütend. Die Folge war, dass ich natürlich nichts gelernt habe. Lateinkenntnisse: Fehlanzeige! Und so stand im Zeugnis auch nur noch ein schwach ausreichend (immerhin noch ...).

Bis zu jenem Tag, als mein Opa zu Besuch kam. Eines Abends gingen wir in unsere Dorfkneipe und er sang nach einigen Schnäpsen russische Sauflieder. Mir war das ultrapeinlich! Als Jugendlicher in einem kleinen Kaff war das mit das Schlimmste, was einem passieren konnte. In diesem speziellen Fall war es aber gleichzeitig auch irgendwie das Beste, denn später kam mein Lateinlehrer dazu. Er verbrüderte sich prompt mit meinem Opa und gemeinsam krakelten sie fröhlich zusammen die russischen Weisen. Ich schämte mich in Grund und Boden, aber im nächsten Zwischenzeugnis zahlte sich das aus. Da hieß es in Latein auf einmal: „Teichen, schönen Gruß an den Herrn Großvater – Latein sehr gut!“

Leider fiel dann doch irgendwann auf, dass bei dem Mann etwas im Oberstübchen nicht stimmte, und er kam in die Psychiatrie. Ersetzt wurde er durch eine Lehrkraft, die Deutsch sprach und deshalb schnell merkte, dass bei mir in Latein nicht viel los war. So stand auf meinem nächsten Zeugnis wieder schwach ausreichend in Latein. Ich habe das Fach dann schnell abgewählt und kann bis heute null Latein.

Ich hoffe, so weit bist du in deiner Kommunikation mit Gott noch nicht, dass du das Thema am liebsten „abwählen“ und damit aus deiner Lebenswirklichkeit rauskatapultieren würdest. Aber ich habe daraus gelernt, dass die Zahlen auf dem Papier nicht unbedingt etwas mit den tatsächlichen Zuständen zu tun haben müssen. Auch in meiner Gottesbeziehung kann ich zwar vielleicht nach außen der Superchrist sein – sehr gut! Yes! – und vielleicht Germany´s Next Top-Christ gewinnen, aber viel Ahnung hab ich deswegen nicht notwendigerweise. Wenn du Gott nicht verstehst, kannst du seine Prinzipien auch nicht anwenden, ganz egal, wie lange du schon mit Jesus unterwegs sein magst. Wenn die Kommunikation nicht klappt, dann funktioniert aber auch alles, was in diesem Buch steht, nicht richtig. Diese einseitige Funkstille frustriert aber nicht nur dich, sondern auch Gott:

Gott spricht immer wieder auf die eine oder andere Weise, nur wir Menschen hören nicht darauf!
Hiob 33,14 (HFA)

Gott steht nicht im Himmel vor einem Mikrofon und spricht durch seine göttliche Surround-Anlage mit Lautsprechern auf der ganzen Erde Sätze wie: „Gott an Tobias Teichen! Ich habe dir jetzt etwas zu sagen! Kehre um und gehe in eine andere Richtung!“ Nein, so redet er (meistens) nicht –, aber das heißt nicht, dass er überhaupt nichts verlauten lässt. Wir Menschen hören oft deswegen nicht darauf, weil wir vor der Herausforderung unserer eigenen Vorstellung stehen. Wir meinen, nur weil Gott nicht mit Engelschor oder laut hallender Stimme aus dem Off spricht, redet er gar nicht. Aber was heißt denn „auf die ein oder andere Weise“? Und warum ist Gott so überzeugt davon, dass wir ihn nicht nur hören, sondern auch verstehen müssen?

MEINE SCHAFE ERKENNEN MEINE STIMME

Meine Schafe erkennen meine Stimme; ich kenne sie, und sie folgen meinem Ruf. Johannes 10,27 (HFA)

Gott benutzt hier ein Bild, das er oft von sich malt: Er ist der Hirte und wir sind die Schafe. „Du Schaf!" ist ja nicht gerade ein Kompliment, also lass mich das mal in unsere Gedankenwelt übertragen. Ein Schafhirte gibt Kommandos, die seine Tiere verstehen. Wie macht er das? Schließlich ruft er nicht laut „Mäh!", wenn sie kommen oder stehen bleiben sollen, sondern – ganz normal – „Kommt!" und „Stopp!" Wie verstehen die Schafe aber, was er meint?

Man hat herausgefunden, dass es in den Herden sogenannte Mutterschafe gibt. Kommen Lämmer auf die Welt, dann erklären die Mutterschafe ihnen, worauf sie zu achten haben. Sie bringen ihnen bei, auf welche Laute des Hirten sie wie reagieren müssen. So geben die Schafe ihr Wissen Generation für Generation weiter.

Genauso ist es bei der Kommunikation mit Gott. Diejenigen, die Gottes Stimme kennen, sind dazu aufgefordert, es an diejenigen weiterzugeben, die es erst noch lernen müssen. Du kannst dir also jemanden suchen, der schon länger mit Jesus unterwegs ist und den Heiligen Geist versteht. Er kann dich anleiten.

GOTT REDET NATÜRLICH, UM ÜBERNATÜRLICHES ZU ERZEUGEN

So unspektakulär es ist, mit jemandem zu reden, so alltäglich die Situationen und Themen auch sind, wird dadurch doch eine ganz tiefe Sehnsucht in uns Menschen gestillt: die Sehnsucht nach Austausch, nach Nähe, nach Beziehung. Kommunikation ist der Ausdruck davon. Und Gott wünscht sich exakt diese Nähe und du kannst sie sehr unmittelbar, ganz natürlich in deinem Alltag erfahren. So ist es zum Beispiel Jeremia passiert:

Der Herr sprach zu mir: „Geh hinab zum Haus des Töpfers, dort werde ich dir eine Botschaft geben!" Ich ging dorthin und sah, wie der Töpfer gerade ein Gefäß auf der Scheibe drehte. Doch es misslang ihm. Er nahm den Ton und formte ein neues Gefäß daraus, das ihm besser gefiel. Da sprach der Herr zu mir: „Volk Israel, kann ich mit euch nicht genauso umgehen wie dieser Töpfer mit dem Ton? Ihr seid in meiner Hand wie Ton in der Hand des Töpfers!" Jeremia 18,1-6 (HFA)

„Der Herr sprach zu mir" klingt ja erst mal nach Pauken und Trompeten – vielleicht doch ein Engelschor? Ich vermute viel eher, dass Jeremia ganz einfach den Gedanken hatte, zu dem Töpfer zu gehen, und erst im Nachhinein verstanden hat, dass dadurch Gott zu ihm gesprochen hat – nachdem er die Botschaft kapiert hatte. Töpfern war ein normaler Broterwerb in der damaligen Zeit, eine typische Alltagssituation. Gott benutzt diese Szene, in der ein Gefäß neu geformt wird, um Jeremia etwas mitzuteilen. Er führt ihm einen Sachverhalt konkret vor Augen und dann erklärt er ihm dazu seine Perspektive.

So kommuniziert Gott: Er spricht in Bildern. Die Bibel nennt das Rätselworte. Kein unlösbares Kreuzworträtsel, wo man niemals auf die Lösung kommt, aber Beschreibungen von dem, wofür uns manchmal ein konkretes Verständnis (noch) fehlt. Du kennst sicher den Ausdruck: „Ein Bild sagt mehr als 1000 Worte."

Gottes Reden in Bildern bedeutet, dass ich in einer bestimmten Situation einen Impuls bekomme und herauszufinden versuche, was Gott mir damit sagen möchte. Auch hier gilt wieder das grundsätzliche Prinzip der Kommunikation: Der Sender bestimmt, was es bedeutet, nicht der Empfänger. Also keine waghalsigen Interpretationen, sondern frage Gott einfach und er wird es dir genau wie den Menschen an Pfingsten in „deiner Muttersprache“ erklären – ganz individuell so, dass du es verstehst.

Falls du weitere Situationen nachlesen und vertiefen möchtest, wie Gott in Alltagssituationen kommuniziert, kannst du zum Beispiel mit Petrus anfangen. Er hatte zur Mittagszeit eine Vision zum Thema Essen (wie naheliegend!), durch die er aber eine bahnbrechende Neuerung erfuhr: Auch Nichtjuden können in Gottes Volk aufgenommen werden – bis dahin ein Ding der Unmöglichkeit. Durch Gottes Ansage an Petrus veränderte sich das und es konnten in der Folge viele Heiden Christen werden und starke Gemeinden entstehen. Du findest das Ganze in Apostelgeschichte 10,9-11.18.

Wenn wir anfangen, achtsam für diese Impulse zu werden, es trainieren, den Hauch des Heiligen Geistes ganz sensibel wahrzunehmen, können wir dabei wirklich abgefahrene Dinge erleben. Vor Kurzem kam ein junger Mann zu mir. Ich kannte ihn und wusste, dass er gerade anfing, Jesus kennenzulernen, und vor der Entscheidung stand, ganze Sache mit ihm zu machen. Er bat mich, für ihn zu beten und vielleicht einen Impuls von Gott für ihn abzuholen. Ich wusste, dass etwas auf dem Spiel stand. Wenn ich es jetzt versemmelte, könnte es ja sein, dass er sich wieder von Jesus abwendete. Also betete ich. Vor meinem inneren Auge sah ich nur ein Wort: Scheidung. „Ernsthaft, Gott?“, fragte ich nach. „Scheidung? Das kann ich doch nicht einfach so sagen!“ Ich fing in meiner Not an zu interpretieren. Ist der Mann überhaupt verheiratet? Steht er vor einer Scheidung? Sollte er nie heiraten, damit er sich nie scheiden lassen kann? Gottes Antwort kam ganz klar und deutlich mit einem weiteren simplen Gedanken: „Das ist jetzt egal, Tobias – vertraue mir und sag ihm einfach das Wort.“ Ich habe ihm also gesagt:

„Ich hatte einen Gedanken: das Wort Scheidung. Kannst du damit etwas verbinden?“ Der junge Mann wurde ruhig, Tränen traten in seine Augen und er erzählte mir, dass er vor dem Gebet innerlich zu Jesus gesagt hatte: „Überzeuge mich, dass es richtig ist, mich für dich zu entscheiden. Wenn du mir sagst, dass du den größten Schmerz in meinem Leben kennst, dann will ich ganze Sache mit dir machen.“ Das Schmerzhafteste, was er bisher erlebt hatte, war die Scheidung seiner Eltern gewesen.

Gott hat durch mich zu ihm gesprochen. Ganz unspektakulär in einer stinknormalen Alltagsbegegnung, einer gemeinsamen Gebetssituation. Aber mit überraschendem und faszinierendem Ergebnis. Und hätte ich all meine Vermutungen geäußert und nicht einfach gefragt „Kannst *du* damit etwas anfangen?“, hätte ich es in der Tat ganz schön versemmelt!

GOTT SENDET AUF ALLEN KANÄLEN

Vielleicht hast du jetzt Lust bekommen, deine ganz individuelle unspektakulär-spektakuläre Kommunikation mit Gott zu starten oder auszuweiten? Dem steht eigentlich nichts im Wege. Du musst nur auf Empfang stellen. Denn mit Gott ist es wie bei einem Radio: Gesendet wird immer! Auch wenn wir die Frequenzen nicht sehen können, sie sind überall um uns herum. Also drück den „Einschalten"-Knopf und schau, welcher Sender, welcher Style dir behagt. Denn auch das ist ziemlich ähnlich bei Gott: Er sendet unterschiedliche Programme, von Klassik über Rock und Pop bis Nachrichten ist alles dabei. Seine Ausdrucksweise und Kreativität sind grenzenlos. Und so unterschiedlich wir Menschen sind, auf so vielfältige Weise begegnet er uns: in der Natur, im Alltag, in der Kunst, durch andere Menschen, in Bildern ...

GOTT IN DER NATUR

FRANZISKA LEMNITZER

Ich erlebe Gott sehr stark in der Natur. Wenn ich zum Beispiel in die Berge gehe, bin ich regelmäßig richtig ergriffen. Nicht nur wegen der Schönheit, sondern vor allem, weil ich Gottes Präsenz ganz intensiv spüren kann.

Als ich vor einiger Zeit in Israel war, hatte ich dazu ein interessantes Erlebnis. Ich habe mich schon häufig gefragt: „Jesus, wie war das eigentlich bei dir? Wie hat Gott eigentlich zu dir gesprochen? Hat sich da immer der Himmel aufgetan? Oder hast du eine laute Stimme gehört? Oder wie war das?"

Nun saß ich im Garten Gethsemane und hörte unserem Reiseführer zu. Er erzählte, dass die Römer einmal in diesen Garten eingefallen waren und alle Ölbäume niedergebrannt haben. Doch die Wurzeln dieser Bäume waren so tief in der Erde verankert, dass ihnen das Feuer nichts anhaben konnte und sie nach einiger Zeit wieder zum Leben erwachten. Während er diese Anekdote erzählte, hatte ich einen Gedanken: Es ist wichtig, im Glauben so tief verwurzelt zu sein, dass man jedem Feuer und jedem Lebenssturm standhalten kann. Außerdem sprach mich die Geschichte noch auf eine zweite Weise an: Wenn wir ein Problem haben, reicht es nach dem gleichen Prinzip nicht aus, nur den Baum zu fällen. Wir können es nur dann bekämpfen, wenn wir an die Wurzel gehen und diese mit herausreißen.

Ein Bild aus der Natur löste also in meinen Gedanken diese Erkenntnis tiefer Wahrheiten aus. Im nächsten Moment sah ich vor meinem inneren Auge Jesus und seine Jünger vor zweitausend Jahren an diesem Ort sitzen, und auf einmal hatte ich die Antwort auf meine Frage: Gott hat zu ihnen genauso gesprochen wie zu mir. Jesus hatte an diesem Ort das Gleiche vor Augen wie ich, und Gott hat ihm sicher genau wie mir unter anderem anhand der Natur seine göttlichen Prinzipien aufgezeigt. □

GOTT IM ALLTAG

FRAUKE TEICHEN

Oft bin ich selbst überrascht, worum sich Gott im Alltag so kümmert. Vor einiger Zeit habe ich für meinen Sohn Windeln gekauft. Zu Hause musste ich dann feststellen, dass sie ihm viel zu klein waren. Ärgerlich! „Okay", habe ich mir gedacht, „dann bringe ich sie gleich wieder zurück in die Drogerie." Aber ein innerer Impuls hielt mich zurück. Mir kam der Gedanke: „Komm, Frauke, behalte sie doch. Du hast ja oft Besuch von Freunden mit kleinen Kindern, vielleicht kannst du die Windeln ja noch gebrauchen?" Ich nahm also die Packung und legte sie in den Schrank. Dort lag sie dann Tage, Wochen, Monate. Ich habe sie ehrlich gesagt irgendwann vergessen und auch niemals für ein anderes Kind gebraucht.

Vor Kurzem habe ich den Schrank ausgemistet und bin dabei auf das Windelpaket gestoßen. Sofort wusste ich, wem ich es geben konnte: einer Freundin von mir, die mittlerweile ein Kind bekommen hat, dem diese Windelgröße aktuell genau passen müsste. Als ich das nächste Mal an ihrem Haus vorbeikam, habe ich eine Tüte mit den Windeln und einem Zettel, dass sie von mir sind, an ihre Haustür gehängt. Dass Gott hier seine Hände im Spiel hat, hätte ich in dem Moment absolut nicht gedacht. Das wurde mir erst bewusst, nachdem mir meine Freundin folgende SMS sendete:

„Liebe Frauke! Vielen Dank für die Windeln! Das war wie ein Geschenk Gottes, als ich sie gerade an der Tür entdeckt habe. Mir geht es heute gar nicht gut. Ich habe schlimme Migräne und Übelkeit. Eigentlich wollte oder, besser gesagt, müsste ich jetzt los, um für unser Baby Windeln zu kaufen, da ich keine mehr habe. Ich habe noch zu Gott gebetet und gesagt: „Muss das jetzt sein? Mir geht es so schlecht und jetzt muss ich Auto fahren und in die Drogerie? Kann nicht irgendwo im Haus noch wenigstens eine Windel liegen?" Und was passiert: An der Tür hängt das Paket Windeln von dir! Tausend Dank dir und tausend Dank Gott! Ich lege mich jetzt hin und erhole mich!"

Manchmal ist es eine simple Packung Windeln, durch die der Heilige Geist spricht und uns Menschen Gutes tut. Ist es dabei nicht erstaunlich und einfach grandios, was Gott für ein Timing hat, dass er sie mich genau an diesem Tag an die Tür hängen ließ?

□

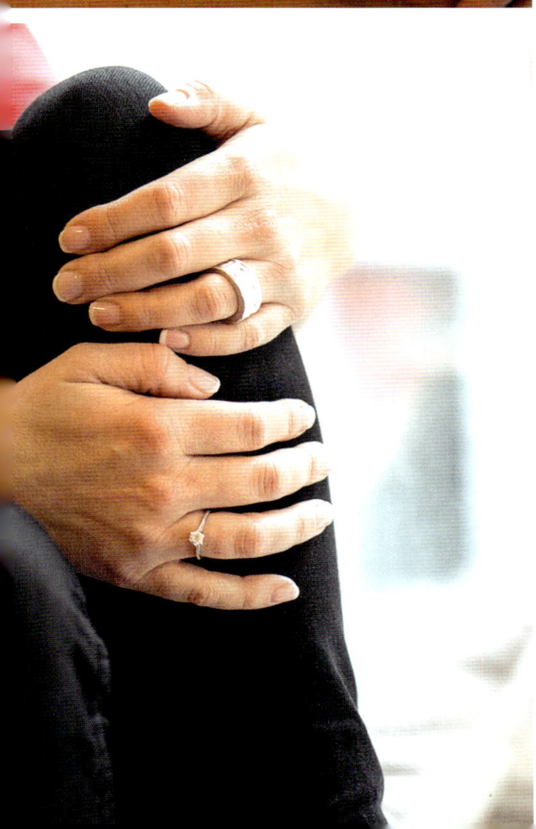

Studio

GOTT IN DER KUNST

MARTIN SITA

Gott redet zu mir oft durch Musik. Dabei ist es egal, ob ich sie selbst mache oder ob ich sie höre.

Zum einen redet Gott zu mir durch die Texte. Oft spricht mich eine Liedzeile besonders an, weil dieser Inhalt gerade genau in meine Lebenssituation hineinspricht oder weil es eine Wahrheit ist, die mir wieder ganz neu bewusst wird. So einen Moment hatte ich neulich bei dem Song „One Thing Remains" von Jesus Culture, in dem die Wahrheit ausgesprochen wird, dass Gottes Liebe niemals aufhört. „Your love never fails, it never gives up, it never runs out on me." Diesen Satz habe ich aus tiefster Überzeugung gesungen und dadurch wurde mein Glaube neu gestärkt.

Ich versuche jeden Song, den ich in der Kirche singe, zu meinem eigenen Song zu machen. Ich möchte ihn von ganzem Herzen singen können. Das fällt mir leichter, wenn ich den Text mit konkreten Situationen aus meinem Leben verbinden kann und die Wahrheiten, die ich singe, auch wirklich glaube.

Zum anderen sind bei mir Musik und Emotionen stark miteinander verbunden. Für mich bewirkt jede Art von Musik Gefühle – fröhliche oder traurige. Darauf will ich mich einlassen. Ich möchte durch mein Äußeres zeigen, was in meinem Inneren vorgeht. Deswegen springe ich bei fröhlichen Liedern herum und bin einfach dankbar für das, was Gott getan hat, und deshalb gehe ich auf meine Knie, wenn ein Lied davon handelt, dass Jesus der Chef in meinem Leben sein soll oder ich Ehrfurcht vor Gott habe. Meine äußere Haltung bei Worshipliedern –, die ja auch nichts anderes sind als gesungene Gebete –, ist für mich entscheidend und hilft mir auch, meine innere Haltung zu ändern. Ich kann in der Musik meinen Emotionen freien Lauf lassen und so sein, wie ich bin. So begegne ich Gott auf meine persönliche Art und Weise: ausgelöst durch Texte, Lieder und erlebte Emotionen.

□

DAS MENSCHLICHE SPRACHROHR

BENJAMIN GRALOW

Vor circa drei Jahren stand ich vor einer schwierigen Entscheidung: Sollte ich meinen sicheren Job aufgeben, alternativ dazu in der Kirche arbeiten und mich zudem noch selbstständig machen? Das zu entscheiden, war keine einfache Sache für mich, schließlich ging es darum, meine Komfortzone zu verlassen, um in eine vermeintlich unsichere Zukunft zu gehen. Ich habe tausend Leute um Rat gefragt, habe gemeinsam mit ihnen auf Gott gehört und auch viele positive Impulse bekommen. Doch das Zeichen, das mich am Ende überzeugte, war irgendwie nicht dabei.

Eines Samstags nach dem Frühstück ging ich zur Mülltonne, um unsere Abfälle zu entsorgen. Auf dem Weg dorthin sprach mich ein obdachloser Mann an: „Hey, vielen Dank, dass ihr immer so gute Sachen wegschmeißt, ihr versorgt mich damit." Ich war so verdutzt, dass ich erst einmal gar nicht wusste, was ich sagen sollte. Ich wollte mich schon höflich verabschieden, als sich auf einmal sein Gesichtsausdruck veränderte und er sagte: „Ich will dir noch etwas von Gott sagen. Das, was du vorhast, ist gut! Gott wird es segnen. Du sollst dich trauen, den nächsten Schritt zu gehen." Was hatte er da gerade gesagt??? Ohne weitere Erklärung verabschiedeten wir uns und völlig perplex ging ich zurück in die Wohnung.

Heute, drei Jahre später, kann ich sagen, dass es ein guter Rat von Gott war. Ich bin den Schritt gegangen und habe gekündigt. In Sachen Selbstständigkeit und Invest in die Kirche gab und gibt es zwar immer mal wieder Herausforderungen, aber unterm Strich bin ich so dankbar, dass ich im Hier und Jetzt meine Berufung leben kann.

Es ist faszinierend, wie Gott Menschen benutzt, um in Herzen zu sprechen. Seit dieser Erfahrung habe ich noch stärker den Wunsch, dass Gott auch mir solche Gedanken für andere Menschen anvertraut – dass ich immer wieder zu einem Sprachrohr für Gott werden darf.

☐

GOTT ALS VISIONÄR

FABIENNE SITA

Vor einiger Zeit hatte ich in einem Gottesdienst den Gedanken – eine Vision –, ein Buch zu schreiben. „Ja genau!", dachte ich. „Passt ja wie die Faust aufs Auge!" Nicht nur aufgrund der Tatsache, dass ich gerade an einem Tiefpunkt in meinem Leben war, an dem Gott so weit weg schien wie noch nie, sondern auch, weil ich Schreiben nicht gerade zu meinen Stärken zähle. Ich bin doch keine Schriftstellerin. Wieso sollte ich ein Buch schreiben? Doch vor meinem inneren Auge sah ich Bilder und Szenen eines Thronsaals und ich wusste, ich sollte einfach niederschreiben, was ich bisher mit Gott erlebt und gesehen habe. Der Titel des Buches war auch von Anfang an klar: „30 Tage im Thronsaal". Der Thronsaal ist dabei für mich ein Bild für einen Ort, an dem ich Gott begegnen und ihn erleben kann.

Über mehrere Wochen hinweg setzte ich mich immer wieder hin und erlebte, wie sich ganze Geschichten vor meinem inneren Auge abspielten. Oft beinhalteten die darin enthaltenen Bilder Lösungen für meine Probleme, gaben mir neue Erkenntnisse über mich und mein Leben oder ermutigten mich, einfach weiterzumachen und nicht aufzugeben. Ich habe oft einen neuen Blick auf Dinge bekommen oder Gedankenanstöße, um in Bereichen weiterzukommen, die für mich schwierig waren oder sogar seit Jahren stagnierten.

Zum Beispiel gehören Leichtigkeit und Vertrauen auf Gott zu den Eigenschaften, die mir mit am schwersten fallen. Doch genau dazu schenkte Gott mir ein Bild, durch dessen Hilfe ich lernen konnte, mit diesen Punkten umzugehen.

Ich stand an einer Klippe, von der aus nur eine sehr wackelig aussehende Hängebrücke wegführte. Das Ende der Brücke konnte ich nicht erkennen. Es schien mir einerseits wie ein Abenteuer, auf diese Brücke zu gehen, andererseits war es aber auch so unsicher und gefährlich. Doch tief in meinem Inneren wusste ich, dass es sich lohnen würde, den Schritt auf die Brücke zu wagen. Und so setzte ich einen Fuß vor den anderen. Anfangs war ich dabei noch sehr verkrampft, doch nach und nach löste sich meine Anspannung, da die Brücke weniger instabil war, als ich befürchtet hatte. Ich ging einige Zeit auf der Brücke entlang, auf einmal aber verschwand sie in den Wolken und ich konnte nicht einmal mehr sehen, wohin ich meinen nächsten Schritt setzen konnte. Doch im Lauf der Zeit stärkte sich mein Vertrauen in die Brücke und ein Gefühl der Leichtigkeit überkam mich. Und ich spürte, auch wenn ich die Brücke nicht sehen konnte, dass Gott mich führt, mir zeigt, wohin ich zu gehen habe, und dabei auf mich aufpasst.

Ich habe insgesamt 30 solcher Erlebnisse aufgeschrieben und gemerkt, dass sie nicht nur für mich selbst hilfreich und ermutigend waren, sondern auch anderen helfen, Gott neu zu suchen und zu erwarten, dass er tatsächlich in unser Leben spricht und uns verändert. Aus diesem Grund hat es sich gelohnt, über meinen Schatten zu springen, die Vision in die Realität umzusetzen und mich an das Buchprojekt zu wagen.

☐

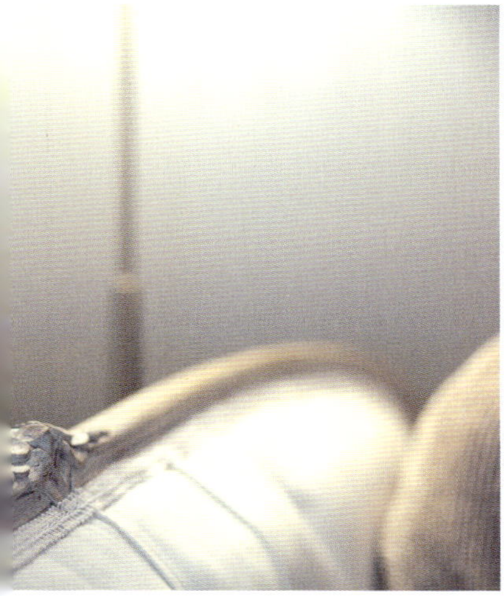

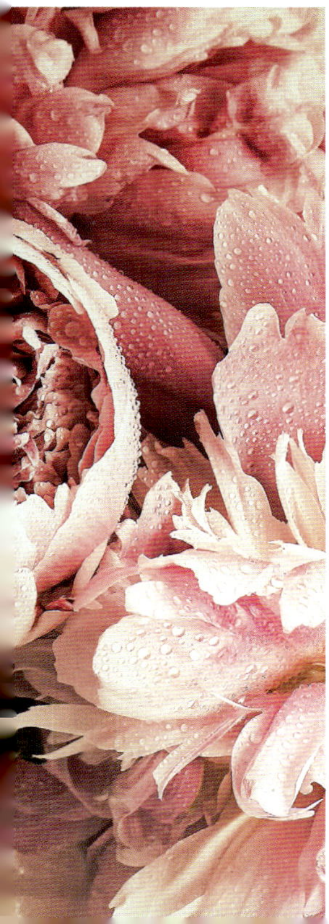

Paris

Ich frage sehr gern andere Menschen danach, wie sie Gottes Stimme „hören“, und bin immer wieder begeistert, wie vielfältig und individuell das passiert. Auch in der Bibel finden sich viele Beispiele dafür, wie durch den Heiligen Geist göttliche Kommunikation stattfindet. Zum Beispiel auch bei Josef, der ziemlich am Limit ist, weil seine Verlobte Maria schwanger ist – und zwar nicht von ihm:

Josef wollte nach Gottes Geboten handeln, aber auch Maria nicht öffentlich bloßstellen. So überlegte er, die Verlobung stillschweigend aufzulösen. Noch während er nachdachte, erschien ihm im Traum ein Engel Gottes und sagte: „Josef, du Nachkomme Davids, zögere nicht, Maria zu heiraten! Denn das Kind, das sie erwartet, ist vom Heiligen Geist. Sie wird einen Sohn bekommen, den sollst du Jesus nennen. Denn er wird die Menschen seines Volkes von ihren Sünden befreien.“ Matthäus 1,19-21 (HFA)

Gott kann also auch durch Träume sprechen. Genauso wie er die Natur, Kunst, Musik, Bücher, Predigten, eigene Gedanken, Emotionen, körperliche Reaktionen, aber auch Impulse von anderen dazu benutzt, sich uns mitzuteilen. Und vieles mehr – göttliche Kommunikation kennt keine Grenzen.

Nur meistens schwenkt Gott eben keine Banner mit Botschaften am Himmel, sondern es sind ganz gewöhnliche Momente – wir träumen jede Nacht, haben ständig eigene Gedanken oder Emotionen. Woher können wir also wissen, dass es gerade Gott ist, der da spricht?

WAR DAS GOTT?

Wenn wir unsere göttlichen Radios einschalten, ist es ganz normal, dass wir im Sendersuchlauf auch einiges an Störgeräuschen vernehmen, nichtssagendes Rauschen bis hin zu verzerrten Tönen und Informationen, die wir nur halb verstehen. Zum einen ist es Übungssache, das Feintuning klappt mit mehr Routine manchmal leichter. Aber nicht nur: Die Gefahr, dass wir das leise Säuseln des Heiligen Geistes, wie es zum Beispiel der Prophet Elia vernommen hat, verpassen, weil sich die Geräusche drum herum in den Vordergrund drängen, bleibt. Und auch unsere Tendenz, voreilig interpretieren zu wollen, kann wie ein störendes Rauschen sein, das uns davon abhält, Gottes Gedanken in all ihrer Klarheit und Präzision wahrnehmen zu können.

Um diese herauszufiltern, können wir die folgenden vier Prüfkriterien anwenden:

1. DIE BIBEL

Wenn wir davon ausgehen, dass die Bibel Gottes Wort ist und die Wahrheit enthält, dann kann kein Impuls, den ich vermeintlich von Gott habe, ihr widersprechen.

Denn die ganze Heilige Schrift ist von Gott eingegeben. Sie soll uns unterweisen; sie hilft uns, unsere Schuld einzusehen, wieder auf den richtigen Weg zu kommen und so zu leben, wie es Gott gefällt. So werden wir reife Christen und als Diener Gottes fähig, in jeder Beziehung Gutes zu tun. 2.Timotheus 3,16f (HFA)

Irgendwie logisch – Gott sagt ja nicht einmal „Hüh" und einmal „Hott", er zeigt uns seine Prinzipien, die immer gleich bleiben. Dazu ist es gut, zum einen die Gesamtaussage der Bibel zu kennen (mehr dazu im folgenden Kapitel), zum anderen auch in Bezug auf Details gezielt nachzulesen. [1]

2. ERMUTIGUNG

Gott hat gute Nachrichten für uns – nichts anderes bedeutet ja das Wort „Evangelium". Zerstörerische oder komplett unverständliche Botschaften, also sowas wie Weltuntergang oder andere Alpträume und Horrorszenarien, die nicht lebensbejahend sind, sollten dich also misstrauisch werden lassen.

Das bedeutet nicht, dass Impulse von Gott immer nur nett und harmlos sein dürfen. Sie können dich durchaus herausfordern oder teilweise schmerzhafte Veränderungsprozesse in Gang setzen – aber *immer* in Liebe und zum Guten hin!

Und wir wissen, dass für die, die Gott lieben und nach seinem Willen zu ihm gehören, alles zum Guten führt.
Römer 8,28 (NLB)

3. RATGEBER

Hast du Menschen um dich herum, die ehrlich zu dir sind, die dich gut kennen und die selbst eine lebendige Beziehung zu Gott haben? Ihr Feedback kann dir helfen, deine Gedanken, Eindrücke und Wahrnehmungen besser zu verstehen. Gegenseitiger Erfahrungsaustausch und gemeinsames Reflektieren waren für mich schon oft Schlüsselmomente im Erkennen von dem, was Gott mir mitteilen möchte.

Ohne guten Rat scheitern die meisten Pläne; viele Ratgeber aber garantieren den Erfolg.
Sprüche 15,22 (NLB)

4. UMSETZUNG

Oft weiß man aber erst im Nachhinein, ob ein Impuls tatsächlich von Gott kam oder nicht. Deshalb empfehle ich dir, dich nicht zu fragen, was schlimmstenfalls passieren könnte, wenn du einen Gedanken in die Tat umsetzt, sondern was bestenfalls. Die Frage „Wie wäre es, dadurch Gott zu erleben?" spornt mich immer wieder zu mutigen Schritten an und ich erlebe wirklich göttliche Abenteuer.

Einen Baum erkennt man an seinen Früchten. Ist ein Baum gut, so wird er auch gute Früchte tragen. Ist ein Baum schlecht, so wird er schlechte Früchte tragen.
Matthäus 12,33 (NLB)

[1] Nach bestimmten Themen kannst du konkret suchen mit einer Konkordanz oder Bibelsuchmaschinen z.B. unter www.bibleserver.com, „YouVersion"-App unter www.bible.com/de.

WIE GEBE ICH IMPULSE AN ANDERE (NICHT) WEITER?

Bei göttlichen Impulsen stehen wir immer wieder in der Spannung, herauszufinden, was *wirklich* gemeint ist. Noch komplizierter wird es, wenn es Dinge betrifft, die gar nicht für uns selbst bestimmt sind, sondern die Gott uns mitteilt, damit wir sie an andere weitergeben können. Grundsätzlich eine super Sache – ich persönlich liebe es, wenn ich als sein menschliches Sprachrohr miterleben darf, was Gott im Leben anderer Personen bewirkt. Aber es kann auch schnell mal schiefgehen – nicht auf Gottes Seite, sondern bei meinem Part. Es ist daher extrem wichtig, verantwortungsvoll damit umzugehen.

Worte haben Macht: Sie können über Leben und Tod entscheiden. Darum ist jeder für die Folgen seiner Worte verantwortlich. Sprüche 18,21 (HFA)

Was einmal über unsere Lippen gekommen ist, können wir nicht mehr zurücknehmen. Es wirkt in der Person, zu der wir es gesagt haben, nach – positiv oder eben auch negativ. Darum kommen hier aus meiner Sicht die drei No-Gos bei der Weitergabe von Impulsen an andere Menschen ins Spiel.

1. „Gott spricht zu dir!"

Es wäre gut, wenn du niemals sagst: „Heinz Rüdiger! Gott spricht zu dir, dass du morgen deinen Job kündigen sollst!" Eine solche Äußerung ist gleich in mehrfacher Hinsicht problematisch: Erstens bist du nicht Gott, kannst also gar nicht 100%ig wissen, was er so sagt. Zweitens setzt du die Person damit total unter Druck. Wenn Gott ihm hiermit angeblich eindeutig die Kündigung befiehlt, hat er doch eigentlich keine Wahl, als es durchzuziehen, oder? Ich habe auch schon manche Leute sagen hören „Der Herr möchte dir sagen ..." Das geht in eine ähnliche Richtung – wenn „der Herr" etwas sagt, dann gehorcht man besser.

Eine von Gottes wesentlichen Eigenschaften ist allerdings Freiheit – daher ist es total kontraproduktiv, in seinem Namen den Befehlston anzuschlagen. Viel eher passen Formulierungen wie: „Heinz Rüdiger, ich habe den Impuls gehabt, dass du momentan vor einer Veränderung stehen könntest." Oder auch: „Als ich für dich gebetet habe, ist mir wichtig geworden, dir zu sagen ..." Die Ich-Perspektive ist hier das Entscheidende. Ob etwas von Gott kommt oder nicht, muss die betreffende Person so oder so selbst überprüfen. In aller Freiheit und ohne Druck.

2. „Du sollst!"

Es gibt noch eine zweite kritische Komponente an der Äußerung zu Heinz Rüdiger: „Du sollst deinen Job kündigen!" Oder noch schlimmer: „Du musst!" Damit legt man andere Personen schnell fest auf nur eine Richtung – ohne Alternativen. Nachdem Gott dir selbst aber jede Freiheit lässt, die du brauchst, ist es nur fair, sie auch anderen zu lassen. Er wird dich sicher nicht als Sprachrohr gebrauchen, damit du anderen vorschreibst, was sie zu tun und zu lassen haben.

Vor allem bei wichtigen Entscheidungen, die beispielsweise den Job, einen Wohnortwechsel oder die Partnerwahl betreffen, in die wir als Ratgeber und im Gebet einbezogen werden, tendieren wir manchmal dazu, andere mit solchen Aussagen zu beeinflussen. Und ehe du dich versiehst, kann so etwas in fiese Manipulation ausarten. Das ist allerdings ganz und gar nicht Gottes Stil! Wenn man eine Art Heiratsprophetie hört wie: „Gott sagt dir, du sollst XY heiraten!", dann hört sich das schräg an, oder? Leider habe ich das schon öfters miterleben müssen. Deshalb mein Tipp, wenn du ein Mädel attraktiv findest: Erobere sie, ohne „prophetischen Druck“ aufzubauen.

Wenn ich Impulse in diese Richtungen habe, dann prüfe ich sie wirklich intensiv. Vielleicht ist es auch gar nicht an der Zeit, sie direkt weiterzugeben, sondern Gott legt mir die Person besonders ans Herz, um für sie und ihre Entscheidung zu beten und mit einzustehen.

3. „Es wird etwas Schlimmes passieren!“

Genauso wenig wie göttliche Botschaften für uns selbst aus zerstörerischen Horrorszenarien bestehen, will Gott anderen Angst machen durch das, was du ihnen ausrichten sollst. Solltest du also mal ein eher negatives Bild für jemanden bekommen, dann lass dir am besten länger Zeit, um es zu verstehen und die „gute Nachricht“ dahinter zu entschlüsseln. Vielleicht verzieht sich vor deinem inneren Auge das stürmische Gewitter und die Sonne kommt wieder zum Vorschein? Und genau wie bei wichtigen Entscheidungsprozessen kann es sein, dass Gott dich durch den Impuls bittet, der anderen Person beizustehen, weil sie vielleicht wirklich gerade in einer schlimmen Situation steckt.

Worte haben – wie gesagt – Macht, daher verzichte am besten auch auf Andeutungen wie: „Ich sag das jetzt lieber nicht, es war nicht so positiv ...“ Stell dir mal das Kopfkino bei der Person vor, das dann losgeht!

Unterm Strich mache ich auch immer wieder die Erfahrung, dass das Timing nicht unwichtig ist. Öfter mal sind Impulse – egal ob für andere oder mich selbst – im Hier und Jetzt nicht aktuell, sondern erst für die Zukunft wichtig. Daher notiere ich die Dinge oft in einer Art Tagebuch und ziehe das dann ab und zu raus. Wie oft bin ich im Nachhinein verblüfft, wie präzise dann doch das eingetroffen ist, was ich an dem Zeitpunkt noch nicht deuten konnte, und wie viel größer Gottes Perspektive ist als meine!

Aber natürlich ist das nicht bei allen Eindrücken so. Manche sind – wie gesagt – Störgeräusche beim Sendersuchlauf und man kann sie getrost ignorieren. Stell es dir, gerade auch wenn du Mitteilungen von anderen bekommst, vor wie einen Ball, den man dir zuwirft. Du kannst ihn erst mal auffangen, eingehend betrachten, aber wenn du absolut nichts damit anfangen kannst – auch nach längerer Zeit nicht –, dann wirf ihn getrost wieder weg und lass den Gedanken damit bewusst los.

Unterdrückt den Heiligen Geist nicht. Verachtet das prophetische Reden nicht, sondern prüft alles, was gesagt wird, und behaltet das Gute. Meidet das Böse in jeglicher Form. 1.Thessalonicher 5,19-22 (NLB)

Dieses Prüfen ist ein essenziell wichtiges Werkzeug, um dem näherzukommen, was Gott uns auf seine unvergleichliche, übernatürliche Weise mit auf den Weg gibt. Und dabei ist es immer einfacher, sicherer, aber auch interessanter und manchmal lustiger, mit anderen gemeinsam unterwegs zu sein als allein.

Denn im Grunde hat man nie von vorneherein eine 100%ige Gewissheit darüber, was Gott mit einem vorhat und wie er bestimmte Dinge meint. Es ist und bleibt ein Abenteuer, das zu entdecken.

Wobei ... Es gibt einen Kanal, bei dem du dir *immer* ganz sicher sein kannst, dass es gerade Gott ist, der hier sendet. Ein echter Ausnahmesender, der nur göttliche Messages im Programm hat. Frei von Störgeräuschen ... Hast du Lust, mal reinzuhören? Oder besser: reinzulesen? Denn hierbei handelt es sich um die Bibel.

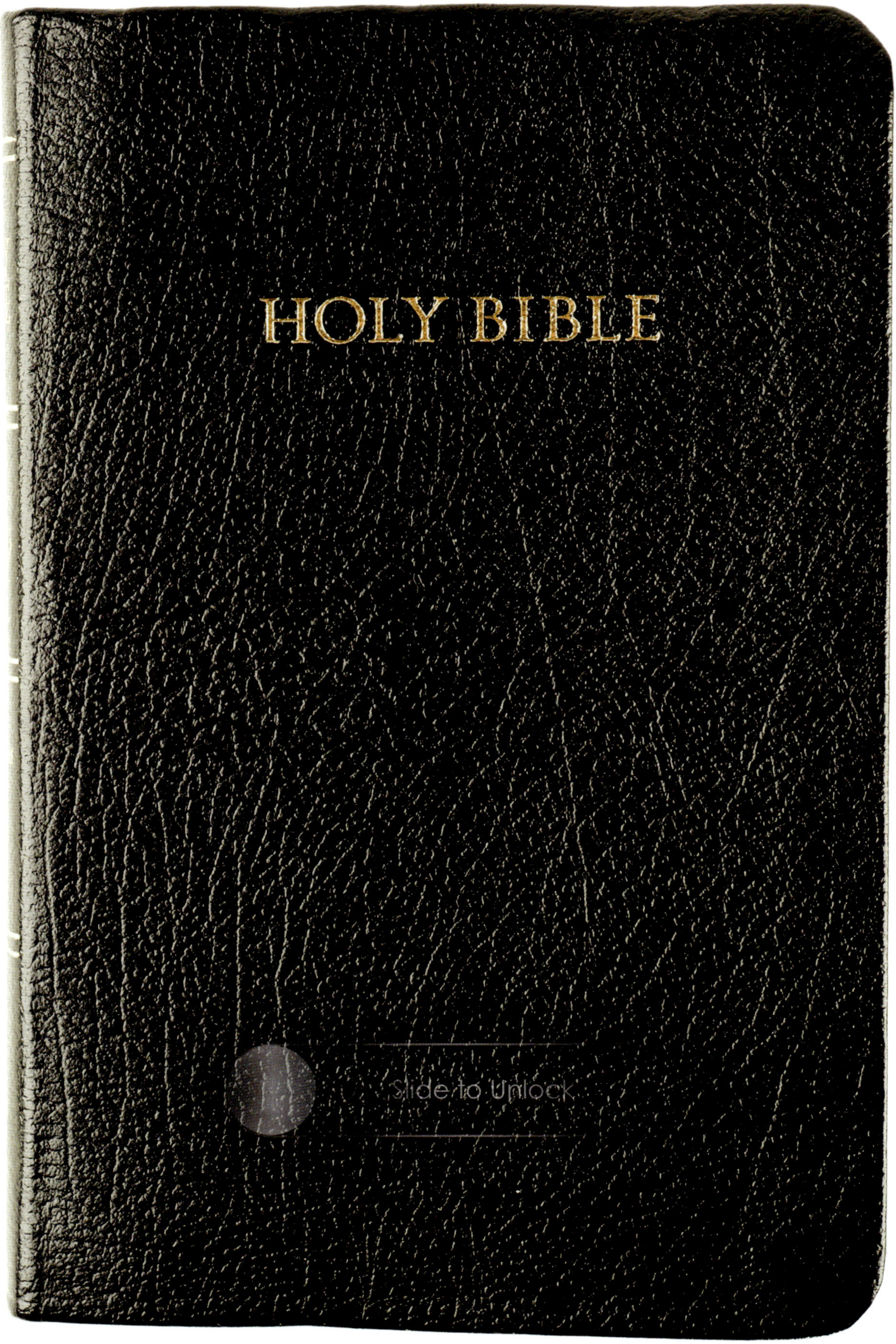
HOLY BIBLE
Slide to Unlock

DIE BIBEL – EIN MODERNES KOMMUNI-KATIONSTOOL

Soll das ein Witz sein? Die Bibel und modern? Die meisten Menschen denken bei der Bibel ja eher an einen verstaubten Schinken als an einen relevanten Beitrag zur aktuellen Lage der Nation.

Doch das „Buch der Bücher“ hat Brisanz! In meinen Augen hat Peter Hahne, der Nachrichtenmoderator und Autor, vollkommen recht, wenn er meint, dass die Bibel vom Lesebuch zum „Lebensbuch“ werden muss.

Denn genau diesen Anspruch erhebt die Bibel: Sie möchte in dein und mein heutiges Leben hineinsprechen. Es handelt sich hier schließlich um das Wort Gottes. Das mag vielleicht altmodisch klingen. Doch denk daran, dass Gott lebendig und definitiv ein Gott von heute ist. Warum also sollte sein geschriebenes Wort von vorgestern sein, relevant nur für die Leute „von damals“?

In keinem Zeitalter sind so viele Ratgeber geschrieben worden wie in unserem. Die Buchhandlungen sind voll davon. Jeder kennt Titel wie „1000 Tipps zum Glücklichsein“ oder „Raus aus der Krise mit Yoga, Mantra und Co.“, aber eigentlich würde uns Christen - ich würde sogar behaupten: uns Menschen - ein einziger Ratgeber reichen: die Bibel.

Nur ein einziges Buch? Nun ja, rein faktisch ist die Bibel mehr als nur *ein* Buch:

66 BÜCHER

39 Bücher im ersten Teil (Altes Testament)

27 Bücher im zweiten Teil (Neues Testament)

1189 KAPITEL

750000 WÖRTER

4500000 ZEICHEN

mehr als 40 Autoren
1500 Jahre Abfassungszeit
3 Ursprungssprachen
Gesamtübersetzung in 513 Sprachen (Stand 2013)

Du siehst, die Bibel ist schon vom Umfang ein ganz schöner Brocken. Viele haben deshalb Respekt davor, sie überhaupt erst aufzuschlagen. Manche plagt weniger die Überforderung, als eher Faulheit – der berühmte „innere Schweinehund". Wenn ich in einer Runde von Christen die Frage stelle: „Wer hält Bibellesen für wichtig?", dann melden sich meistens alle. Frage ich dann weiter: „Wer von euch hat in der letzten Zeit intensiv Bibel gelesen?", melden sich vielleicht noch fünf Prozent der Leute. Theoretische Überzeugung und praktische Umsetzung klaffen hier eklatant auseinander. Leider! Denn die Bibel ist *das* Kommunikationswerkzeug Gottes! Sie ist ein Garant dafür, dass man in Kooperation mit dem Heiligen Geist tiefe und wahre Erkenntnisse über Gott, sich selbst und das Leben gewinnt. Nur ist es eine Chance, die wir viel zu oft verpassen. Unsere manchmal in mehrfacher Ausführung vorhandenen Bibeln verstauben ungenutzt im Regal. Und ich habe dabei immer wieder die Erfahrung gemacht:

Staub auf der Bibel ist Staub auf der Seele.

Hinter dieser Problematik steckt einmal mehr das Thema Kommunikation. Wir *möchten* gerne verstehen, schaffen es aber irgendwie nicht, in den biblischen Texten zum Kern vorzudringen. Es ist genau wie in Beziehungen. Wo Kommunikation funktioniert, wo es Austausch zwischen den Partnern und gegenseitiges Verständnis gibt, da blühen beide und ihre Beziehung auf. Wo Kommunikation dagegen misslingt, dort ist die Beziehung zum Scheitern verurteilt, weil Frust entsteht.

Oft erzählen mir Leute, dass sie sich wünschen, zu Jesu Zeit gelebt zu haben, denn dann hätten sie alle ihre Fragen an ihn richten und direkt mit ihm sprechen können, anstatt nun über ein paar toten Buchstaben brüten zu müssen. Wie soll man denn bitte mit einem Text kommunizieren? Aber wie ist es, wenn man diesen Wunsch mal zu Ende denkt? Bei all den Menschen, die jemals gelebt haben und die Jesus etwas fragen möchten – wie viel Zeit hätte Jesus für jeden Einzelnen gehabt? Vielleicht den Bruchteil einer Sekunde? Wenn du Glück gehabt hättest, vielleicht eine halbe Stunde Privataudienz. Meistens war Jesus aber umringt von einer Menschentraube – nicht ideal für ein persönliches Gespräch. Und dann noch die Sprachbarriere, Jesus mit seiner Muttersprache Aramäisch! Da ist es meiner Meinung nach viel besser, einfacher und entspannter, die Möglichkeit zu haben, sich jederzeit Rat aus der Bibel zu holen.

STAUB
AUF DER BIBEL IST
STAUB AUF DER SEELE.

Dazu eine weitere spannende Meinung:
Man muss Bibel und Zeitung lesen. Man muss die Bibel lesen, damit man die Zeitung versteht. Die Zeitung verwirrt einen, wenn man sie nicht liest auf der Basis dessen, was die Bibel an Menschenbild und an Zukunftsperspektive hat. Wenn man das aus dem Blick verliert, dann wird man, wie der Apostel Paulus sagt, hin- und hergetrieben vom Winde der Meinungen.

Johannes Rau, geboren am 16. Januar 1931 in Wuppertal; gestorben am 27. Januar 2006 in Berlin, war ein deutscher Politiker und von 1999 bis 2004 der achte Bundespräsident der Bundesrepublik Deutschland.

Die Bibel wirkt „im Winde der Meinungen" wie ein Anker, der uns fest verbindet mit dem, was Gottes Ansichten über alle möglichen Themen sind, und uns das tun lässt, was seinen Absichten und Plänen entspricht. Die massive „Kette", die die Verbindung zwischen ihm und uns herstellt, ist dabei der Heilige Geist. Er ist es, mit dem wir kommunizieren, wenn wir die Bibel aufschlagen. Er hat die menschlichen Autoren dazu inspiriert, die Texte abzufassen. Und er ist es auch, der uns heute hilft, ihre Bedeutung zu entschlüsseln. Denn genau wie beim Sprechen ist es auch hier der Sender, der sie festlegt. Als Empfänger oder in dem Fall Leser sollte man sich nicht in irgendwelche gewagten Interpretationen versteigen. Dadurch entstehen vielleicht interessante, aber aus Gottes Perspektive meist abwegige Gedankenkonstrukte, die haarscharf an dem vorbeigehen, was der Text eigentlich meint.

Aber es gibt auch Irrtümer, die nicht durch das Bibellesen selbst entstehen, sondern die sich schon vorher gebildet haben und es verschleiern, wie dunkle Wolken einen Berggipfel. Vielleicht bist du ja auch schon mal dem einen oder anderen aufgesessen? Also lass sie uns beleuchten und kräftig wegpusten! Hier kommt mein **persönliches Ranking der häufigsten Bibelirrtümer**:

5.
„DIE BIBEL HAT NICHTS MIT MEINEM LEBEN ZU TUN!"

Ich habe es schon anklingen lassen – die Bibel birgt mehr Explosionsgehalt für unser heutiges Leben als ein verstaubter, in die Jahre gekommener Wälzer es jemals könnte. Trotzdem höre ich immer wieder Äußerungen wie: „Ich verstehe einfach nichts! Was soll ich mit dem ganzen alten Zeug anfangen? Das wurde doch vor Urzeiten geschrieben. Was soll das mit meiner aktuellen Situation zu tun haben?" Ich habe als Antwort darauf erst einmal eine Gegenfrage, die Jesus uns stellt:

Dann fragte Jesus sie: „Würde etwa jemand eine Lampe anzünden und sie dann unter ein Gefäß oder ein Bett stellen, um das Licht zu verbergen?"
Markus 4,21a (NLB)

Wie würde deine Antwort ausfallen? „Ist mir doch egal, ich habe sowieso elektrisches Licht an der Decke." Aber hier steckt mehr dahinter, es handelt sich um ein Gleichnis. Es bedeutet, dass Jesus sich wünscht, dass die Menschen, die ihm nachfolgen, andere Menschen lieben, sich ihrer annehmen und Gutes tun. Sie sollen – genau wie er – ungehindert in alle Richtungen ausstrahlen, Helligkeit und Wärme verbreiten. Er erklärt das mithilfe dieser Symbolik, die in der damaligen Zeit jeder sofort verstanden hat.

Natürlich haben wir heute elektrisches Licht. Und uns fehlt vielleicht der direkte Zugang zu diesem Bild. Doch es lohnt sich, es aufzuschlüsseln. Denn Liebe für andere ausstrahlen können wir noch genauso. An der Aufforderung von Jesus hat sich nichts geändert. Du brauchst auch keinen Acker zu bestellen, wenn du glaubst, dass du nur ernten kannst, wenn du etwas aussäst. Diese Rätselworte solltest du in deine Wirklichkeit übertragen. Die Bibel spricht oft in solchen Bildern. Dabei gilt der Grundsatz: Ein Bild sagt mehr als tausend Worte. Und wie wir bereits im Kapitel „Der Heilige Geist - Gottes Power in uns" festgestellt haben, gibt Gott häufig auf diese Weise einen Impuls und hilft dir bei der Auslegung.

Frag den Heiligen Geist. Er wird dir dabei helfen, einen modernen Zugang zu diesem Buch zu finden. Und dabei geht es meistens weniger mysteriös zu, als man vielleicht vermuten mag, wenn man sagt: „Ich lese mit dem Heiligen Geist die Bibel." Ganz oft bedeutet das einfach, dass man sich auf den Text einlässt, ihn mit seinem gesunden Menschenverstand durchleuchtet und sich fragt: „Was könnte das mit mir zu tun haben?"

Für den Gedanken, ein Licht nicht unter den Scheffel zu stellen, sondern es besser für alle sichtbar zu positionieren, braucht man kein Universitätsstudium oder spezielle Fachliteratur. Und meistens erklärt Jesus seine Gleichnisse sowieso selbst, wenn man ein paar Verse weiterliest. Genauso wirst du feststellen, dass du viele Aussagen der Bibel umso schneller verstehst, je mehr du liest – denn vieles steht im Zusammenhang und fügt sich zu einem großen faszinierenden Bild, das absolut Sinn ergibt.

Mein Fazit dazu lautet also:

Gottes Prinzipien sind ewig, schriftlich verfasst wurden sie früher, aktuell bleiben sie bis heute.

Es gibt auch Menschen, die das Aufschlagen der Bibel vermeiden, weil sie befürchten, darin wirklich Gottes Willen zu finden. Eine häufige Angst – gerade unter Christen – hört sich ungefähr so an: „Was mache ich nur mit den vielen Geboten? Die gefallen mir nicht, nach denen möchte ich nicht leben müssen. Außerdem kann sie in der Summe sowieso kein Mensch einhalten. Es sind viel zu viele! Also lese ich besser erst gar nicht im Detail nach, dann bin ich aus der Nummer raus."

Stell dir mal vor, eine Person mit dieser Einstellung klopft nach ihrem Tod an der Himmelspforte. Gott kommt stirnrunzelnd raus, und sie sagt rechtfertigend: „Ach, das stand in der Bibel? Das wusste ich nicht. Ich hatte leider nicht die Zeit, um alles zu lesen."

Okay, meine ironische Ader geht etwas mit mir durch, aber was ich sagen will: Gott meint es immer gut mit uns, darauf können wir vertrauen. Er will uns durch seine Gebote nicht nerven, einschränken oder verbiegen. Ihm geht es nicht darum, einen Katalog mit Verhaltensregeln aufzustellen, an dem wir sowieso nur scheitern können. Sondern er möchte uns ein Leben ermöglichen, in dem wir seine Freiheit genießen können, unser Potenzial ausschöpfen – und das gerade *ohne* Einschränkungen.

Wenn man übrigens genauer in den Urtext beispielsweise der 10 Gebote schaut, dann steht da, wo wir heute im Deutschen ein „Du sollst" haben, eigentlich ein „Du wirst" – was soviel bedeutet wie: „Wenn du dich für eine persönliche Beziehung zu mir entscheidest, dann wirst du aus Liebe zu mir, dir selbst und anderen heraus dein Leben so gestalten, wie ich es dir rate. Denn du weißt, dass du mir vertrauen kannst und ich nur das Beste für dich bereithalte."

4.
„ICH MUSS DIE BIBEL IN DER ‚STILLEN ZEIT' LESEN."

Dieser Mythos begegnet uns oft in folgender Form: „Als guter Christ muss man sich jeden Tag in sein stilles Kämmerlein zurückziehen und sich dem Bibelstudium widmen!" Gleich mehrere Irrtümer sind hier enthalten: Erst einmal musst du überhaupt nichts – du kannst! Und still braucht es dabei auch nicht sein. Die Zeit, die man mit Gott verbringt, kann man sehr abwechslungsreich gestalten – Bibelstudium ist dabei *eine* Möglichkeit von vielen.

Dieses ständige schlechte Gewissen, dass man als Christ dies oder das tun sollte, darfst du ablegen und hinter dir lassen. Meine Frau würde es sicher schräg finden, wenn ich nur aus schlechtem Gewissen den Abend mit ihr verbringen möchte – und nicht, weil ich sie liebe und gern mit ihr zusammen bin. In diesem Punkt ist Gott meiner Frau ziemlich ähnlich, denke ich.

Dann dieser Gestaltungszwang: stilles Studieren! Als Jesus noch gelebt hat und in den Jahren danach, hat das kein Mensch gemacht. Dass man für sich, still und allein, liest – das ist erst seit ungefähr 1500 Jahren „normal". In der Antike wurden Geschichten entweder mündlich weitererzählt oder Texte, wenn es welche gab, laut vorgelesen. Die ersten Christen haben das ähnlich gemacht. Man hat gemeinsam gelesen und sich darüber ausgetauscht. Der Inhalt wurde also ständig diskutiert und lebendig gehalten. Vermutlich war das nicht besonders leise! Warum also heute? Such dir Leute, mit denen du gemeinsam in der Bibel schmökerst und überlegst, was es mit dir und euch zu tun hat, zum Beispiel in einer Kleingruppe. Je unterschiedlicher ihr dabei denkt, desto besser – traut euch, darüber zu streiten! So gewinnt man die wertvollsten Erkenntnisse. Vor allem bewahrt uns das auch davor, dass nur eine einzelne Person die Bibel auslegt und sich dabei in eigene Theorien verstrickt. Indem man sich austauscht, nimmt die Gefahr ab, dass bestimmte Stellen auf schräge Weise interpretiert werden.

Statt „Stille Zeit" abzuhalten, spreche ich lieber von „Zeit mit Gott verbringen". Zeit alleine mit Gott und der Bibel genieße ich nämlich genauso, wie in der Gruppe zu diskutieren. Hierzu gibt es viele gute Ideen, die auch Spaß machen. [1]

[1] Viele Tipps und Ideen findest du im MOVE Arbeitsheft II, zu finden auf: www.icf-muenchen.de

3.
„DAS KANN MAN DOCH NICHT WÖRTLICH NEHMEN!“

Neulich kam ein junger Mann zu mir und fragte mich: „Tobias, nehmt ihr im ICF die Bibel eigentlich wörtlich?“ Ich antwortete ihm: „Wenn ich das machen würde, dann müsste ich mir Jesus sehr komisch vorstellen, nämlich wie eine Tür. Dann wäre die Klinke vielleicht seine Nase, das Schlüsselloch der Mund und die Augen die Schrauben, oder so ungefähr.“ Der junge Mann war sichtlich verwirrt. Also erklärte ich weiter: „Jesus sagt ja genau das von sich selbst: ‚Ich bin die Tür‘ (Johannes 10,9). Ich denke allerdings, es müsste damals schwer gewesen sein, so als Tür durch die Lande zu pilgern. Aber gut, wenn es jemand gekonnt hätte, dann ja Jesus, der Übermensch, oder?“

Meine Auffassung dazu lautet also:
Man sollte die Bibel nicht wörtlich nehmen, aber ernst.

Was meine ich damit? Ich glaube, dass die Bibel keinen Klamauk enthält oder Gott sich einen Scherz erlaubt, um uns maximal zu verwirren. Sondern er ringt darum, uns Dinge begreiflich zu machen, die jenseits dessen liegen, was wir verstehen können. Deswegen verwendet er Bilder und Beispiele. Und es ist unser Job, diese ernsthaft zu erforschen.

Es ist – positiv gemeint – ein bisschen wie bei einer Schnitzeljagd: Man entdeckt einen Hinweis, der zum nächsten führt, bleibt auf der Fährte oder verliert auch mal die Spur. Dabei hat man gute Erkenntnisse über den richtigen Weg, aber vor allem auch eine Menge Spaß. Und je weiter man kommt, desto mehr gewinnt man an Erfahrung und entwickelt ein Gespür für den Fährtenleger. Man lernt ihn einzuschätzen und ahnt vielleicht schon, wohin die nächste Wegetappe führen könnte, obwohl man sie noch gar nicht sehen kann.

Lass mich ein Beispiel geben: Im letzten Buch der Bibel, der Offenbarung, gibt es ein Bild, in welchem die zukünftige Stadt im Himmel aus reinem Gold dargestellt ist (Offenbarung 21,16-21). Bei dieser prophetischen Bildersprache geht es meiner Meinung nach nicht darum, dass wir irgendwann einmal in goldenen Wohnzimmern von goldenen Sofas aus fernsehen werden (wäre ja auch eher unbequem), sondern darum, dass Gold auf unserer Erde besonders wertvoll ist und es deswegen besonders begehrt, aber nur schwer oder für teures Geld zu bekommen ist; in der Ewigkeit dagegen wird dieses Material anscheinend geradezu im Überfluss vorhanden sein. Das drückt aus, wie unbegrenzt und großzügig Gott ist und wie besonders es sein wird, in seiner himmlischen Stadt leben zu dürfen.

Das ist jetzt nicht *die* Interpretation dieser Bibelstelle im Sinne von „einzig richtig und wahr", sondern eine mögliche Auslegung die zu all dem passt, was ich bereits bei meiner Schnitzeljagd über Gott und die Ewigkeit herausgefunden habe. Vielleicht kommst du zu ähnlichen Schlüssen, vielleicht verstricken wir uns aber auch in eine kontroverse Diskussion? Ich denke, genau das ist das Ziel, wenn man die Bibel ernst nehmen möchte: dass man gemeinsam darum ringt, in Kooperation mit dem Heiligen Geist die einzelnen persönlichen Sichtweisen zusammenzubringen, um am Ende ein größeres Bild zu erhalten.

Dabei ist der Gedanke weit verbreitet, dass man bestimmte Disziplinen wie Theologie und Naturwissenschaften nicht miteinander vereinen kann – weil sie so extrem unterschiedliche Thesen aufstellen. Doch ist genau das Gegenteil der Fall: Nur wenn wir all das Spezialwissen miteinander kombinieren, kommen wir zu wirklich schlüssigen Ergebnissen. Oft werden in diesem Zusammenhang Schöpfungsbericht und Evolutionstheorie gegenübergestellt. Ohne darauf jetzt im Detail eingehen zu können, denke ich, dass es sich in den ersten Kapiteln der Bibel, ähnlich wie bei der Offenbarung, um eine Prophetie handelt, nur nicht die Zukunft, sondern die Vergangenheit betreffend – sozusagen eine „rückwärtsgerichtete Prophetie". Warum? Keiner von uns oder denen, die den Bericht verfasst haben, war selbst dabei. Es handelt sich nicht um einen Augenzeugenbericht, also sollte man ihn auch nicht so behandeln. Ich glaube, dass der Streit um diese Texte weder uns persönlich noch das Christentum an sich weiterbringen wird: Ist die Bibelstelle wörtlich zu nehmen oder eher nicht? Hat Gott wirklich in genau sieben Tagen die Erde erschaffen? Oder ist ein Tag für ihn wie tausend Jahre und das alles passierte also in 7000 Jahren? Und so weiter.

Theologisch betrachtet denke ich, der Schöpfungsbericht möchte uns zeigen, dass Gott unser Erfinder ist und dass er einen gewaltigen Plan hat. Er ist der Urheber der Welt und der sinnstiftende Grund, warum alles existiert. Und er beweist dabei, dass er ein unlimitierter Schöpfergott ist mit Kreativität, aber durchaus auch Humor: Er hat uns als Mann und Frau geschaffen – zwar gleichwertig, aber nicht gleichartig.

Ich persönlich bin jedoch nicht der Auffassung, dass eine Schlange vorbeikam und tatsächlich einen kleinen Plausch mit Adam und Eva abgehalten hat. Wenn die beiden nicht spätestens da gemerkt hätten, dass irgendwas nicht stimmt und es ein klein wenig merkwürdig ist, mit einer Schlange zu sprechen, wäre ihnen auch nicht mehr zu helfen gewesen, findest du nicht?

Viel eher geht es hier um geistliche Prinzipien, die hinter den Dingen stecken. Das Bild einer Schlange sagt mir zum Beispiel etwas über innerliche Kämpfe, die auch ich immer wieder kämpfen muss. Die „Schlange" kenne ich von ihren Aussagen her gut – ohne dass sie in Form eines leibhaftigen Tierkörpers mit mir redet, dafür aber in meine Gedanken hineinspricht: „Tobias", zischt sie. „Meinst du wirklich, Gott meint es gut mit dir? Kannst du ihm wirklich vertrauen? Er will dich mit seinen Geboten doch nur kleinhalten und verhindern, dass du das Leben genießt. Komm schon, Tobias, das ist doch jetzt eine Sünde wert!", und so weiter. Diese Gedanken verleiten mich dazu, genau das Gegenteil von dem zu tun, was gut und göttlich und eigentlich richtig wäre. Genau wie Adam und Eva, denen das Obst im Nachhinein auch nicht besonders gut bekommen ist. Nachlesen kannst du die ganze Geschichte im 1. Buch Mose, Kapitel 1 bis 3.

Andere biblische Texte sind wiederum Erzählungen im Stil von Augenzeugenberichten: Jemand beschreibt beispielsweise, wie Jesus einen Blinden geheilt hat (z.B. in Johannes 9). Das glaube ich 1:1 und nehme es – wenn du so willst – „wörtlich". Für mich ist es zwar ein total abgefahrenes Wunder, das weder ich noch der Blinde selbst erklären können, aber ich gehe davon aus, dass Jesus als Sohn Gottes dazu auf jeden Fall in der Lage ist (immerhin ist er auch von den Toten auferstanden, da dürfte ein kaputter Sehnerv nun nicht das Problem sein).

Das allein ist aber noch nicht unbedingt weltbewegend. Einen Unterschied macht mein Glaube erst, wenn ich eine solche Begebenheit auch auf mich übertrage. Das Ergebnis wäre dann, dass Jesus mich genauso von meiner Blindheit heilen und mich von meinen Scheuklappen befreien kann, mit denen ich manchmal wie blind durch mein Leben stapfe. Und wenn ich ernst nehme, dass er mich zu den gleichen oder sogar noch größeren Dingen befähigt, wie er sie getan hat (Johannes 14,12), und sogar zu noch viel mehr, dass nämlich durch mein Gebet und meinen Einsatz Blinde – körperlich und im übertragenen Sinn – wieder gesund und sehend werden.

Am Ende ist die Bibel eine gute Nachricht. Besonders solche Stellen, an denen ich mich am Anfang sehr gestoßen habe, haben mein Leben besonders bereichert –, aber eben weil ich im Dialog mit dem Heiligen Geist drangeblieben bin.

MAN SOLLTE DIE BIBEL NICHT WÖRTLICH NEHMEN, ABER ERNST.

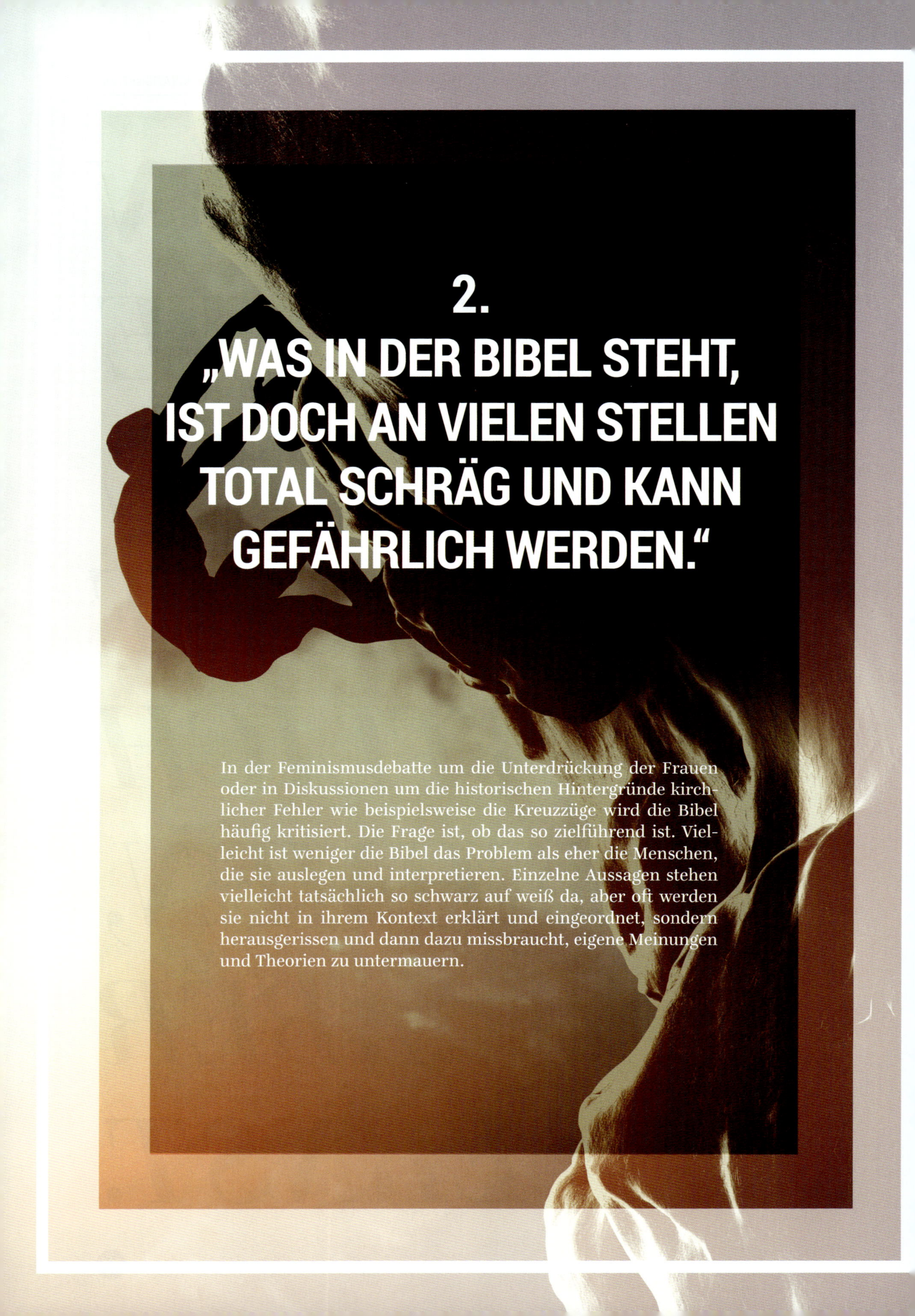

2. „WAS IN DER BIBEL STEHT, IST DOCH AN VIELEN STELLEN TOTAL SCHRÄG UND KANN GEFÄHRLICH WERDEN.“

In der Feminismusdebatte um die Unterdrückung der Frauen oder in Diskussionen um die historischen Hintergründe kirchlicher Fehler wie beispielsweise die Kreuzzüge wird die Bibel häufig kritisiert. Die Frage ist, ob das so zielführend ist. Vielleicht ist weniger die Bibel das Problem als eher die Menschen, die sie auslegen und interpretieren. Einzelne Aussagen stehen vielleicht tatsächlich so schwarz auf weiß da, aber oft werden sie nicht in ihrem Kontext erklärt und eingeordnet, sondern herausgerissen und dann dazu missbraucht, eigene Meinungen und Theorien zu untermauern.

Zum Beispiel hat man mit der Äußerung „Jesus ist am Kreuz gestorben und nun tot, das steht so in der Bibel", durchaus recht. Und man könnte theoretisch eine ganze Weltanschauung daraus stricken, die vermutlich ziemlich hoffnungslos wäre. Vielleicht würde diese religiöse Richtung den ein oder anderen Anhänger finden und man würde es am Ende noch als Religionsstifter oder Guru zu einigem Ruhm bringen. Aber ganz ehrlich: Im Grunde wäre es ein ziemlich trauriger Blödsinn. Hätte man lieber mal ein bisschen weitergelesen, dann wäre man auch noch auf das Happy End gestoßen!

Das ist jetzt vielleicht ein wenig salopp dargestellt und so krass würde es wahrscheinlich niemand absichtlich verdrehen – aber in den Details der biblischen Aussagen werden wir manchmal auf genau die gleiche Weise ungenau und landen unterm Strich bei Theologien, die der Gesamtaussage der Bibel und Gottes Wesen krass widersprechen. Und diese Theologien können durchaus dramatische Gestalt annehmen und Menschen diskriminieren, verletzen oder sogar töten, anstatt ihnen Freiheit zu ermöglichen und den Weg zum wahren Leben aufzuzeigen.

Daher lautet mein Tipp:
Um die Bibel im Sinne des Autors verstehen, auslegen und anwenden zu können, brauchen wir die direkte Kooperation mit dem Heiligen Geist. Dazu später mehr. Denn ganz so einfach ist das ja auch nicht: Frag einfach den Heiligen Geist ...

Uns aber hat Gott durch seinen Geist sein Geheimnis enthüllt. Denn der Geist Gottes weiß alles, er kennt auch Gottes tiefste Gedanken. So wie jeder Mensch nur ganz allein weiß, was in ihm vorgeht, so weiß auch nur der Geist Gottes, was Gottes Gedanken sind. Wir haben nicht den Geist dieser Welt bekommen, sondern den Geist Gottes. Und deshalb können wir auch erkennen, was Gott für uns getan hat.

1. Korinther 2,10-12 (HFA)

Wenn man die Bibel liest, sollte man Gott fragen, was er damit ausdrücken will. Und genialerweise haben wir durch den Heiligen Geist auch jederzeit die Möglichkeit dazu. Es ist nicht so wie damals im Deutschunterricht, wenn es um Gedichtinterpretationen ging. Ich weiß es noch genau: Die Cracks haben teilweise Dinge in Gedichten gesehen, die für mich völlig abwegig waren. Mein Gedanke war häufig: Vielleicht hatte der Dichter einfach nur einen schlechten Tag, als er alles Grau in Grau beschrieb. Vielleicht war er überhaupt kein Hellseher, der 1756 schon Nazi-Deutschland vorhersagen konnte – wie das manche meiner Mitschüler behauptet haben. Ich hätte den Autor immer lieber gern selbst gefragt, was er aussagen wollte. Denn die meisten haben keine Anleitung zum Verständnis ihrer Kunstwerke mitgeliefert – schade eigentlich! Zum Glück ist das bei Gott anders!

Das Problem der Fehlinterpretationen kann noch eine ganz spezielle Form annehmen, die des Bibel-Kung-Fu:

1. BIBEL-KUNG-FU

Dieser Begriff mag dir vielleicht etwas fremd vorkommen, aber unter Christen ist Bibel-Kung-Fu leider sehr verbreitet (auch wenn es meistens nicht explizit so bezeichnet wird). Ich saß schon an dem einen oder anderen Tisch mit anderen Pastoren und immer wieder wird über Themen wie Taufe oder Abendmahl gestritten – darüber, „wie es richtig geht“. Dann wird ein biblischer Beleg nach dem anderen gezückt und noch mal einer oben drauf gelegt, nur um die eigene Handhabung zu rechtfertigen und den anderen zu überzeugen, dass er falsch liegt. Das Problem ist meist eng verknüpft mit unserer Nummer 2 – dass Verse nicht in ihrem Kontext betrachtet werden oder ein komplexes Thema nicht durchgängig biblisch untersucht wird, sondern man nur punktuell einen Aspekt rausgreift. Aber es geht noch darüber hinaus.

Und selbst wenn du kein Pastor bist – Bibel-Kung-Fu betreiben viele auch in ihrem privaten Umfeld. Und fuchteln mit Bibelstellen rum wie mit einem verletzenden Schwert.

Die Bibel sagt über sich selbst tatsächlich, dass sie die Power eines Schwertes hat:

Das Wort Gottes ist lebendig, es ist eine wirkende Macht. Es ist schärfer als das schärfste beidseitig geschliffene Schwert. So wie ein Schwert tief einschneidet, die Gelenke durchtrennt und das Mark der Knochen freilegt, so dringt das Wort Gottes ins Innerste von Seele und Geist. Es deckt die geheimen Wünsche und Gedanken des Menschenherzens auf und hält über sie Gericht. Hebräer 4,12 (GNB)

Allerdings – und das ist das wesentliche Detail: Den Kampf sollen wir nicht gegen *andere* führen, sondern die Bibel überführt *uns selbst*.

Und: **Die Bibel ist das Schwert, mit dem wir unsere *eigenen* Probleme bekämpfen können.**

Wenn du seelisch schwach oder depressiv bist, Süchten ausgeliefert oder gefangen in negativen Erlebnissen aus der Vergangenheit, dann hat die Bibel die Power, dich da rauszuholen. Sie kann die destruktiven Wirkkräfte in deinem Leben aushebeln und durch die Wahrheit ersetzen. Darin liegt ihre wahre Stärke.

Wenn du dich also als Teil von Gottes Kirche verstehst, habe ich eine Bitte: Benutz die Bibel nicht als Mittel, um gegen andere vorzugehen oder ihnen deinen Glauben aufzuzwingen. Kämpfe niemals theologisch!

Paulus hat das damals recht ähnlich gesehen:

Liebe Brüder und Schwestern, im Auftrag unseres Herrn Jesus Christus möchte ich euch aber bitten: Hört auf, euch zu streiten! Duldet keine Spaltungen in der Gemeinde, sondern steht fest zusammen, seid einig in allem, was ihr glaubt und entscheidet!
1. Korinther 1,10 (HFA)

An einer anderen Stelle wird er noch deutlicher:

Wenn jemand etwas anderes lehrt und sich nicht an die gesunden Worte unseres Herrn Jesus Christus und die allgemeine christliche Lehre hält, dann ist er aufgeblasen und versteht nichts. Er hat einen krankhaften Hang zu spitzfindigen Untersuchungen und Wortgefechten. Daraus entstehen Neid und Streit, Beleidigungen, böse Verdächtigungen und fortwährender Zank. Solche Menschen haben ihren gesunden Verstand verloren. (...) 1. Timotheus 6,3-5a (GNB)

Harte, aber wahre Worte. Wenn zwei Menschen unterschiedlicher Meinung über die Auslegung einer Bibelstelle sind, würde ich mir wünschen, dass sie sich zusammensetzen und gemeinsam mit dem Heiligen Geist herausfinden, was eigentlich Sache ist. Die Wahrheit liegt ziemlich oft irgendwo in der Mitte. Am Ende geht es nämlich gar nicht darum, wer von beiden recht hat, sondern darum, was Gott uns allen sagen will und dass wir seine Liebe in die Welt hinaustragen und gemeinsam einen Unterschied machen, anstatt uns gegenseitig mit Bibelstellen zu verurteilen.

BIBEL LESEN – ALLES EINSTELLUNGSSACHE!

Es ist menschlich und völlig in Ordnung, wenn man Bibelstellen unterschiedlich deutet. Die Frage ist, wie man damit umgeht. Drücke ich anderen meine Meinung auf? Oder stelle ich sie in aller Freiheit in den Raum und lasse mich auf Diskussionen ein, von denen am Ende alle profitieren können? Ich denke, kein Mensch ist in Bezug auf göttliche Wahrheiten so überzeugend wie Gott selbst. Er ist es, der uns anspricht, packt und uns auf einer tiefen Herzensebene Gewissheit vermittelt. Er kann uns mit seinem Heiligen Geist unterscheiden helfen, ob ein Gedanke menschlich ist oder ob etwas Göttliches daran ist.

Meine Erfahrung im Umgang mit anderen Menschen ist, dass Gott sich immer selbst darum kümmert, Leute von sich zu überzeugen. Ich bin dabei nur ein Zeuge, der wiedergibt, was er selbst erlebt und herausgefunden hat und hoffentlich die Demut besitzt zuzugeben, dass er auch falsch liegen kann. Das ist der entscheidende Unterschied: Wir können *be*zeugen, Gott kann *über*zeugen.

Denn wir erkennen stückweise, und wir weissagen stückweise.
1. Korinther 13,9 (ELB)

Aber woher kommen überhaupt all die unterschiedlichen Deutungen?

Ich würde sagen: einfach daher, dass wir Menschen sind. Wir haben Erfahrungen im Gepäck, bestimmte Einstellungen, eine Auffassung vom Leben und jede Menge Emotionen, und all diese Dinge beeinflussen uns darin, wie wir Gottes Wort interpretieren.

WIR KÖNNEN BEZEUGEN, GOTT KANN ÜBERZEU- GEN.

Ich gebe dir mal ein fiktives Beispiel, wie man einen Text unterschiedlich deuten kann: Stell dir vor, dass meine Jungs zum Essen da waren – Männerabend! Es ist spät geworden. Am nächsten Morgen stapeln sich in der Küche die Teller, doch weil die Arbeit an der Schule ruft, schaffe ich es einfach nicht mehr, sauber zu machen. Mittags steht allerdings bereits das nächste Meeting bei uns am Esstisch an, diesmal für die Kirche. Dafür wäre es gut, wenn nicht so ein Chaos herrschen würde. Aus Zeitnot schreibe ich also Frauke einen schnellen Zettel: „Kannst du bitte aufräumen? Dein Tobias."

Was passiert deiner Meinung nach, wenn meine Frau den Zettel sieht?

Variante a) Sie wird stinksauer. Bereits gestern hat sie schon für mich aufräumen müssen, weil ich keine Lust hatte. Darum hatten wir Zoff und bisher habe ich mich noch nicht entschuldigt. Sie liest also den Zettel, sieht vor allem das „aufräumen" und denkt sich: „Spinnt der?"

Variante b) Sie räumt auf, weil sie weiß: Tobi hat heute einen echt vollen Tag. Ganz anders als gestern hat er nicht keine Lust, sondern wirklich keine Zeit. Er hat es einfach nicht geschafft. Außerdem erinnert sie sich daran, dass ich mir gestern die Zeit genommen habe, sie mittags in unser Lieblingsbistro einzuladen. Dafür will sie nun gerne etwas für mich tun. Wenn ich sie jetzt auch noch so nett darum bitte, dann sowieso. Sie liest den Zettel und legt das Augenmerk auf das „bitte" – in Gedanken fügt sie noch ein „Danke" hinzu.

So ähnlich geht es den meisten von uns auch beim Bibellesen. Es kommt darauf an, welche Voraussetzungen wir mitbringen – wie unser Gepäck aussieht. Die Einstellung, die wir gegenüber Gott haben, bestimmt, wie das, was in der Bibel steht, bei uns ankommt. Es ist wie eine „Lesebrille", die wir ständig aufhaben. Solange du glaubst, dass Gott dich bestrafen möchte, weil er böse ist, wirst du jede Stelle dementsprechend negativ interpretieren. Aber auch andersrum: Wenn dein Gottesbild einen niedlichen Papi auf der rosa Wolke hergibt, überliest du vielleicht Passagen, in denen er mal Klartext redet. Eine an sich neutrale Äußerung wie „Bitte aufräumen" kann in deinen Ohren die unterschiedlichsten Klänge annehmen: befehlend, bittend, liebevoll, gereizt, überfordert, vielleicht auch genervt oder gelangweilt. Welche Eigenschaften hörst du heraus, wenn Gott dir in der Bibel begegnet? Mit welcher Einstellung du auch immer an die Sache herangehst – ich werde nicht müde, es zu wiederholen: Wende dich stets an den Heiligen Geist. Er kann dir helfen herauszufiltern, was die Stelle tatsächlich aussagen soll.

WER, WIE, WAS? BIBELLESEN – WIE GEHT DAS?

Hoffentlich haben wir inzwischen die wichtigsten Missverständnisse ausgeräumt. Die Frage ist: Was gilt stattdessen? Und eventuell hast du trotzdem noch keine Lust, das Buch der Bücher in die Hand zu nehmen und aufzuschlagen. Wo fängt man da überhaupt an? Oder wie kann man auch nach Jahren noch Neues, Spannendes entdecken?

Deshalb würde ich dir Gottes Buch gerne etwas näher vorstellen. Keine Angst, ich werde keine Bibelschule mit dir absolvieren. Ich möchte dir lediglich ein paar wichtige Fakten liefern und Tipps geben, wie du deinen ganz persönlichen Zugang bekommen kannst.

TIPPS FÜR BIBELLESE-ANFÄNGER

- Am besten kannst du mit den vier Evangelien starten, den Berichten über das Leben von Jesus. Lukas ist für den Einstieg ideal.
- Die Apostelgeschichte erzählt, wie die ersten Christen lebten und wie Gemeinden entstanden.
- Die Psalmen sind gedichtähnliche und zum Teil sehr emotionale Lieder und Gebete, die viel über den Umgang mit Herausforderungen und das Wesen Gottes rüberbringen.
- Das erste Buch Mose beschreibt, wie alles anfing und Gott den Weg mit den Stammvätern des Volkes Israel gegangen ist.

KONSTANTIN FRITZ

KRITISCH DISTANZIERT ODER MITTEN INS HERZ?

Als ich Christ wurde, konnte ich mit der Bibel nicht viel anfangen. Da ich mich damals für Philosophie interessierte, sagte mir jemand, dass ich den Römerbrief lesen solle, weil er den Glauben rational nachvollziehbar erklären würde. Also las ich ihn und fand ihn …

Interessant. Mehr aber auch nicht. Ich las ihn, wie man den Text eines bekannten Schriftstellers liest: mit einer gewissen Distanz, offen für die Gedankengänge und Ausführungen des Autors, aber auch kritisch. Einiges davon konnte ich nachvollziehen, andere Abschnitte fand ich unverständlich oder auch für mich nicht annehmbar.

Mit dieser Einstellung las ich in der Bibel auch andere Texte: zuerst das Johannes-Evangelium, das mich mit seiner Spiritualität faszinierte, dann die anderen Evangelien und Briefe im Neuen Testament. Ich tastete mich an das Alte Testament heran, las die Schöpfungsberichte und die Psalmen. Vieles sprach mich an, aber immer las ich die Worte aus der Distanz. Vielleicht wollte ich insgeheim die Lücke in diesem Denksystem finden. Die fand ich zwar nicht, weil ich die Bibel als in sich logisch erkannte, aber alles baute auf der Voraussetzung auf, dass Gott existiert, dass Jesus wirklich der Erlöser ist, und vor allem: dass die Bibel das Wort Gottes und die Wahrheit ist. Ich glaubte zwar an Gott und Jesus, aber so richtig konnte ich die Bibel nicht als Wahrheit akzeptieren – war sie doch von Menschen geschrieben und über Jahrhunderte hinweg immer wieder weitergegeben, kopiert und übersetzt worden, sodass Fehler wahrscheinlich, wenn nicht sogar unvermeidbar waren.

Dann kam eine schwere Zeit in meinem Leben. Mein Glaube wurde auf die Probe gestellt. Ich war verwirrt: Bedeutete Glaube Freiheit oder Einschränkung? Freude oder Leid? Selbstbestimmung oder Unterordnung? Abschottung von der Welt oder ein Leben in der Welt? Was war wirklich Gottes Wille für mein Leben? War Gott nah oder fern? Konnte ich selbst mit ihm in Verbindung treten oder brauchte ich andere Menschen dazu? Ich war wie gelähmt und suchte nach Antworten. Also hörte ich verschiedene Predigten zu dem Thema.

Ein Pastor sprach davon, dass man als Christ die Entscheidung treffen müsse, die Bibel als Gottes Wort und Wahrheit zu akzeptieren, da man sonst die Fülle des Glaubens nicht erleben könne. Diese Entscheidung sei nicht emotional, sondern rational, aus dem Glauben heraus. Ich wollte mehr wissen, auf einer anderen Ebene. Ich wollte Fülle erleben. Also traf ich diese Entscheidung.

In den folgenden Tagen las ich wieder Bibel. Diesmal jedoch war es anders als sonst: Der Vers in Jesaja 51,9a traf mich wie ein Blitz: „Wach auf, wach auf! Du Arm des Herrn, zeige deine Kraft!“ (NLB) Sollten diese Worte etwa für mein Leben gelten, hier und jetzt? Ich hatte das Gefühl, dass Gott direkt zu mir sprach, während ich las. Die Worte hatten eine Wirkung auf mich, sie schwangen in mir, ich dachte über sie nach, sie taten gut, sie bauten mich auf. Vorher hatte ich diese Nähe nie so erlebt.

Jetzt plötzlich war die Bibel ein persönlicher Brief von Gott an mich, freundlich, liebevoll und ermutigend. Jede positive Stelle konnte ich für mich annehmen und auf mein Leben anwenden:

„Gott hat uns nicht einen Geist der Furcht gegeben, sondern einen Geist der Kraft, der Liebe und der Besonnenheit“ (2. Timotheus 1,7 NLB), „Fürchte dich nicht“ (Psalm 91,5a), „Ich aber bin gekommen, um ihnen das Leben in ganzer Fülle zu schenken“ (Johannes 10,10b NLB), „Ich habe dich je und je geliebt, darum habe ich dich zu mir gezogen aus lauter Güte“ (Jeremia 31,3 LUT), „Meine Schafe hören meine Stimme, und ich kenne sie“ (Johannes 10,27 LUT), „Ich will dich nicht verlassen noch von dir weichen (Josua 1,5b LUT)“, „Am Anfang war das Wort. Das Wort war bei Gott, und das Wort war Gott ... Er, der das Wort ist, wurde Mensch.“ (Johannes 1, 1.14a NLB).

Um die 7000 solcher Verheißungen gibt es in der Bibel. In den folgenden Wochen und Monaten entdeckte ich sie nach und nach und lernte mehr und mehr, die Wahrheit von der Lüge zu unterscheiden. Ein Bibelleseplan hat mir geholfen, dieses dicke Buch geordnet in einem Jahr durchzulesen. [2]

Worte haben Macht – sie bauen auf oder sie zerstören. Ich habe mich dafür entschieden, mich von Gottes Wort aufbauen zu lassen, jeden Tag. □

[2] Bibellesepläne verfolgen das Ziel, dass man – meist innerhalb eines Jahres – die ganze Bibel oder wesentliche Abschnitte gelesen hat. Dementsprechend ist eine tägliche Lese-„Portion“ zusammengestellt. Im Internet findest du via Suchmaschine sehr leicht verschiedene Lesepläne und kannst den für dich passenden auswählen und loslegen.

strengstens verboten
Vorsicht
Lebensgefahr!
Steg
4

DEN DURCHBLICK KRIEGEN: DIE MIKRO- UND DIE MAKROEBENE

Die Bibel ist ein komplexes Buch, mit zahlreichen Themen und Textsorten: Da gibt es Dichtung, Gesetze und Gebote, Briefe, Prophetien und Visionen, Erfahrungsberichte, aber auch Biografien, Völkergeschichten und vieles mehr. Genau wie im Deutschunterricht hat jede Gattung so ihre Eigenheiten, die man kennen sollte, um dem Text gerecht werden zu können. Ein Brief ist definitiv ein anderes Genre als ein Gesetz!

Auch inhaltlich ist die Bibel extrem breit gefächert. Es gibt einzelne, detaillierte Aussagen zu allen möglichen Themen – und es kann sehr spannend sein, sie auf dieser Mikroebene genau unter die Lupe zu nehmen. Die Bibel ist der beste Lebensratgeber, den ich kenne.

Auf der anderen Seite machen die meisten Mikro-Schnipsel nur Sinn und entfalten ihre göttliche Aussagekraft, wenn wir sie auch im Zusammenhang der Makroebene betrachten – sie also in das große Ganze einordnen. Doch was ist der Kern, die Gesamtaussage der Bibel?

Gott wünscht sich eine Beziehung zu den Menschen und ist erlebbar als Vater, Sohn und Heiliger Geist.

Really go(o)d news!

Mikro
Makro

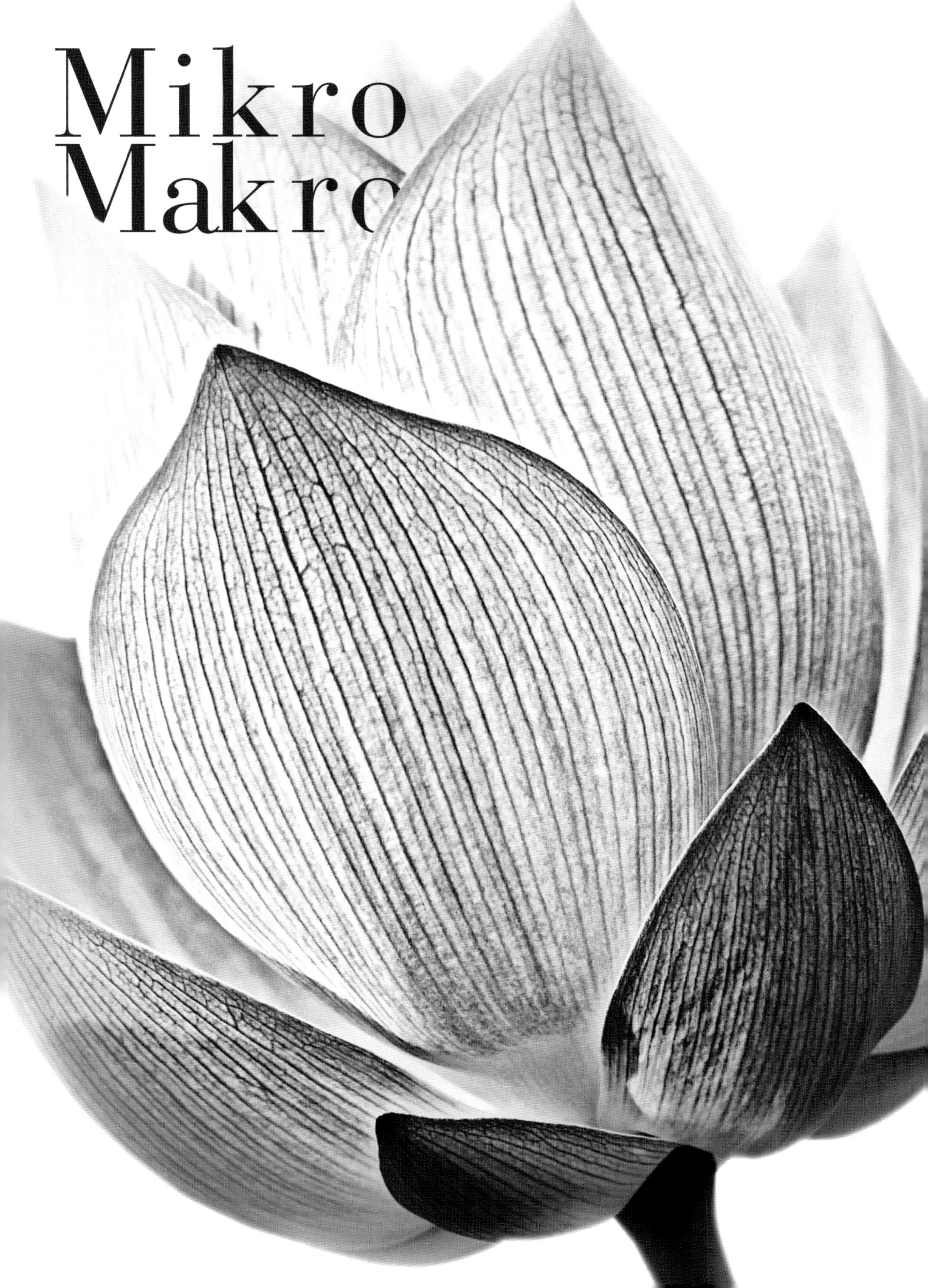

Schöpfung (1. Mose)
Wir sind als Ebenbild von Gott geschaffen, entfernen uns aber von seinen Ideen (Sündenfall).

Bund mit Abraham (1. Mose)
Gott geht stellvertretend mit Abraham einen Bund mit den Menschen ein, um sie zu retten.

Bund mit Mose/Geschichte des Volkes Israel (2. bis 5. Mose, Josua, Richter, Könige, Rut, 1. und 2. Samuel, 1. und 2. Chronik, Esra, Nehemia, Ester)
Gott ist durch Höhen und Tiefen treu an der Seite von Mose und dem Volk Israel. Sie bekommen seine Gebote als Hilfestellungen für ein Leben nach seinen Ideen. Trotzdem wenden sie sich immer wieder ab von ihm. Am Ende wird Israel zerstört (Babylonisches Exil).

Weisheitsliteratur (Hiob, Psalmen, Sprüche, Prediger, Hoheslied)
Diese Bücher gehören chronologisch zu verschiedenen Stationen der Geschichte des Volkes Israel und behandeln ganz verschiedene Themen (Hiob: Leid, Psalmen: Gebete an Gott; Sprüche und Prediger: Lebensweisheiten; Hohelied: Liebesbeziehung von Mann und Frau).

Propheten (Jesaja bis Maleachi)
Sie leben ebenfalls zu unterschiedlichen Zeiten im Volk Israel und geben jeweils Gottes Botschaften an die Menschen weiter – oft ermahnend und warnend. Aber die Israeliten lassen sich nicht dauerhaft auf eine Beziehung zu Gott ein.

tille
er Einschnitt zwischen Altem und euem Testament. 400 Jahre lang chweigt Gott, es gibt keine bibli-chen Texte über diesen Zeitraum.

Bund mit Jesus (Evangelien: Matthäus, Markus, Lukas, Johannes)
Jesus kommt als Gottes Sohn auf die Erde. Seine Message: Liebe Gott, dich selbst und deinen nächsten (Matthäus 22, 36-39). Er macht den Zugang zu Gott wieder frei – wir können Gott wie er als Vater erleben. Jeder Mensch, der Jesus anerkennt, kann diesen Bund erleben und eine persönliche Gottesbeziehung aufbauen.

Pfingsten und der Heilige Geist, Leben und Wirken der Apostel (Apostelgeschichte)
Mit der Power des Heiligen Geistes starten die Apostel ein Movement: Gemeinden weit über das ursprüngliche Israel hinaus entstehen.

Briefe von Paulus (Römer bis Philemon) und von anderen Autoren (Hebräer bis Judas)
Tipps für die ersten Gemeinden, wie man den Glauben praktisch leben kann – auch heute noch relevant!

Endzeit/Aussagen über die Zukunft (Offenbarung)
Ein prophetisches Buch mit Aussagen über die Zeit, wenn das, was Jesus begonnen hat, vollendet wird und wie er wiederkommen wird. Momentan befinden wir uns in der Spannung, dass Gottes Reich noch nicht vollkommen verwirklicht ist.

Jede Etappe steht für sich, und doch verbindet alle der rote Faden miteinander: Gott ist treu und wir können ihn erleben! Das findet sich immer wieder – und viele Stellen nehmen aufeinander Bezug, auch wenn teilweise hunderte Jahre dazwischen vergehen. Die Geschichte Gottes mit uns Menschen umfasst in der Bibel ungefähr einen Zeitraum von 3000 Jahren und wurde über 1500 Jahre hinweg aufgeschrieben. Die Autoren kannten einander also nicht. Und dennoch ist ein wahres literarisches Meisterwerk entstanden:

SURFEN IN DER BIBEL?!

Im Grunde funktioniert die Bibel wie das Internet – man surft auf einer Seite, klickt auf einen Link und landet auf einer anderen Seite. Nur dass man in der Bibel nicht bei irgendeiner nervigen Werbung endet, sondern bei spannenden Zusatzinfos. Ohne die kann man manchmal recht alt aussehen, weil man zum Beispiel nicht wirklich begreift, was Jesus einem händeringend versucht zu erklären, hier in seiner berühmtesten Rede, der Bergpredigt:

„Ihr wisst, dass zu den Vorfahren gesagt worden ist: ‚Du sollst keinen Mord begehen! Wer einen Mord begeht, soll vor Gericht gestellt werden.' Ich aber sage euch: Jeder, der auf seinen Bruder zornig ist, gehört vor Gericht. Wer zu seinem Bruder sagt: ‚Du Dummkopf', der gehört vor den Hohen Rat. Und wer zu ihm sagt: ‚Du Idiot', der gehört ins Feuer der Hölle."
Matthäus 5,21-22 NGÜ

Wow, krass, ist „Idiot" wirklich so schlimm? Wie kommt Jesus darauf? Die Links, die ich hier klicken kann, sind zwei Verweise auf andere Stellen in der Bibel (sie sind in den meisten Bibelausgaben am unteren Ende jeder Seite oder am Rand angegeben).

Der erste führt ins Alte Testament, zu 2. Mose 20,13. Hier steht zwar „nur" dasselbe, nämlich: „Du sollst nicht töten!", aber der Kontext ist interessant: Es ist eine Anweisung innerhalb der 10 Gebote. Es wurde also nicht nur *irgendetwas* zu *irgendwelchen* Vorfahren gesagt, sondern Jesus beruft sich hier auf Gottes höchstpersönliche Tipps zur Lebensgestaltung, die er damals seinem auserwählten Volk Israel gegeben hat. Mit dem zweiten Verweis landet man im 1. Johannesbrief, Kapitel 3. Da steht auch noch mal was in die Richtung, es werden allerdings Kain und Abel erwähnt. Wer war denn das jetzt wieder? Ach ja, der eine hat den anderen, seinen eigenen Bruder, erschlagen. Das könnte man wiederum an der entsprechenden Stelle genauer nachlesen usw.

Genau so funktioniert biblisches Surfen: Man stößt auf eine Aussage, die ein Thema anreißt. Vertiefen kann man es, indem man weitere Links klickt und sich in Summe ein Bild macht, das Sinn ergibt.

Jesus beruft sich hier auf göttliche Ideen, die eigentlich alle kennen müssten. Anscheinend werden sie aber nicht ganz so umgesetzt, daher erinnert er daran und führt den Gedanken noch zu Ende – kein „Idiot" mehr, das ist Töten mit Worten! Darauf greift dann später wiederum Johannes in seinem Brief zurück und kombiniert und veranschaulicht das noch mit der Episode von Kain und Abel. Die Aussage all dieser verschiedenen Autoren ist die gleiche: Gott will, dass wir leben. Er ist kein Fan von Zerstörung.

Es gibt Experten, die über 60000 biblische Linktipps gezählt haben.

Sprich: Es dürfte eine Weile lang spannend bleiben, die verschiedenen Fährten zu verfolgen, um Gott und seinen Gedanken auf die Schliche zu kommen. Mich fasziniert es zutiefst, wie ein – zugegebenermaßen recht dickes, aber doch „nur" ein – Buch eine ähnliche Komplexität haben kann wie das Internet. Dabei gibt es hier aber keine einzige fehlerhafte Seite, keine Bugs, keine Viren oder Spam. Es ist ein einzigartiges Meisterwerk, bei dem zahlreiche Autoren über 1500 Jahre lang das Wirken von Gott beschrieben haben. Das müssen echte Cracks gewesen sein, inspiriert vom Heiligen Geist, wie sonst kommt ein solches geniales Verweissystem zustande?

ÜBERSETZUNGEN – DER TON MACHT DIE MUSIK!

Hast du Lust bekommen, direkt einzusteigen in Gottes spannende Storys? Da du wahrscheinlich kein Hebräisch oder Griechisch verstehst, musst du beim Lesen allerdings auf eine der zahlreichen deutschen Übersetzungen zurückgreifen. Und dabei gibt es bei jedem Wort in der Originalsprache immer mehrere Möglichkeiten, es im Deutschen wiederzugeben. Das ist kein spezifisch biblisches Übersetzungsproblem – nimm zum Beispiel das englische Wort „face“: Es kann Gesicht heißen, aber auch Zifferblatt. Wofür entscheidet man sich dann? Was ist richtig? Das entscheidet der Kontext – eine Uhr hat wahrscheinlich eher ein Ziffernblatt als ein Gesicht. Genau diese Arbeit leisten die verschiedenen Bibelübersetzer, die darum ringen, den Punkt bestmöglich zu treffen. Es gibt hier zwei Ansätze:

Formorientiert: Das sind Übersetzungen, die versuchen, so nah wie möglich am hebräischen bzw. griechischen Originaltext zu bleiben – auf Kosten einer zeitgemäßen Ausdrucksweise. Daher kann es mitunter etwas ungewohnt oder holprig in unseren Ohren klingen.

Kommunikativ: Diese Übersetzungen versuchen, eine modernere, möglichst verständliche Sprache an den Tag zu legen – dabei gehen jedoch manchmal die ursprünglichen Nuancen verloren.

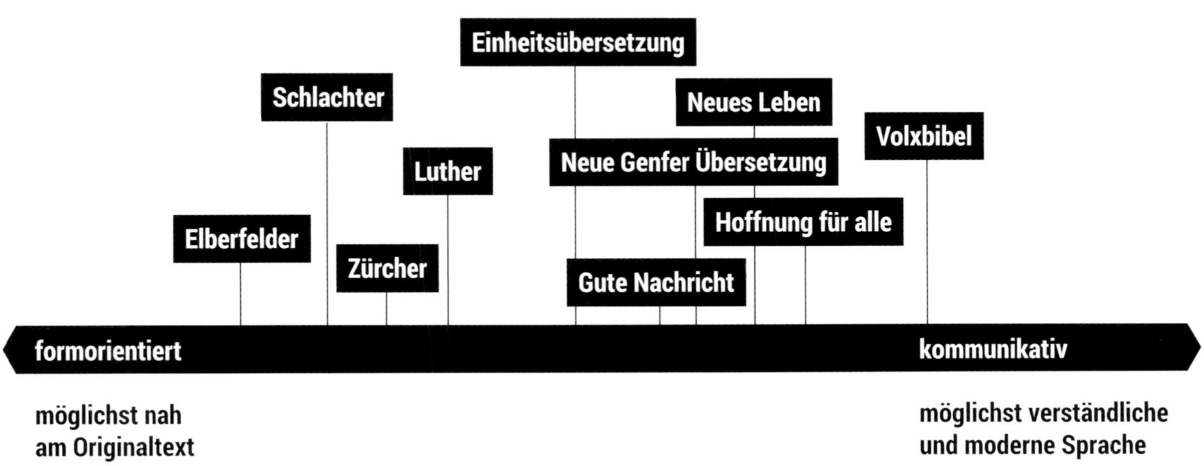

Am besten findest du für dich heraus, welche Übersetzung deinen Ton trifft, indem du mal verschiedene Versionen miteinander vergleichst. Keine Angst – du musst dir dafür kein Bücherregal mit Bibeln anschaffen! Du findest viele Versionen unter www.bibleserver.com oder als „YouVersion"-App unter www.bible.com. Die Volxbibel, das modernste, teilweise umstrittene Übersetzungsprojekt, findet sich online unter wiki.volxbibel.com.

„ICH VERSTEH NUR BAHNHOF?!" – TEXTAUSLEGUNG MIT DEM HEILIGEN-GEIST-FAKTOR

Es gibt viele Menschen, die sich wissenschaftlich mit der Bibel auseinandersetzen. Sie studieren die Texte, wenden Prinzipien der Textauslegung an und kommen meist zu fundierten Ergebnissen. Das ist gut und wichtig, doch man muss kein Universitätsstudium absolviert haben, um die Bibel zu lesen. Jeder von uns kann sie verstehen und die Aussagen auf sein Leben anwenden. Es gibt Stellen, die vielleicht einfacher für das eigene Leben zu interpretieren sind, wie zum Beispiel:

Liebe deinen Nächsten wie dich selbst.
Matthäus 19,19b (NLB)

Da hat jeder zumindest schon mal eine Idee, was Gott damit meinen könnte, aber es gibt eben auch Stellen, von denen man erst mal denkt: „Was um alles in der Welt soll mir das sagen? Was hat das bitte schön mit meinem Leben zu tun?"

Manchmal mehr, als man denkt. Letztens stand ein Kuchen bei uns in der Küche des Kirchenbüros. Ich dachte mir, dass da wohl jemand Geburtstag hat, und suchte die Person. Aber niemand hatte Geburtstag. Der Kollegin, die den Kuchen hingestellt hatte, kam die Idee zum Backen beim Bibellesen.

Nein, du musst jetzt nicht die Bibel nach Backrezepten durchsuchen. Ich kann dir sagen, da wirst du nicht viel finden. Als ich von ihr wissen wollte, welchen Vers sie gelesen hat und warum der sie auf die Idee gebracht hat, Kuchen zu backen, schlug sie ihre Bibel auf und zeigte mir folgende Zeilen:

Wenn jemand mir, dem Herrn, ein Speiseopfer darbringen will, dann soll er feines Weizenmehl nehmen, Olivenöl darüber gießen und auch etwas Weihrauch bereit halten. Er bringt es den Priestern, den Nachkommen Aarons. Einer von ihnen nimmt eine Hand voll vom Mehl und vom Öl sowie den ganzen Weihrauch. Dieser Teil gehört mir, und der Priester verbrennt ihn auf dem Altar. Ein solches Opfer gefällt mir, dem Herrn, gut. Das restliche Mehl und Öl steht den Priestern zu. Auch ihr Anteil ist besonders heilig, denn er gehört zum Opfer, das mir dargebracht wurde. 3. Mose 2,1-3 (HFA)

„Ah, ja ...", dachte ich mir, „also außer Mehl und Öl sehe ich da jetzt nichts, das zum Kuchenbacken inspiriert." Wie war sie also auf die Idee gekommen?

Es gibt einige Schritte und Herangehensweisen, wie man solche Verse interpretieren kann und dabei herausfindet, wie die alten Texte auch heute noch wichtige Imulse für den Alltag geben können.

BIBELLESEN MIT DEM HEILIGEN GEIST

Wie genau funktioniert das? Klingt ja schon ein wenig mysteriös ... Heißt es, zu sinnieren, meditieren, für Eingebung oder Erleuchtung zu beten? Muss ich maximal viel Bibel-know-How anhäufen, ein Theologiestudium absolviert haben? Kann sicher alles nicht schaden, aber konkret bedeutet Bibellesen mit dem Heiligen Geist, dass wir unseren gesunden Menschenverstand einsetzen und uns durch die folgenden Schritte auf ein Gespräch mit Gott einlassen. Der Heilige Geist ist dabei der Faktor, der uns in all dem begleitet, unterstützt und zu guten Erkenntnissen kommen lässt.

1. Den Text einordnen
So geht's: In diesem ersten Schritt geht es darum, die Mikro- in die Makroebene einzuordnen: Wo stehen wir hier gerade in Gottes großer Geschichte mit uns Menschen?

Gute Fragen: Was ist aus dem größeren Zusammenhang wichtig für diese Passage? Welche Textsorte habe ich vor mir und warum wurde diese gewählt?

Wie es hier funktioniert: Das 3. Buch Mose ist relativ am Anfang der Bibel. Es handelt sich hier um einen Gesetzestext. Gott gab dem Volk Israel dadurch Tipps für ein Leben nach seinen Vorstellungen. Stellt sich die Frage, ob die Regelung, die hier getroffen wird, nur in der damaligen Gesellschaft und Kultur Sinn ergeben hat oder ob sie noch eine Bedeutung für heute hat ... Heutzutage verbrennen wir ja keine Speisen, um Gott zu gefallen. Und doch sollte man weiter graben, denn es gibt immer mehr hinter einem Bibelvers zu entdecken, etwas, das auch heute noch Relevanz hat. Deshalb weiter zum nächsten Schritt:

2. Den Inhalt erforschen
So geht's: Jetzt geht's voll rein in die Mikroebene! Zum einen kann man jedes Detail hinterfragen: Warum? Wieso? Weshalb? Und was erfährt man über Hintergründe – wie tickten die Menschen damals? Was ist anders als heute, was ist gleich geblieben? Dazu ist es extrem hilfreich, den Kontext zu betrachten, also die Bibelverse drumherum zu lesen. Zum anderen kann man an der Stelle auch sehr gut die eigenen Gedanken kreisen lassen, das Gelesene wirken lassen, darüber meditieren und dabei im Dialog mit dem Heiligen Geist bleiben: Welches Detail fällt mir besonders auf? Warum? Was hat es auszusagen?

Gute Fragen: Um welche Situation handelt es sich? Was sind die Fakten – Zeit, Ort, betroffene Personen? Was erscheint mir besonders interessant oder wichtig? Warum?

Wie es hier funktioniert: Ich frage mich beim Lesen, warum gerade Mehl und Öl zu den Priestern gebracht werden sollen (man könnte aber auch tausend andere Dinge betrachten – doch dieser Aspekt war scheinbar der, an dem meine Kollegin hängen geblieben ist). Wenn ich weiterlese, finde ich in Vers 4 die Info, was man damals aus Mehl und Öl gemacht hat: Brot gebacken! Gut, heutzutage ist es nicht die große Herausforderung, kein „Opfer", ein Brot zu kaufen und jemandem vorbeizubringen. Noch mal weiter in den Überlegungen: Wie war das wohl damals? Die Menschen zur Zeit von Mose hatten sicher noch keine Bäckerei ums Eck und auch beim Selberbacken gab's keine Fertigmischung oder literweise Öl aus dem Supermarkt, sondern es war alles harte Handarbeit. Vielleicht geht es also eher darum: dass Gott etwas von den Menschen damals und von uns heute möchte, das uns etwas kostet.

Daher vielleicht auch das Wort „Opfer". Was könnte ein modernes Opfer im göttlichen Sinn sein? Zeit? Energie? Kraft? Dass wir anderen etwas geben, ihnen eine Freude bereiten, uns in sie investieren?

STUDIENBIBELN

Kein „Muss", aber wer beim Erforschen zusätzlich hilfreiche Informationen heranziehen möchte, für den sind Studienbibeln ein gutes Werkzeug. Auch hier gibt es die beiden verschiedenen Ansätze, daher greife ich entsprechend zwei als Tipp heraus:

Elberfelder Studienbibel
Sie ist formorientiert und hilft dir, in die Ursprachen vorzudringen, selbst wenn du null Griechisch- und Hebräischkenntnisse hast. Sie enthält nämlich einen Sprachschlüssel, das heißt, die Originalwörter werden mit allen möglichen Bedeutungen übersetzt und erklärt. So kann man den Inhalt auf eine tiefergehende Art kennenlernen.

Begegnung fürs Leben – Studienbibel für jeden Tag (Neues Leben)
Hier handelt es sich um eine kommunikative Studienbibel: Sie möchte den Leser in eine persönliche Auseinandersetzung mit dem Text bringen. Es werden also viele wichtige Hintergrundinformationen übersichtlich aufgelistet und Erklärungen zu einzelnen Passagen geboten und Reflexionsfragen gestellt.

3. Andere Bibelübersetzungen heranziehen
So geht's: Die eigene Lieblingsübersetzung zu finden, ist das eine. Über den Tellerrand zu schauen, das andere. Denn jede Version bringt durch ihre Ausrichtung eine bestimmte Farbe zum Ausdruck – das ganze prächtige Muster erkennt man aber – wie in einem Kaleidoskop – erst in der Zusammenschau und wenn man es dreht und wendet.

Gute Fragen: Welchen Ansatz verfolgt meine gewohnte Übersetzung – kommunikativ oder formorientiert? Was wäre dementsprechend ein guter Kontrast?

Wie es hier funktioniert: HFA – also die „Hoffnung für alle" ist eher kommunikativ, deshalb ab in die andere Richtung, ich schaue mal bei Luther:

Und der Priester soll eine Hand voll nehmen von dem Mehl und Öl samt dem ganzen Weihrauch und es als Gedenkopfer in Rauch aufgehen lassen auf dem Altar – als ein Feueropfer zum lieblichen Geruch für den HERRN. 3. Mose 2,2 (LUT)

Interessante Nuance – „lieblicher Geruch". Es geht also nicht darum, dass Gott ein Fan von Pyrotechnik ist. Wir sollen die Opfergaben auch nicht aus lauter Verschwendungssucht verbrennen, sondern es handelt sich um einen Ausdruck davon, Gott eine Freude zu bereiten. Und selbst den Moment zu genießen – wir riechen den angenehmen Duft ja ebenfalls.

Alternativ zur Lutherbibel lese ich noch in der sehr umgangssprachlich übersetzten Volxbibel nach. Dort steht:

Einer von den Priestern bringt dann eine Hand voll von dem Kram zu dem großen Tisch, dem Altar. Auf dem Tisch wird das dann verbrannt und auch wenn das nur ein Teil von dem Ganzen war, bedeutet es, dass alles ein Geschenk für Gott ist. So soll ein Essensopfer durchgezogen werden, auf das Gott steht und das ihm echt gefällt. 3. Mose 2,2 (Volxbibel)

Auch interessant – hier steht neben „Opfer" auch „Geschenk". Gott ist ein großer Fan von Geschenken, Großzügigkeit ist der Lifestyle, den er liebt. Um meine Beziehung zu ihm zu pflegen, kann ich also überlegen, wo ich in meinem Leben großzügig meine Zeit, Kraft, Ressourcen oder Finanzen mit anderen teilen, also „opfern" kann.

Interessanterweise – und damit sind wir wieder bei Luthers lieblichem Geruch – werden wir selbst dabei oft am meisten beschenkt.

Und damit sind wir beim 4. Punkt, der entscheidend dafür ist, ob du auch nach Jahren noch begeistert Bibel liest oder im Frust endest. Denn die Bibel ist wirklich nur ein totes Buch und setzt Staub an, wenn du nicht praktisch wirst.

4. Praktisch werden
So geht's: Kurz gefasst: die Erkenntnisse in die Tat umsetzen!

Gute Fragen: Gott, was möchtest du heute von mir? Wo kann ich etwas in meinem Leben umsetzen, verändern, bewegen, voranbringen? Heiliger Geist, welche Ideen hast du für mich?

Wie es hier funktioniert: Meist kostet es im ersten Moment Überwindung – es geht raus aus der gemütlichen Leseecke und rein ins richtige Leben! Meine Kollegin ist ganz konkret praktisch geworden, hat einen Kuchen gebacken, ihre Zeit investiert und ihn ins Büro gestellt. Sie hat ihre Zeit „geopfert", um anderen ein Geschenk zu machen. Das ist ihre Art, wie sie den Vers praktisch in ihr Leben geholt hat. Ich selbst bin kein Kuchenbäcker, also was kann ich machen? Wie wende ich den Vers in meinem Leben an? Was opfere ich? Die Antwort habe ich im Gespräch mit anderen bekommen:

5. Mit anderen diskutieren.
So geht's: In Gemeinschaft mit anderen wird Bibellesen erst richtig lebendig, zum Beispiel in einer Kleingruppe, aber auch einfach beim Kneipenabend. Wie gesagt, bei den ersten Christen war das ohnehin die Methode Nummer 1.

Gute Fragen: Wie siehst du das? Was hast du (nicht) verstanden? Welche Erfahrungen hast du bei dem Thema gemacht? Kennst du weitere Bibelstellen dazu?

Wie es hier funktioniert: Während ich mit meiner Kollegin über den Vers sprach, hatte auch ich eine Idee, wie ich den Vers im Alltag anwenden kann. Die Anfrage meines Kumpels, ihm beim Umzug zu helfen, ordne ich jetzt ein wenig anders ein. Es kann zu meinem persönlichen Geschenk an ihn, aber auch an Gott werden. Und am Ende sitzen wir gemeinsam in seiner neuen Bude, trinken gemütlich ein Bierchen und unsere Freundschaft ist wieder ein Stück gewachsen. Klassische Win-Win-Situation.

BIBEL

WEITERE TIPPS

Faszinierend ist, dass man durch die gleichen Bibelstellen im-mer wieder neue Facetten für sich entdecken kann, wenn man sich auf die Kommunikation mit dem Heiligen Geist einlässt. Denn meine Lebenssituation wird eine andere sein, andere Fragen werden mir wichtig sein. So bleibt die Bibel selbst dann spannend, wenn ich sie bereits einmal komplett gelesen habe. Denn es geht nicht nur ums Lesen, sondern vor allem ums Leben.

So kann ich beim nächsten Lesen dieser Stelle vielleicht ganz woanders „hängen bleiben" und mich auf eine neue Entdeckungsreise aufmachen, die vielleicht einen ganz anderen konkreten Schritt für mich bedeutet.

Was mir dabei extrem hilft, ist, dass ich mir immer Notizen in meine Bibel mache. So habe ich beim erneuten Lesen direkt parat, was ich bereits erforscht und erkannt habe.

Falls du Lust auf diese Schritte hast, aber die Anfangshürde noch da ist, weil du keine Ahnung hast, wie du zu einer passenden Bibelstelle gelangst, ist meine Empfehlung: Keep it simple! Bevor du groß Lesepläne recherchierst oder versuchst strategisch eine Stelle zu ermitteln, kannst du auch einfach denjenigen fragen, der dich durch alle Phasen hindurch immer am besten berät: den Heiligen Geist. Du kannst beten: „Gott, ich wünsche mir, dass dein Wort in mein Leben spricht und ich es praktisch anwenden kann. Bitte hilf mir, Heiliger Geist, etwas Passendes zu finden." Ich mache es nach diesem Startgebet dann so, dass ich entweder kurz still bin, bis mir etwas in den Sinn kommt wie „Psalm 6" oder, wenn ich keinen Impuls habe, ich einfach mal nach Gefühl aufschlage und anfange zu lesen, bis ich irgendwo hängen bleibe, weil es mich anspricht, herausfordert, vielleicht sogar ärgert.

All diese Tipps sind nur Vorschläge – du kannst deinen ganz eigenen Stil entwickeln und herausfinden, was und wie es für dich passt. Meistens braucht es kein großartiges Equipment – einfach nur dich, deinen gesunden Menschenverstand, ein wenig reservierte Zeit und eben die Bibel. Das Einzige, was du beachten solltest, damit du nicht am Ende in Schräghausen oder Frustcity landest, sind diese beiden Dinge:

Wie kann ich lebendig Bibel lesen?

1. **Vertiefende Fragen stellen und den Text erforschen**
2. **Die Bedeutung für heute und mich persönlich aufschlüsseln und anwenden**

BIBELLESEN MAL ANDERS

Biografisches Lesen: sich für bestimmte Personen wie David, Paulus oder Rut entscheiden und deren Lebensweg lesen. Das hat ein wenig Roman-Feeling.

Thematisches Lesen: etwas, das einen beschäftigt, im Crossover-Style in der Bibel nachlesen. Zum Thema Finanzen gibt es beispielsweise über 2000 Stellen.

Bibelort-finden – zum Beispiel einen gemütlichen Sessel oder sonst einen Ort in deiner Wohnung, der fürs konzentrierte Bibellesen reserviert ist. Hier kann man alles Nötige platzieren: Bibeln, Studienbibeln, Stifte usw.

WAS IST DIE IDENTITÄT GOTTES?

WAS IST DIE IDENTITÄT ALLER MENSCHEN? WAS IST MEINE PERSÖNLICHE IDENTITÄT?

TO BE CONTINUED ...

Hast du immer noch leise Berührungsängste oder fühlst dich demotiviert? Dann habe ich noch einen Tipp für dich:

Gott sprach zu mir: „Du sterblicher Mensch, iss, was du vor dir siehst, ja, iss diese Buchrolle! Dann geh zum Volk Israel und rede zu ihnen!" Er gab mir die Rolle [die Bibel], und ich öffnete den Mund, um sie zu essen. Dabei sagte er: „Iss dieses Buch und füll deinen Bauch damit!" Ich aß es, und es schmeckte süß wie Honig. Hesekiel 3,1-3 (HFA)

Ich kann ähnlich wie Hesekiel täglich von diesem Buch „essen" und darin Gott begegnen. Jesus sagte einmal von sich selbst: „Ich bin das Brot des Lebens" (Johannes 6,35a LUT). Wir müssen keinen Hunger leiden – egal in welchem Lebensbereich. Jesus hat immer eine Antwort und etwas zu geben – und ganz oft bekommen wir es, indem wir es uns aus der Bibel holen. Keine harte Kost –, sondern süßer, wohlschmeckender Honig!

Dieses göttliche Buch bereichert mein Leben, denn Bibellesen ist ein unaufhörliches Abenteuer. Ich finde es faszinierend, dass wir mit seiner Hilfe lebenslang Neues entdecken, mit dem Heiligen Geist kommunizieren und Gott erleben können. Ich lerne dadurch nicht nur sein Wesen immer besser kennen, sondern auch mich selbst und die Prinzipien, die zu einem erfüllten Leben führen. Darum kann man eigentlich nie genug von der Bibel haben oder sie als „ausgelesen" ins Regal stellen.

Und: Gottes Geschichte mit uns Menschen ist nicht auf der letzten Seite seines Buches zu Ende. Wir sind alle einzigartige Puzzlestücke in seinem großen, allumfassenden Plan, den es noch zu verwirklichen gilt. Die Bibel wird also ständig weitergeschrieben – in meinem Leben und mit mir und ebenso in deinem Leben und mit dir. Es gibt ein Buch „Tobias" und eins, das deinen Namen trägt. Der rote Faden, der sich durch die Bibel zieht, beantwortet vor allem die Frage nach Identität:

Was ist die Identität Gottes?

Was ist die Identität aller Menschen?

Was ist meine persönliche Identität?

Und wie wird alles zu einem großen Ganzen?

Diese Fragen beantwortet dir das Buch Gottes – und zwar nicht nur in der Theorie, sondern mit großer Durchschlagskraft in unserem Leben:

Genauso ist mein Wort: Es bleibt nicht ohne Wirkung, sondern erreicht, was ich will, und es führt das aus, was ich ihm aufgetragen habe. Jesaja 55,11 (HFA)

Und die Bibel ist der Radiokanal, auf dem es keine Störgeräusche gibt – sie enthält Gottes Gedanken und seinen Willen in reinster Form, stets verfügbar und gut zugänglich. Daher können wir mit ihr immer genau überprüfen, ob die Impulse, die wir meinen, von Gott bekommen zu haben, auch wirklich von ihm sind. Er wird uns nichts aufs Herz legen, was seinem geschriebenen Wort – der Bibel – widerspricht.

Du könntest zum Beispiel morgens aufstehen und denken: „Vielleicht sollte ich heute doch einmal fremdgehen ...“

Also stellst du Gott die Frage: „Was denkst du, Gott – entspricht das deinem Willen?“ Anschließend gehst du durch die Stadt und siehst eine Werbetafel mit der Aufschrift: „Just do it!“ Du bist ermutigt – Gott scheint das zu wollen –, und tatsächlich: Das nächste Plakat an der Bushaltestelle sagt: „Du darfst.“ Doch bevor du all das als Gottes Reden interpretierst, könntest du besser mal in der Bibel nachlesen. Sie wird dir unmissverständlich klarmachen, dass diese Impulse nicht von Gott kommen können, da er ein Fan von Sex in der Ehe ist. Ehebruch ist etwas, wovor er immer wieder warnt.

Dieses Kapitel hat dir hoffentlich Lust gemacht, die Bibel als ein wichtiges Werkzeug zu nutzen, um mit Gott in den Dialog zu treten, mit dem Heiligen Geist zu kommunizieren und konkrete Ideen für ein abenteuerliches und erfülltes Leben zu bekommen. Aber es gibt noch eine weitere Möglichkeit ...

DIE BIBEL
EIN MODERNES
KOMMUNIKATIONSMITTEL

DEIN GEBET – KEINE EINBAHN-STRASSE

Wie betest du? Betest du überhaupt? Jeder von uns kennt wohl die Klassiker wie: „Lieber Gott, mach mich fromm, dass ich in den Himmel komm." Aber ernsthaft betet wahrscheinlich keiner von uns mehr so, oder?

Aber wie dann?

Wenn Gebet mehr sein soll als ein paar aneinandergereihte, möglichst heilig klingende Worte und mehr als ein hilfloser Versuch, Bitten an Gott zu formulieren, wenn wir selbst nicht mehr weiterwissen, dann ist es wahrscheinlich nötig, die ein oder andere Kruste abzukratzen und sich dem Kern des Gebets anzunähern: Es ist ein weiteres wichtiges Kommunikationsmittel für den Dialog mit Gott.

Er hört unsere Gebete –, aber erhört Gott sie auch?

Auch Jesus hat sich mit seinem Vater unterhalten. Seinen Jüngern gegenüber haut er dazu eine ziemlich steile These raus:

Wenn ihr glaubt, werdet ihr alles bekommen, worum ihr im Gebet bittet.
Matthäus 21,22 (NLB)

Moment!

Alles?

BIIITTTTEEEEEE KAUF MIR EIN EIS, ES IST MEIN GRÖSSTER WUNSCH!

Tut mir leid, Jesus, aber das erlebe ich anders. Ich bekomme eben nicht alles, worum ich bitte. Klar, manchmal schon, ich hatte schon faszinierende Gebetserhörungen: Menschen wurden gesund, sie überwanden ausweglose Situationen, es geschahen eigentlich unmögliche Dinge, die bezeugen, wie groß Gott ist. Aber manche Wünsche bleiben offen. Warum ist das so? Der Zusatz von Jesus – „wenn ihr glaubt" – bringt mich da manchmal ans Limit: Liegt es an *mir*? Weil mein Glaube zu klein ist? Hm ... Ein Gott, der von *meinen* Möglichkeiten abhängig ist, der ist als „Gott" für mich nicht besonders attraktiv. Und wenn ich mir sein Wesen so anschaue und dafür all das heranziehe, was ich bisher in der Bibel über ihn gelesen habe, passt es auch nicht so richtig zusammen. Was ist also der Deal?

Seit ich Vater bin, kann ich besser verstehen, warum Gott nicht alle Bitten erfüllt. Im letzten Urlaub kamen meine Frau und ich auf folgende Idee: Bene soll ab sofort jeden Tag einen Euro Taschengeld bekommen, damit er langsam lernt, mit Geld umzugehen. Er hat die freie Wahl, was er sich dafür kaufen kann: Eis, Süßes, Sparen für ein Spielzeug – eben alles, was für ihn Luxus ist.

Am nächsten Morgen bekommt er also seinen ersten Euro. Und was macht er damit? Er verballert ihn keine Minute später für den Ritt auf so einem elektrischen Rennauto, wie man es vor nahezu jedem Supermarkt findet. „Na toll!", denke ich, „der Junge weiß sein Geld ja echt zu schätzen – wirft es direkt raus für so einen Mist." Es dauert natürlich keine fünf Minuten und wir kommen an einer Eisdiele vorbei. Was glaubst du, was passiert? Natürlich nicht schwer zu erraten! Bene bettelt los: „Papa! Lieber, lieber Papa! Biiitttteeeeee kauf mir ein Eis, es ist mein größter Wunsch! Bitte! Ich habe sooooo Hunger! Mir ist heiß, ich brauche ein Eis! Bitte, bitte, bitte! Wenn du mir das kaufst, geht es mir wieder gut!"

Ich stecke also im Dilemma: Soll ich meinem Sohn seinen Wunsch erfüllen, dafür aber in Zukunft in Hinblick auf meine Aussagen und Absichten nicht mehr ernst genommen werden? Oder soll ich konsequent bleiben, ihm kein Eis kaufen und ihn damit etwas fürs Leben lernen lassen? Etwas, das später mehr Wert hat als das schnell aufgeschleckte Eis? Natürlich versteht mein fünfjähriger Sohn diese Zwickmühle noch nicht. Der Preis, den ich jetzt zahle, ist, dass Bene mich mit großen traurigen Kinderaugen anschauen wird, wenn ich Nein zum Eis sage.

Ähnlich muss es Gott oft mit uns gehen. Er meint es gut, aber kann uns nicht jeden Wunsch erfüllen –, weil er den Überblick hat. Er weiß genau, warum er manches tut, manches aber auch lässt. Nur wir können es oft nicht verstehen, denn wir kennen Gottes umfassende und detaillierte Pläne für unser Leben nicht so wie er. Aus seiner Perspektive ist ein „Nein" oder „Später" manchmal notwendig. Das zu akzeptieren, musste und muss ich allerdings immer wieder lernen.

Dabei stelle ich mir das Prozedere der Gebetserhörung wie eine Ampel vor:

ROT

Steht die Ampel auf Rot, wird mein Gebet nicht erhört, es bewirkt einfach keine Veränderung. Früher habe ich deswegen oft sehr mit Gott gehadert und war sauer darüber, dass er mich so hängen lässt. Aber das ist besser geworden. Mittlerweile schaffe ich es meistens, ab einem bestimmten Zeitpunkt Frieden mit dem Thema und Gottes Entscheidung dazu zu schließen. Daher ist mein Minimalziel beim Beten: „Gott, hilf mir, an den Punkt zu kommen, wo ich vielleicht nicht alles verstehe, es aber akzeptieren kann." Das ist ziemlich schwer, vor allem wenn man ein Mensch ist, der immer alles ganz genau wissen möchte. Ich denke aber, wir können Gott vertrauen, dass er es trotz gelegentlicher Neins gut mit uns meint. Manchmal bekomme ich außerdem gerade dann, wenn mein Gebet nicht erhört, meine Bitte nicht erfüllt wird, sogar ganz neue Ideen dafür, wie ich mich alternativ der Lösung meines Problems nähern kann.

GELB

„Bitte warten! Ihr Gebet kann noch nicht sofort erhört werden!" – so würde sich das wahrscheinlich in einer Telefonhotline anhören, vielleicht noch mit dem Zusatz: „Bitte bleiben Sie dran!" Manchmal ist nämlich nicht das *Ob*, sondern das *Wann* entscheidend. Wenn Bene mich zum Beispiel darum bitten würde, ihm das Autofahren beizubringen, dann würde ich das prinzipiell gern tun. Aber erst in einigen Jahren, wenn er alt genug dafür ist. Das heißt, dass ich ihm das vorerst leider verneinen müsste. Denn er darf mein Auto *momentan* nicht fahren.

Genauso hat Gott den Überblick über unser Leben. Er weiß, wann der richtige Zeitpunkt dafür ist, dass bestimmte Dinge passieren. Manchmal müssen wir eben noch auf den Führerschein warten, so wie Bene. In der Zwischenzeit ist jedoch kein Däumchendrehen angesagt, sondern wir können die Wartezeit aktiv nutzen, um wichtige Erfahrungen und Erkenntnisse zu sammeln, die wir später brauchen, wenn sich unser Wunsch erfüllt.

GRÜN

In dem Fall ist das meine Lieblingsfarbe, denn sie signalisiert: Freie Fahrt! Autobahnfeeling! Nachts um drei Gas geben und durchbrettern. So fühlt sich die grüne Phase der Gebetserhörung (zumindest für mich) an. Ich bete und erlebe direkt, wie Gott meine Anliegen erfüllt. Mir ist aufgefallen, dass gerade Menschen, die Jesus ganz frisch kennengelernt haben und erst vor Kurzem Christ geworden sind, oft eine regelrechte grüne Welle haben. Dadurch erleben sie Gott sehr intensiv und lernen, dass man ihm vertrauen kann. Dagegen scheint es, als ob langjährige Christen häufiger gelbe oder rote Zeiten der Gebets(nicht)erhörung durchstehen müssen. Vielleicht versteckt sich auch dahinter ein göttliches Prinzip: Das Vertrauen wird auf die nächste Stufe gehoben. Je weniger wir etwas nachvollziehen können und je mehr wir trotzdem dranbleiben, desto mehr können wir auch unsere Beziehung zu Gott vertiefen.

Ich denke, genau dieser Zusammenhang versteckt sich hinter dem Zusatz von Jesus: „wenn ihr glaubt". Glaube und Gebet hängen deswegen so entscheidend zusammen, weil durch unser Gespräch mit Gott unser Vertrauen auf ihn zunimmt. Nicht mehr das, was *ich* will, ist ausschlaggebend. Sondern ich lerne immer mehr, mich auf Gottes Perspektive zu verlassen. Ich glaube, dass er den besten Weg für mich hat und es immer gut mit mir meint.

Was jetzt nicht heißt, dass Beten überflüssig wird – nach dem Motto: „Wenn Gott doch eh alles im Griff hat, kann ich mir ja meine Worte sparen." Denn was wäre eine Beziehung ohne Kommunikation, ohne Austausch, bei der man nur theoretisch davon ausgeht, dass der andere schon wissen wird, was er tut? Richtig, ein ziemlich wackeliges, einsturzgefährdetes Gebäude. Gebet hilft uns, unser Glaubensfundament wesentlich zu stärken. Und umgekehrt können wir dadurch auch unseren Glauben ausdrücken:

**ERZÄHL NICHT DEINEM GOTT,
WIE GROSS DEIN PROBLEM IST.
ERZÄHLE DEINEM PROBLEM,
WIE GROSS DEIN GOTT IST.**

DANIEL FREIWALD

NICHT DIE HOFFNUNG AUFGEBEN!

Das Gefühl, das man hat, wenn man vor einer wirklich dunkelroten Gebetsampel steht ... und steht ... und steht ... und es einfach nicht Grün werden will, kenne ich sehr gut. Ich bin schon jung Vater geworden, mit 20 und 23 Jahren – eine ganz bewusste Entscheidung. Meine beiden Töchter waren absolute Wunschkinder und alles war perfekt. Doch dann wendete sich das Blatt, meine Beziehung scheiterte. Und damit verschlechterte sich nach und nach auch der Kontakt zu meinen Töchtern, am Ende durfte ich sie gar nicht mehr sehen. Es brach mir das Herz.

Doch ich habe in dieser Zeit Gott kennengelernt. Ich kam zum Glauben und wurde auch Teil einer Smallgroup für Männer. Meine Jungs und ich beteten viel für meine Situation und sie halfen mir, alles irgendwie zu ertragen. Doch es passierte nichts. Es herrschte weiterhin Funkstille zwischen mir und meinen Kindern. Ich betete und betete, doch die „Gebetsampel“ blieb konsequent auf Rot. Gott erfüllte meinen Wunsch, wieder intensiveren Kontakt zu bekommen, nicht.

Ich blieb aber weiter dran. In einem Gebet erhielt ich folgende Zusage von Gott: „Daniel, ich wache über deinen Kindern, du kannst für sie da sein, aber erst, wenn sie dich suchen!“ – in diesem Moment sprang die Ampel für mich auf Gelb um. Ich verstand es zwar nicht so richtig, aber es klang gut und ich begann zu hoffen. Und betete weiter. Ich konnte einfach nicht mehr tun als das: beten, warten, hoffen. Ich bekam auch hin und wieder Bestätigungen von Gott, dass er für meine Töchter da war, aber es passierte einfach nichts Konkretes. Der Kontakt war weiterhin gleich null. Es zermürbte mich, dass meine Kinder kein Teil meines Lebens waren. Sechs Jahre lang ging das so.

In meinem Kopf schaltete die Ampel um – ich sah wortwörtlich wieder rot! Irgendwann hielt ich es nicht mehr aus. Ich fuhr in die Natur, stieg allein auf einen Berg und schrie dort oben aus Leibeskräften meinen ganzen Frust raus. Ich klagte Gott an, war vollkommen ehrlich zu ihm. Er weiß ja ohnehin, wie es in mir aussieht. Es tat gleichzeitig gut und auch weh. „Warum unternimmst du nichts, Gott? Warum?“, schrie ich verzweifelt. Ich verstand sein Handeln – oder besser: sein Nichts-Tun – einfach nicht.

Zurück im Alltag nahm das Leben seinen gewohnten Lauf, ein voller Terminkalender lenkte mich ab. Ein paar Tage später war ich auf dem Weg in die Mittagspause, da klingelte mein Handy: anonymer Anrufer. Ich ging ran. Auf der anderen Seite: Stille. Aufgelegt. „Okay“, dachte ich, „das war meine Mutter.

sie ruft oft anonym an und hat wohl Probleme mit ihrem Telefon." Während ich ihre Nummer aus meinem Adressbuch suchte, klingelte mein Handy erneut. Wieder der anonyme Anrufer, wieder keine Antwort. Ich war irritiert. Was sollte das? War etwas mit meiner Mutter passiert? Während ich wieder ansetzte, um sie zurückzurufen, klingelte es noch einmal. Sofort nahm ich den anonymen Anruf an und hörte diesmal keine Stille, sondern zwei erlösende Wörter:

„Hallo Papa!"

Meine große Tochter!

Ich habe keine Ahnung, ob sich irgendjemand vorstellen kann, was ich in diesem Moment gefühlt habe. Wie sehr hatte ich auf diesen Moment gewartet!

Seit diesem Tag habe ich wieder Kontakt zu meinem großen Mädchen und ich merke in den Gesprächen und SMS, dass sie mir sehr ähnlich ist, dass sie gleiche Werte und Vorstellungen lebt wie ich. Ich habe das Gefühl, dass Gott die Jahre über wirklich bei ihr war und sie geleitet und beeinflusst hat, wo ich es nicht konnte. Er hat seine Zusage, die er mir Jahre zuvor gegeben hat, eingehalten! Und schlussendlich die Ampel grün werden lassen. Die verpassten Jahre bekomme ich zwar nicht zurück, aber den Glauben, auch in schweren Zeiten an Gott dranzubleiben und seinen Aussagen zu vertrauen, hat dieses Erlebnis in mir unfassbar gefestigt und gestärkt. Es gibt mir auch die Zuversicht, in Bezug auf meine jüngere Tochter weiter im Gebet dranzubleiben – denn ich will erleben, dass die 50 Prozent zu 100 Prozent werden und Gott auch in dieser Beziehung auf „Grün" schaltet und uns wieder ganz zusammenbringt.

□

WIE MAN (NICHT) BETEN SOLLTE ...

Gebet ist eben keine Einbahnstraße, oder – noch schlimmer – eine Sackgasse. Gott hört sehr genau hin und reagiert auch darauf. Durch den Heiligen Geist können wir uns mit ihm austauschen. Aber wo und wie verabrede ich mich am besten für die Gespräche mit ihm?

Betet nicht wie die Heuchler! Sie beten gern in den Synagogen und an den Straßenecken, um gesehen zu werden. Ich sage euch: Diese Leute haben sich ihren Lohn schon selber ausbezahlt! Wenn du beten willst, geh in dein Zimmer, schließ die Tür hinter dir zu, und bete zu deinem Vater. Und dein Vater, der auch das Verborgene sieht, wird dich dafür belohnen. Leiere nicht endlose Gebete herunter wie Leute, die Gott nicht kennen. Sie meinen, sie würden bei Gott etwas erreichen, wenn sie nur viele Worte machen. Folgt nicht ihrem schlechten Beispiel, denn euer Vater weiß genau, was ihr braucht, noch ehe ihr ihn um etwas bittet.
Matthäus 6,5-8 (HFA)

Heutzutage ist es vielleicht nicht mehr ganz up to date, laut an jeder x-beliebigen Straßenecke zu beten. Trotzdem sind wir manchmal verleitet – gerade auch, wenn wir mit anderen zusammen beten –, uns Gedanken darüber zu machen, wie man das Gebet so formuliert, dass es gut rüberkommt. Dann baut man effektvolle Formulierungen oder großartig klingende Wendungen ein. Oder fühlt sich schlecht, weil man das nicht so drauf hat wie andere. Dieses ständige geistliche Höchstniveau kann ziemlich anstrengend werden!

Mit unserem Gebet müssen wir Gott nicht von unserer Heiligkeit überzeugen. Keine Phrasen und Floskeln, keine rhetorischen Meisterwerke können Gott beeindrucken. Stell dir doch mal vor, wie anstrengend es wäre, dich mit deinem menschlichen Vater immer auf geistigem Höchstniveau unterhalten zu müssen, nur um ihm zu gefallen. Gott ist unser liebender Vater. Wir dürfen als seine Kinder zu ihm kommen, mit allem, was uns beschäftigt und wichtig ist. Dabei dürfen wir unreflektiert sein und emotional werden, Hauptsache, es bleibt echt!

Im Lauf unserer Gebetszeit erleben wir dann häufig, wie sich unsere Gedanken sortieren und diese Ordnung die Basis dafür ist, dass Gott uns seine Sicht der Dinge aufzeigen kann. Das Entscheidende dabei ist allerdings, dass wir nicht direkt das „Amen" sprechen und aufhören, nachdem wir unsere Anliegen losgeworden sind. Wenn wir formuliert haben, worum es uns geht, dann war das nicht mehr als der Auftakt des Gesprächs.

Leider haben aber viele Menschen genau dieses Bild von Gebet – inklusive mir selbst lange Zeit. Ich habe mich oft gefragt, warum ich keine Antworten von Gott bekomme. Bis zu dem Tag, an dem Frauke und ich Besuch von einem jungen Mann bekamen. Ich kannte ihn davor nicht gut. Er kam rein, wir begrüßten uns, setzten uns an den Tisch und aßen. Eine nette, entspannte Atmosphäre entstand, ehe es plötzlich losging: Wie ein Maschinengewehr begann unser Besuch, Wortketten auf uns abzufeuern. Er redete und redete, ohne Punkt und Komma, kam vom Hölzchen aufs Stöckchen, von der Oma in Castrop-Rauxel zum Selbsterfahrungscamp im Himalaya. Er textete uns zu über die neuesten Zuchtversuche seiner Orchideen bis hin zum Bootcamp, das der Cousin dritten Grades seines Bruders in einer kleinen Provinz in Timbuktu absolviert hatte. Frauke und ich waren beide im wahrsten Sinne des Wortes – sprachlos. Ich meine, ich bin Pastor, also rede ich naturgemäß auch gern und viel. Aber *so* viel? Ich nahm es als Herausforderung an und begann, auch nur die kleinste Pause dieses Stand-up-Programms zu nutzen, um dazwischenzugrätschen.

„Das kenne ich!", rief ich, als er seinen Bruder erwähnte. „Ich habe auch einen Bruder! Der –" Doch das war bereits wieder sein Einsatz: „Ja, einen meiner Brüder habe ich mal in einem Kloster auf einer einsamen Insel –".

Insel, mein Stichwort: „Wir waren gerade erst im Urlaub auf einer Insel –"

„Urlaub, das kenne ich gar nicht mehr, seit ich als Hobby Kunstwerke löte."

„Löten – ist das nicht eine Stadt in –"

„Ich mag es ja nicht besonders, in der Stadt zu wohnen –"

Stopp! Hilfe, war das anstrengend!

Daran, dass er mich mal zu Ende sprechen lassen würde, war nicht zu denken. Irgendwann gab ich auf und hörte zu, womit er uns zwei Stunden lang zuschwallte. Der Abend war einer der anstrengendsten, die ich jemals erlebt habe! Während ich dasaß und innerlich mehr und mehr abschaltete, kam mir ein Blitzgedanke: „Siehst du, Tobi", schien Gott zu sagen, „so geht es mir oft mit dir. Du redest ununterbrochen und immer, wenn ich auch mal etwas sagen will, bist du schon beim Amen! Tschüss und auf Wiedersehen. Du wirfst mir tausend Themen hin: To dos, Nöte, Ängste, Bitten und so weiter. Kaum will ich aber etwas dazu erwidern, bist du wieder weg."

Mir wurde in diesem Moment schlagartig klar: Gott hat recht. Allein für diese Erkenntnis lohnte es sich plötzlich, diesen Abend durchzustehen.

VON ANRUFBEANTWORTERN UND WALKIE-TALKIES

Es ist nämlich in der Tat so: Die meisten Menschen benutzen Gebet wie einen Anrufbeantworter. Man ruft an, quatscht sein Anliegen drauf, redet sich alles von der Seele und – legt wieder auf. Gerade in brenzligen Situationen fangen viele Leute, auch wenn sie nicht besonders gläubig sind, an zu beten und erinnern sich an den Anrufbeantworter –, ohne dass sie davon ausgehen würden, dass tatsächlich jemand rangehen könnte. Sie halten es vielleicht gar nicht für möglich, dass es einen Gott gibt, der auch mit ihnen sprechen möchte. Aber trotzdem kann's ja zumindest nicht schaden, diesem Gott mal die eigenen Probleme mitzuteilen (als ob er sie nicht schon kennen würde ...).

Vielleicht kennst du den Gedanken auch, mit Gott eine gegenseitige Freundschaft zu haben, eine lebendige Beziehung mit ihm zu pflegen und (er)lebst das auch so. Was sind die Themen deiner Gebete? Wenn ich ehrlich reflektiere und miteinbeziehe, was ich in meinem Umfeld so mitkriege, dann führt mich das zu dieser Vermutung:

Was sind typische Gebetsinhalte – ganz ehrlich?

98% To dos, Probleme, Sorgen, Ängste, Bitten
2% Danke und kurz Hinhören

Eine solche Gesprächskultur ist ähnlich eindimensional wie bei den Eltern, die zu mir zum Elternsprechtag kommen und sagen: „Herr Teichen, mein Sohn hat eine Eins verdient – geben Sie sie ihm bitte beim nächsten Mal. Außerdem erziehen Sie ihn bitte gut und machen Sie einen verantwortungsvollen Menschen aus ihm. Achten Sie darauf, dass er die richtigen Freunde hat und keine Drogen nimmt! Nur dann darf er weiter in Ihre Klasse gehen!“ Danach steht das Elternpaar direkt auf und geht – ohne dass ich etwas dazu sagen kann.

Du merkst, so funktioniert das nicht. Wenn Wünsche, Bitten und Sorgen an jemanden herangetragen werden, will und muss derjenige darauf antworten können. Aber dazu muss man ihm auch Raum geben. Es ist eben nicht wie bei einem Anrufbeantworter – Kommunikation nur in eine Richtung. Sondern vielmehr wie bei einem Walkie-Talkie. Drücke ich hier die Senden-Taste, kann ich durchaus reden und niemand unterbricht mich. Wenn ich eine Antwort will, muss ich sie aber loslassen. Halte ich den Sendeknopf gedrückt, kann der andere reden, so viel er will – ich höre ihn nicht.

Traust du dich, mal im wahrsten Sinne des Wortes „loszulassen“ und zu hören, was Gott dir sagen will?

GOTT MAG PAELLA?!

Vielleicht hilft dir dabei die Geschichte einer jungen Frau aus unserer Kirche. Bevor sie sich für eine persönliche Beziehung mit Jesus entschied, die ihr Glaubensleben revolutionierte, hatte sie bereits sechs Jahre lang Theologie studiert und feststellen müssen, dass sie in all den Vorlesungen, Büchern und theoretischen Erkenntnissen keinen Gott gefunden hatte, der wirklich mit ihrem Leben zu tun hatte. Sie war fest davon überzeugt gewesen, nach ihrem Studium bereits alles zu wissen und „fest" im Glauben zu sein. Nachdem sie jetzt also auch noch einen Zugang zu Gott auf der Herzensebene gefunden hatte, war eigentlich alles paletti für sie. Die junge Frau sah sich sozusagen als selbsternannte Spezialistin im Christsein.
Das einzige, das ihr noch fehlte, war Praxiserfahrungen. Diese wollte sie jetzt sammeln, zum Beispiel im Thema Beten. Klar, sie kannte dazu hunderte Bibelstellen, und das ein oder andere Vaterunser war auch schon über ihre Lippen gekommen. Doch durch ihre neue Art der Beziehung mit Jesus öffnete sich ihr auf einmal die Tür zu einer ganz individuellen Art, sich mit Gott auszutauschen und sich zu unterhalten. Den Gedanken, dass Gott mit ihr sprechen könne, fand die junge Frau zwar eher verrückt, doch er faszinierte sie auch. Also meldete sie sich zu einem entsprechenden Workshop an.
Nach zahlreichen guten Inputs wurde es an einem der Workshop-Abende praktisch: In einer Vierergruppe saßen die Teilnehmer im Kreis, sprachen ein kurzes Startgebet und wurden anschließend still, um für Impulse offen zu sein, die Gott den einzelnen Personen für die junge Frau geben sollte. Eine der Personen hatte folgendes Bild vor ihrem inneren Auge: eine riesige Pfanne voll mit dem spanischen Nationalessen – Paella. Von allem etwas drin: Reis, Gemüse, Hähnchen, Garnelen ... sehr lecker! Außerdem hatte sie die Stichworte „Gemeinschaft" und „Geduld".
Nur, was sollte das jetzt heißen? Gott mag Paella? So richtig kapiert hatte die junge Frau erst einmal nicht viel, aber sie wollte das, was Gott ihr mitzuteilen hatte, unbedingt ernstnehmen. Sie

stellte sich jedoch die Frage, wie sie das Bild umsetzen sollte. Kurze darauf entdeckte die junge Frau beim Aufräumen in ihrer Küche im Vorratsschrank ein Mitbringsel aus einem Barcelona-Urlaub: original Paella-Reis! Paella – Gemeinschaft – in diesem Moment wusste sie, was Gott wollte: Sie hatte den Gedanken, sie solle alle ihre Freunde einladen und für sie Paella kochen, um Gemeinschaft zu haben. Endlich hatte sie meine Offenbarung! Dann drehte sie allerdings die Reispackung um und sah, dass die tolle Gebetspaella bereits vor Monaten abgelaufen war. Doof. Irgendwie kam es ihr komisch vor, wieder neuen (und zudem deutschen) Paella-Reis zu kaufen, also ließ sie das Ganze erstmal wieder sein. Trotzdem schaffte sie es weiterhin, das Stichwort „Geduld" eifrig auszublenden, das in jener Gebetsrunde ebenfalls gefallen war.
Monate später fuhr die junge Frau aufs Get Free-Wochenende, an dem sie reflektieren und erleben konnte, was der Glaube an Gott als Vater, Sohn und Heiligem Geist in seiner Tiefe für ihr Leben bedeutete. Dort ließ sie sich taufen und machte damit ihre Entscheidung für Jesus öffentlich fest.
Für diese intensive Zeit wurde im Vorfeld drei Tage gefastet. Nach der Taufe am Samstagabend gingen alle zusammen zum ersten Mal nach diesen drei Tagen wieder in der Unterkunft Abendessen. Was für eine Freude! Die Freude war auf Seiten der jungen Frau allerdings noch größer als die aller anderen, denn es gab – extrem ungewöhnlich für eine solide deutsche Jugendherberge: Paella! Endlich verstand sie den Eindruck aus dem Workshop wirklich! Sie musste nichts für diese göttliche Gemeinschaft tun oder sie herbeiführen (Paella kochen für Freunde), sondern Gott kümmert sich darum und schenkte sie ihr.
Diese Erfahrung war für sie der Auftakt zu einem Dialog mit Gott, der bis heute anhält, bei größeren Entscheidungen aber auch in allen Alltagsthemen. Gottes Gedanken und seine Perspektiven immer besser kennenzulernen, sich Dinge von Gott im Gebet zu erfragen und Gebet wirklich als Werkzeug zu nutzen, darauf möchte sie heute nicht mehr verzichten.

Beim Thema Gebet gibt es in der Tat immer wieder einiges zu lernen. Die Jünger von Jesus sahen das genauso:

Jesus hatte unterwegs Halt gemacht und gebetet. Darauf bat ihn einer seiner Jünger: „Herr, lehre uns beten; auch Johannes hat seine Jünger beten gelehrt." Lukas 11,1 (NGÜ)

Es ging den Jüngern hier in erster Linie nicht um den Inhalt und die Worte, die Jesus benutzte, sondern vielmehr um die Art und Weise, *wie* er betete. Sie sahen, dass er eine völlig andere Dimension praktizierte als vielleicht der ein oder andere Straßeneckenbeter zur damaligen Zeit. So etwas kannten sie scheinbar nicht, deshalb wollten sie es von ihrem Rabbi lernen. Das Gebet, das Jesus an dieser Stelle betete, ist sozusagen das Gebet der Gebete. Das Allroundgebet schlechthin, nämlich das „Vaterunser". Du kennst es sicher, und wenn nicht, kannst du es in Matthäus 6 nachlesen. Leider wird es oftmals nur so heruntergeleiert. Ein Gebet, das fast jeder Christ (und auch Nichtchrist kennt und welches man eben in der Kirche betet ...). Aber hinter jeder Zeile verbirgt sich eine intensive Bedeutung. Nimm zum Beispiel nur den Titel und Anfang: Vater unser. Hier siehst du wieder das Bild des Vaters (siehe Kapitel 5). Jesus spricht zu Gott als sein Sohn, doch ist es nicht nur *sein* Vater, den er da anbetet, es ist unser aller Vater. Diese Nähe zu Gott war neu für die Menschen in der damaligen Zeit. Die Jünger waren sicher ziemlich überrascht, dass Jesus diese Anrede wählte. Doch es interessierte sie nicht nur der Inhalt des Gebetes, sondern auch die besondere Haltung, mit der Jesus betete. Er sprach mit Gott, seinem Vater, auf eine ganz besondere Art.

DER JESUS-STYLE DES BETENS

Von Jesus können wir uns vier Phasen einer Gebetszeit abgucken. Du kannst diese als ein Muster nehmen, wenn es dir gut geht, aber besonders auch dann, wenn du vor Herausforderungen stehst. Jesus zeigt sie uns, als er selbst vor der schwierigsten Situation seines Lebens steht: den schweren Stunden in der Nacht vor seinem Tod am Kreuz im Garten Gethsemane.

PHASE 1: ABLADEN

Dann ging Jesus mit seinen Jüngern in einen Garten, der Gethsemane heißt. Dort bat er sie: „Setzt euch hier hin, und wartet auf mich! Ich will ein Stück weiter gehen und beten." Petrus, Jakobus und Johannes nahm er mit. Tiefe Traurigkeit und Angst überfielen Jesus, und er sagte zu ihnen: „Ich zerbreche beinahe unter der Last, die ich zu tragen habe. Bleibt bei mir und wacht mit mir!" Jesus ging ein paar Schritte weiter, warf sich nieder und betete: „Mein Vater, wenn es möglich ist, so bewahre mich vor diesem Leiden!" Matthäus 26,36-39a (HFA)

Jesus ist nicht der glorreiche Held, der sich lässig ans Kreuz nageln lässt – einer der grausamsten Tode überhaupt. Der die Schmerzen mal eben so wegstecken wird. Nein, „tiefe Traurigkeit und Angst" überfallen ihn. Er weiß genau, was ihm bevorsteht. Kannst du dir vorstellen, wie er sich gefühlt haben muss? Was er da betet?

Womit beginnt er hier eigentlich? Er fängt an, sein Leid zu formulieren. Seine Gefühle auszudrücken. Er verheimlicht nichts, sondern offenbart die schonungslose Wahrheit. Und er bittet seinen Vater, es ihm zu ersparen.

Genauso dürfen du und ich das, was unsere Seele belastet, im ersten Schritt bei Gott abladen:

Ladet alle eure Sorgen bei Gott ab, denn er sorgt für euch. 1. Petrus 5,7 (HFA)

Ist das ungewohnt für dich? Viele Menschen scheuen sich davor, wirklich ehrlich zu reden, wenn sie beten. Oft aus Angst vor den eigenen Gefühlen, aus Scham oder Anstand heraus – „So kann man doch nicht mit Gott reden!“ Doch, du kannst und darfst Gott im Gebet alles sagen. Er kennt deine Situation sowieso schon und weiß, was dir auf der Seele brennt. Wenn du wütend und gefrustet bist, ist das für Gott nichts Unerwartetes: Also lass es raus! Er nimmt es dir nicht übel. Wenn du Hass empfindest, Ängste hast, stinksauer bist, dann bring es zu Jesus. Dafür ist er am Kreuz gestorben.

Natürlich klingt der Inhalt deines Gebets dann nicht nach: „Heilig, heilig, gelobt sei der Herr!“ Aber wenn wir alles in uns hineinfressen, kommt es auf andere Art in Form von Lästereien, Süchten oder Krankheiten wieder heraus. Unsere Seele braucht Raum. Und den bekommt sie bei Gott. Er kann alles abhaben – er kennt deine wahren Gefühle und Gedanken sowieso. Und wenn du denkst „Es kotzt mich an!“, dann sag es auch – und nicht „Gott, es ist ein wenig suboptimal gelaufen.“

Sogar die Bibel selbst ist voll von diesen Gebeten: Sie heißen Rache- und Klagepsalmen. Lies doch zum Beispiel mal Psalm 6,3-8 oder 109,6-20. Und sei ehrlich zu Gott!

PHASE 2: DREHMOMENT

Direkt nachdem Jesus sagt „Bitte erspar mir das!“, fügt er etwas Außergewöhnliches hinzu:

„Aber nicht was ich will, sondern was du willst, soll geschehen.“ Dann kam er zu den drei Jüngern zurück und sah, dass sie eingeschlafen waren. Er weckte Petrus und rief: „Könnt ihr denn nicht eine einzige Stunde mit mir wachen? Bleibt wach und betet, damit ihr der Versuchung widerstehen könnt. Ich weiß, ihr wollt das Beste, aber aus eigener Kraft könnt ihr es nicht erreichen.“ Noch einmal ging er ein Stück weg, um zu beten: „Mein Vater, wenn mir dieses Leiden nicht erspart bleiben kann, bin ich bereit, deinen Willen zu erfüllen!“ Als er zurückkam, schliefen die Jünger schon wieder; die Augen waren ihnen zugefallen. Er kehrte um und betete zum dritten Mal mit den gleichen Worten. Matthäus 26,39b-44 (HFA)

Ganze drei Mal wiederholt Jesus das! Er bleibt dran – er muss dranbleiben. Je größer die Herausforderung, die sich auftürmt, desto mehr Überwindung und Ausdauer erfordert es. Jesus fleht Gott an: „Bitte, wenn es irgendwie möglich ist, dann mach es anders! Wenn es wirklich nicht anders geht, dann zeige mir, warum ich da durch muss. Zeige mir deine Idee dahinter.“ Die Idee ist in diesem Fall gewaltig: stellvertretendes Leid und stellvertretender Tod für die gesamte Menschheit. So schwer es Jesus auch fällt, aber schließlich sagt er vollen Herzens: „Dein Wille geschehe!“ Er vertraut seinem Vater, dass dies der beste und einzige Weg ist – und er geht ihn.

Dieser Drehmoment – weg von mir und meiner Sicht, hin zu Gottes Perspektive – ist der zweite Schritt. Ich bete hier häufig Worte wie diese: „Lass mich sehen, was du siehst. Lass mich die Situation mit deinen Augen sehen.“ Oft ist das wirklich komplett anders als der erste, völlig menschliche Reflex, wie ihn beispielsweise Petrus bei Jesus hatte. Er sagte sinngemäß zu ihm: „Komm, Junge, das ist doch nicht dein Ernst. Du willst dich doch nicht echt ans Kreuz nageln lassen – was soll das? Lass das mal lieber“ (Markus 8,31-33). Aber Jesus holt sich seine Ratschläge allein von Gott ab, auch wenn das zunächst unvernünftiger erscheint und ihn mehr kosten wird.

Ich habe auch schon oft erlebt, dass sich meine Sicht um 180 Grad gedreht hat. Nur eins muss uns dabei klar sein: Das Thema bleibt. Das Problem ist trotz Drehmoment noch da. Nur unser Blick darauf hat sich geändert. Es ist, als ob man in einem tiefen Labyrinth steckt und den Ausgang nicht findet. Man fragt sich, warum Gott einem nicht hilft. Klettert man dann auf einen Aussichtsturm und sieht, dass außerhalb des Labyrinths nur Feuer und Verwüstung herrschen, fühlt man sich vielleicht doch wieder ganz wohl im heimeligen, verwinkelten Versteck. Durch den Dialog mit Gott versteht man, warum (oder akzeptiert, dass) es manch-

mal besser ist, wenn Gott den Weg zum Ausgang (noch) nicht preisgibt.

Und wir wissen, dass für die, die Gott lieben und nach seinem Willen zu ihm gehören, alles zum Guten führt. Römer 8,28a (NLB)

Diese Zusage bedeutet am Ende des Tages, dass wir selbst in solchen Situationen, in denen wir felsenfest davon überzeugt sind, dass Gott es gar nicht gut mit uns meinen *kann*, zu genau dieser Gewissheit kommen können: Gott hat die Sache im Griff. Er hat etwas in unserem Leben vor – gerade in diesen schwierigen Zeiten.

PHASE 3: SICH AUF GOTTES WORT BERUFEN UND ES AUSSPRECHEN

Komme ich aber dennoch nicht weiter im Gebet, dann wende ich folgendes Prinzip an: Ich versuche biblische und damit göttliche Wahrheiten über mir und meinem Leben auszusprechen. Denn wenn ich den Zuspruch ganz besonders brauche, weil es mir schlecht geht, fällt es mir spontan eher schwer, passende Verse aus dem Ärmel zu schütteln. Ich lege mir also in guten Zeiten einen richtigen „Bibelschatz" an. Auf meinem Smartphone liegt ein Dokument, in das ich immer wieder ansprechende und für mich relevante Bibelverse eintrage. So habe ich sie in herausfordernden Situationen parat. [1]

Am besten lernt man seine „Lieblingsverse" direkt auswendig. „Igitt!", denkst du jetzt vielleicht, „ist ja wie in der Schule." Und mir ging es lange genauso. Bis ich eine Predigt gehört habe, in der der Pastor erzählt hat, wie er eines Tages im Ausland überraschend in ein Krankenhaus musste. Der Grund war, dass ein Medikament innere Blutungen bei ihm ausgelöst hatte. Nun lag er da, ganz alleine, voller Sorge und Angst, ohne die Sprache zu sprechen, ohne Freunde, die ihn trösten konnten, und auch ohne Smartphone, um Kontakt aufzunehmen oder damit vielleicht Bibel lesen zu können. Ganz einsam war er allerdings nicht, denn Jesus war bei ihm. Um sich darauf zu berufen, kam er auf folgende Idee: Er begann, sich *sämtliche* Bibelstellen aufzusagen, die er auswendig kannte. Er fing chronologisch am Anfang der Bibel an, bis er schließlich zu Hesekiel kam (kleine Randnotiz: Er schien bis dahin eine Weile zu brauchen, also muss er wohl einiges parat gehabt haben ...)

[1] Jesus spricht ebenfalls biblische Wahrheiten über Situationen aus, in denen er sich befindet. Wie er das macht, kannst du zum Beispiel in Matthäus 4,1-11 nachlesen.

Da kam ich vorbei und sah dich in deinem Blut zappeln, und ich sagte zu dir in deinem Blut: Du sollst leben! Ja, zu dir in deinem Blut sagte ich: Lebe!
Hesekiel 16,6 (NLB)

Während er die Bibelstelle innerlich aufsagte, wurde ihm bewusst, dass diese Zusage ihm galt. Ohne es damals zu ahnen, hatte er jenen Vers für genau diesen Augenblick auswendig gelernt. Die Stelle gab ihm Zuversicht angesichts seiner inneren Blutungen. Er wusste, dass Jesus bei ihm war, um alles zum Guten zu wenden.

Das ist für mich einer der Gründe, warum Bibellesen und Beten untrennbar miteinander verbunden sind: Die biblischen Wahrheiten geben meinen Worten die Kraft, die nur Gottes Worte haben können:

Ist mein Wort nicht wie ein Feuer, spricht der HERR, und wie ein Hammer, der Felsen zerschmeißt?
Jeremia 23,29 (LUT)

Neben meinem Bibelschatz habe ich noch einen anderen Memo-Tipp fürs Smartphone. In das schreibe ich mir ermutigende Erlebnisse mit Gott (andere haben dafür auch ein Notizbuch als Art Tagebuch). Ich habe festgestellt, dass ich diese Momente gern vergesse, wenn ich durch schlechte Zeiten muss. Wenn ich dann aber nachlese, was Gott schon alles Großartiges in meinem Leben vollbracht hat, ermutigen mich diese Erinnerungen, und meine Hoffnung auf eine Lösung des momentanen Problems wird immer größer.

Doch zurück zu Jesus. Es wird Realität: Jesus tritt den schwersten Gang seines Lebens an. Als er, nachdem er mehrfach verspottet und gequält wurde, am Kreuz hängt, betet er erneut – und beruft sich auf die Bibel. Sein einziger und letzter Satz lautet:

Gegen drei Uhr rief Jesus laut: „Eli, Eli, lema sabachtani?" Das heißt: „Mein Gott, mein Gott, warum hast du mich verlassen?" Einige von den Umstehenden aber meinten: „Er ruft den Propheten Elia."
Matthäus 27,46-47 (HFA)

Vielleicht denkst du dir jetzt: „Da siehst du's! Wenn ich Gott vertraue, dass sein Weg gut ist und ich durch den Schmerz hindurchgehe, komme ich an den Punkt, an dem mich Gott verlässt."

Ich weiß, dass dieser Satz Jesu sehr oft missverstanden wird. Jesus zitiert hier nämlich die Bibel und sagt nicht einfach nur irgendwas. Man muss wissen, dass in der damaligen Zeit im jüdischen und hebräischen Kontext viele Menschen den ersten Teil der Bibel in- und auswendig kannten. Für Jesus war klar: Wenn er etwas aus der Bibel zitierte, dann zitierte er automatisch das ganze Kapitel. In diesem Fall war das der Psalm 22. Das wussten die Zuhörer. Vermutlich hatte Jesus schlicht und ergreifend nicht mehr die Kraft, den ganzen Psalm zu Ende zu beten.

Wenn du diesen Psalm gleich liest, dann stell dir vor, wie Jesus am Kreuz hängt. Versuche, sein unfassbares Leiden im Blick zu behalten. Du wirst seine Anklage erkennen, aber auch den Perspektivwechsel, den Jesus vollzieht, und am Ende sogar sehen, wie Jesus seinen Vater anbetet – trotz aller Schmerzen. Ich finde das faszinierend!

Mein Gott, mein Gott, warum hast du mich verlassen? Warum bist du so weit weg und hörst mein Stöhnen nicht?

Mein Gott! Den ganzen Tag rufe ich, aber du gibst mir keine Antwort. Ich rufe in schlaflosen Nachtstunden, aber ich finde keine Ruhe.

Du bist doch der heilige Gott! Dein Volk Israel lobt dich mit seinen Liedern.

Unsere Vorfahren haben dir vertraut, und du hast ihnen immer wieder geholfen. Zu dir schrien sie und wurden errettet. Sie vertrauten dir, und du hast sie nicht enttäuscht.

Und was ist mit mir? Ein Wurm bin ich, kein Mensch mehr – Gespött der Leute, alle behandeln mich wie Dreck.

Von allen Seiten werde ich verspottet. Wer mich sieht, verzieht sein Gesicht und grinst schadenfroh.

„Überlass Gott deine Not!", lästern sie, „der soll dir helfen! Er wird dich schon nicht sitzen lassen! Du bist ja sein Liebling!"

Herr, du hast mich aus dem Leib meiner Mutter gezogen. Schon an ihrer Brust hast du mir Geborgenheit geschenkt.

Du bist mein Gott, seitdem mein Leben im Mutterleib begann. Seit der Stunde meiner Geburt bin ich auf dich angewiesen.

Wende dich jetzt nicht ab von mir! Groß ist meine Angst! Weit und breit gibt es keinen, der mir hilft.

Viele Feinde kesseln mich ein, umringen mich wie wilde Stiere.
Sie reißen ihr Maul auf wie brüllende Löwen, die ihre Beute zerfleischen wollen.

Meine Kraft schwindet wie Wasser, das versickert, und alle meine Knochen lösen sich voneinander. Mein Herz verkrampft sich vor Angst, und meine ganze Kraft ist dahin. Die Zunge klebt mir am Gaumen. Du lässt mich im Tode versinken.

Eine Meute übler Verbrecher umkreist mich, gierig wie wildernde Hunde. Hände und Füße haben sie mir durchbohrt.

Ich kann alle meine Knochen zählen. Sie aber starren mich an, diese schaulustigen Gaffer!

Schon teilen sie meine Kleider unter sich auf und losen um mein Gewand!

Herr, wende dich nicht länger von mir ab! Nur du kannst mir neue Kraft geben, komm mir schnell zu Hilfe!

Rette mich vor dem tödlichen Schwert, bewahre mich vor der wilden Hundemeute! Ich habe doch nur ein Leben!

Reiß mich aus dem Rachen der Löwen und rette mich vor den Hörnern dieser wilden Stiere! Herr, du hast mich erhört!

Ich will meinen Brüdern deinen Namen bekannt machen, vor der ganzen Gemeinde will ich dich loben und ehren.

Alle, die ihr den Herrn achtet, preist ihn! Ihr Nachkommen Jakobs, ehrt ihn! Begegne ihm in Ehrfurcht, Volk Israel!

Er hat den Hilflosen nicht verachtet, über sein Elend setzte er sich nicht hinweg. Nie wandte er sich von ihm ab! Er hat ihm geantwortet, als er um Hilfe schrie.

Herr, jetzt habe ich allen Grund, dir vor der großen Gemeinde ein Loblied zu singen. Was ich in meiner Not versprochen habe, löse ich jetzt ein; alle, die dich ehren, sind meine Zeugen.

Die Armen werden sich wieder satt essen. Alle, die den Herrn kennen, sollen ihn loben. Euer Leben lang werdet ihr nicht mehr zu kurz kommen!

Auch in den fernsten Ländern werden Menschen Gott erkennen und zu ihm umkehren, ja, alle Völker werden sich vor ihm niederwerfen.

Denn der Herr regiert als König und herrscht über alle Völker.
Auch die Großen dieser Erde müssen sich niederwerfen vor ihm, sie, die immer mehr als genug zu essen hatten. Vor ihm werden alle sterblichen Menschen ihre Knie beugen.

Alle kommenden Generationen werden ihm dienen. Eine erzählt der nächsten von Gott und von dem, was er Gutes getan hat.

Die noch nicht geboren sind, werden es hören und weitersagen: Gott ist treu, auf seine Hilfe ist Verlass!

Psalm 22,2-32 (HFA)

PHASE 4: ANBETEN

Eine abschließende Phase gibt es noch! Ich habe es ja bereits erwähnt: Jesus betet seinen Vater am Kreuz an, indem er Psalm 22 betet. Er wendet sich nach all den Problemen und Schwierigkeiten am Ende wieder Gott zu – er weiß, wem er alles zu verdanken hat und wem daher Ehre gebührt. Dieser Part ist daher eine besonders liebevolle Art der Beziehungspflege zu seinem „Abba", vor dem er tiefen Respekt hat und den er anbetet.

Herr, du hast mich erhört! Ich will meinen Brüdern deinen Namen bekannt machen, vor der ganzen Gemeinde will ich dich loben und ehren. Alle, die ihr den Herrn achtet, preist ihn! Ihr Nachkommen Jakobs, ehrt ihn! Begegne ihm in Ehrfurcht, Volk Israel!
Psalm 22,22b-24 (HFA)

Das gilt auch für unser Gebetsleben: Wenn wir die ersten drei Phasen (abladen, Drehmoment, sich auf Gottes Wort berufen und es aussprechen) durchbetet haben und vielleicht sogar gestärkt aus ihnen hervorgegangen sind, kann es passieren, dass man den letzten Schritt (Phase 4/Anbeten) vergisst und zu früh „Amen" sagt.

Ich versuche, die Phase 4 in meinen Alltag einzubauen, wann immer ich daran denke: Wofür bin ich jetzt gerade dankbar? Für die großen Durchbrüche und Veränderungen, aber auch für die kleinen, „normalen" Dinge wie mein Auto oder einen sonnigen Nachmittag. Auch Gott freut sich über ein Danke.

Beim Thema Gebet gibt es natürlich noch viel mehr zu entdecken. Es gibt neben dieser Art zu beten noch viele andere Formen des Gebets. Zum Beispiel die Fürbitte: Gerade, wenn es mir gut geht, versuche ich, meine Zeit und mein Gebet auf andere zu richten, denen es vielleicht in dem Moment nicht so gut geht.

Außerdem funktioniert Gebet allein, aber auch in Gemeinschaft mit anderen. Du siehst, Gebet ist mehr als nur ein paar Worte aneinanderzureihen. Wie an vielen Stellen in diesem Buch kannst du hier weiter anfangen zu graben, einen Gebetsschatz heben und eigene Erfahrungen machen..

ANBETEN

GESCHENKE

nicht nur
FÜR DICH

GESCHENKE – NICHT NUR FÜR DICH

Der Heilige Geist ist ein vielschichtiges Wesen, der viele verschiedene Seiten hat. Du hast bisher gesehen, wie die Kommunikation mit ihm funktioniert und welche Aufgabe er im göttlichen Kosmos hat. Wusstest du aber, dass er noch viel mehr für dich bereithält?

Ein weiterer Punkt, den ihr erwähnt habt, liebe Geschwister, sind die _______________. Es liegt mir sehr daran, dass ihr in dieser Sache genau Bescheid wisst. 1. Korinther 12,1 (NGÜ)

Was ist es denn? Was ist dem Autor dieses Briefes, Paulus, so extrem wichtig, seinen Lesern mitzuteilen? Vielleicht das Ergebnis des Champions League-Finales? Oder die Verkostung einer neuen, besonders leckeren Rebsorte? Weder noch, was ihm ein echtes Anliegen ist, sind die …

Fähigkeiten, die uns durch Gottes Geist gegeben werden.

Diese Fähigkeiten nennt man auch Geschenke oder Gaben. Der Heilige Geist hat also auch noch Geschenke dabei? Juchu, Geschenke wie zum Geburtstag und an Weihnachten? Leider ist das nicht ganz die Idee hinter diesen göttlichen Gaben. Die Geschenke sind nicht nur für dich – sie sollen vor allem *andere* glücklich machen. Sie sind sozusagen Allgemeingut und dienen einer starken Gemeinschaft. Worum handelt es sich also genau?

SUPERHERO

WIR BEKOMMEN SUPERKRÄFTE?!

Du und ich können durch den Heiligen Geist Dinge bewirken, die sonst maximal Superhelden draufhaben ... Klingt zu verrückt für dich? Stellst du dir gerade vor, wie Spiderman die Häuserwände hochzuklettern? Wie Superman zu fliegen oder wie Harry Potter zu zaubern? Für meinen Sohn Bene ist das total normal, dass er das alles kann – im Spiel! Da kennt er keine Limits. Anders wäre es auch ganz schön langweilig. Stell dir nur mal vor, Kinder würden so spielen: „Also, Papa, mein Playmobilmann fährt in seinem Polizeiauto hinter dem Dieb her. Die Ampel ist rot. Er bleibt brav stehen. Der Dieb fährt weiter, ums Eck. Jetzt wird die Ampel grün. Der Playmobilpolizist schaltet in den ersten Gang, fährt an, macht den Schulterblick und biegt ab. Der Dieb ist mittlerweile entkommen." Wie öde!

Bei Bene schaltet das Auto stattdessen seinen intergalaktischen Turbo an, hebt ab und stellt den Dieb, bevor der überhaupt daran denken kann, in der nächsten Seitenstraße zu verschwinden. Der Supermegapowerpolizist hat sein Laserschwert dabei, springt noch kurz lässig über ein paar Wolkenkratzer (aus Lego), schnappt den Dieb mit den ausfahrbaren Monsterfangarmen und steckt ihn schließlich ins Verließ.

„Ja, ja, süß, was der Kleine für eine Fantasie hat", denkst du dir jetzt wahrscheinlich. Aber ganz ehrlich – haben wir Erwachsenen nicht eine ähnliche Sehnsucht nach Superkräften? Wenn ich die Bestsellerlisten und Blockbuster der letzten Jahre ansehe, dann dominieren ganz eindeutig diese Arten von Büchern und Filmen: Spiderman, Batman, Harry Potter und Co. Ich glaube, der Grund, dass sie so boomen, liegt in unser aller Wunsch nach übernatürlichen Dingen. Vielleicht geht es dabei nicht unbedingt in erster Linie darum, dass wir an einem Haus hochklettern wollen. Aber wenn tatsächlich mal die berühmte gute Fee aus dem Märchen käme und dir den magischen Zukunftsblick anbieten würde, würdest du wahrscheinlich gerne zugreifen. Oder hättest du lieber die Zeitmaschine, die dich in die Vergangenheit katapultiert, damit du Dinge rückgängig machen kannst? Vielleicht bevorzugst du auch eher übermenschliche Kraft oder die Begabung, andere sofort und spontan zu heilen? Was auch immer es ist – solche Dinge würden uns (und anderen) das Leben manchmal durchaus leichter machen.

Meiner Meinung nach steckt hinter diesen Wünschen letztlich die Sehnsucht nach Gott. Wir wollen, dass Dinge eintreten oder geschehen, die außerhalb des Menschenmöglichen sind. Wir sind nicht zufrieden damit, „nur" innerhalb unserer eigenen Grenzen zu schalten und zu walten. Das Verrückte daran ist: Wir können tatsächlich diese übernatürlichen Dimensionen erleben und selbst darin aktiv sein – mithilfe des Heiligen Geistes. Also, bist du bereit, dir dein persönliches, göttliches Superheldencape geben zu lassen und es überzustreifen? Ja? Na dann her mit den Geschenken!

BESCHERUNG MIT DEM HEILIGEN GEIST

Die Geschenke, die der Heilige Geist mitbringt, sind sehr vielfältig und jeder bekommt ein ganz eigenes, individuelles Paket zusammengestellt:

Nun gibt es verschiedene geistliche Gaben, aber es ist ein und derselbe Heilige Geist, der sie zuteilt. In der Gemeinde gibt es verschiedene Aufgaben, aber es ist ein und derselbe Herr, dem wir dienen. Gott wirkt auf verschiedene Weise in unserem Leben, aber es ist immer derselbe Gott, der in uns allen wirkt. 1. Korinther 12,4-6 (NLB)

Diese verschiedenen Gaben, Aufgaben oder Wirkungsarten nennt man Geistes- oder auch Gnadengaben. Es handelt sich dabei um Gaben oder auch Begabungen, die ins Übernatürliche hineingehen. Das Wort „Gnade“ (vom griechischen „charis“) bedeutet dabei nichts anderes als ein Geschenk, das einem voller Wohlwollen und Zuwendung überreicht wird – in dem Fall von Gottes Geist höchstpersönlich.

Zu diesen übernatürlichen Begabungen finden sich viele Beispiele in der Bibel, aber ich möchte an dieser Stelle neun davon vorstellen – vielleicht kommt dir die ein oder andere schon bekannt vor und du hast sie bereits erlebt?

WEISHEIT

Denn dem einen wird durch den Geist das Wort der Weisheit gegeben.
1. Korinther 12,8 (ELB)

Gott verleiht uns mit dieser Gabe die Fähigkeit zu erkennen, was *er* über eine Situation denkt – egal, wie verworren sie in unseren Augen vielleicht erscheint. Wo andere keinen Sinn sehen oder keinen Ausweg erkennen können, zeigt er dir, welche Perspektive er hat, warum Dinge geschehen oder was er gerade dabei ist zu tun. Du kannst so Zusammenhänge und mögliche schlüssige Lösungen erkennen. Mit diesem Wissen kannst du anderen Menschen helfen, sich zu sortieren und neuen Mut zu schöpfen.

ERKENNTNIS

(…) einem anderen aber das Wort der Erkenntnis nach demselben Geist. 1. Korinther 12,8b (ELB)

Durch diese Gabe kannst du Einsicht in etwas bekommen, das erst mal nicht offensichtlich ist – du erkennst Dinge, die andere nicht wahrnehmen.

Ich habe so etwas vor Kurzem erlebt, als ich mit Freunden zusammen im Wohnzimmer saß und wir gemeinsam beteten. Alle waren ruhig und in sich gekehrt, nur einer sprach laut sein Gebet. In diese Atmosphäre hinein grätschte plötzlich einer dazwischen (anscheinend hatte er gerade eine übernatürliche Erkenntnis bekommen) und sagte: „Mann, sag doch bitte, was du *wirklich* denkst. Du betest zwar gerade für Martin, aber eigentlich hast du einen konkreten Gedanken für ihn, den du dich nur nicht traust auszusprechen." Erst mal waren wir alle irritiert von dieser Ansage. Jedoch bestätigte der Beter, dass er wirklich gerade gezögert hatte – aus Angst, vielleicht damit ins Fettnäpfchen zu treten. Durch die Aufforderung des anderen konnte er dann seinen Impuls an Martin weitergeben.

GLAUBEN

Dem einen schenkt er einen besonders großen Glauben (…) 1. Korinther 12,9a (NLB)

Diese Gabe ist wie eine Eingebung oder Überzeugung, die du hast und von der du fest glaubst und einfach „weißt", dass sie stimmt – mag es auch noch so abgefahren sein. Vielleicht ist sie für einen Menschen, eine Gemeinschaft oder eine Situation bestimmt – durch deinen Glauben kannst du hier ermutigen.

Meiner Frau ist das vor einigen Jahren passiert. Wir hatten zu der Zeit noch Gottesdienste in unserem Wohnzimmer mit nicht mehr als 15 Leuten. Frauke und ich saßen in der Straßenbahn und fuhren am Sendlinger Tor vorbei. Dort gibt es ein sehr schönes, altes Kino. Völlig unvermittelt sagte sie zu mir: „Da werden wir mal Gottesdienste feiern!" Meine erste Reaktion: „Was? Wieso? Ist das nicht total abwegig?" – „Doch", meinte sie, „ich glaube ganz fest daran! Ich kann es dir nicht erklären, aber ich bin mir ganz sicher!" Ein paar Jahre später haben wir uns dort tatsächlich eingemietet und angefangen, Gottesdienste mit mehreren hundert Menschen zu feiern.

HEILUNG

(…) dem anderen die Gabe, Kranke zu heilen – das alles bewirkt der eine Geist. 1. Korinther 12,9b (NLB)

Unser Gebet kann bewirken, dass jemand gesund wird – sofort oder auch erst nach einem längeren Prozess. Grundsätzlich gilt das für jeden von uns und alle unsere Gebete für Kranke, aber manche Menschen haben hier eine besondere Autorität von Gott bekommen – eben die Gabe der Heilung.

Ich kann für jemanden beten und derjenige wird gesund. Ich persönlich habe in meiner Familie und in meinem Freundeskreis schon viele übernatürliche Heilungen erlebt. Eines ist mir aber wichtig, dazu zu sagen: Beten hilft und kann heilen, aber es ersetzt nicht den Besuch beim Arzt, die notwendige Operation oder Therapie. Allein auf das Gebet zu setzen, wäre fahrlässig und verantwortungslos. Aber es kann ein guter erster Schritt sein und eine Möglichkeit, unterwegs immer wieder mit Gott den Weg der Heilung zu besprechen. Und Gott greift eben auch durch ärztliche Hilfe ein und heilt.

WUNDER

Dem einen Menschen verleiht er Kräfte, dass er Wunder tun kann. 1. Korinther 12,10a (NLB)

Oft sagen Menschen, wenn sie eine Heilung (mit)erleben: „Was für ein Wunder!" Stimmt aber nicht so ganz – da muss ich jetzt ein wenig kleinkariert sein. Denn es gibt da einen Unterschied. Bei einer Heilung werden Dinge wiederhergestellt und in ihre göttliche Ordnung zurückgebracht. Ein Wunder drückt Gottes schöpferische Kraft aus – etwas ganz Neues entsteht. Platt gesagt: Wenn ein Knie kaputt ist und wieder gesund wird, kann man von Heilung sprechen, ein Wunder ist es, wenn ein amputiertes Bein wieder nachwächst.

Ehrlich gesagt habe ich noch nicht viele Menschen kennengelernt, die diese Begabung haben und einsetzen. Das ändert jedoch nichts an der Tatsache, dass Gott dazu in der Lage ist, solche Wunder zu vollbringen – und Menschen dazu gebrauchen will. Die Bibel ist voll davon – zum Beispiel die Essensvermehrung, die die Jünger mit Jesus erleben. Über 5000 Menschen werden von nur fünf Broten satt und es bleiben sogar noch einige Körbe übrig (Johannes 6,1-15)!

PROPHETIE

(…) einem anderen die Fähigkeit zur Prophetie.
1. Korinther 12,10b (NLB)

Gedanken und Impulse können wir alle von der göttlichen Radiostation empfangen (siehe Kapitel „Der Heilige Geist") – ob für uns selbst oder für andere. Eine Prophetie zeichnet sich dabei dadurch aus, dass etwas Zukünftiges ausgesprochen wird, das Gott noch vorhat – mit mir selbst oder anderen, oft sogar einer Gruppe von Menschen, einer ganzen Stadt oder sogar einem Land. Das kann eine Ermutigung sein, aber auch eine Ermahnung oder Warnung. Oft versteht man die genaue Bedeutung dessen, was Gott einem da so mitteilt, (noch) gar nicht zu hundert Prozent, oder die Zeitspanne, bis diese Dinge eintreten, kann noch sehr lange sein. [1]

Paulus erhält zum Beispiel eine Prophetie von Agabus, der ihm sagt: „Du wirst von den Juden in Jerusalem gefangen und gefesselt werden." Zu dem Zeitpunkt ist Paulus noch in Cäsarea, es wird noch eine Weile dauern, bis er nach Jerusalem kommt. Aber seine Reaktion ist ziemlich radikal, er sagt: „Was soll das Weinen? Ihr zerreißt mir das Herz! Ich bin nicht nur bereit, mich in Jerusalem verhaften zu lassen, sondern auch für Jesus, den Herrn, zu sterben." (Apostelgeschichte 21,13 (NLB)). Dass er sogar bereit ist, zu sterben, mag ihn ja ehren, aber es ist eben nicht Teil der Prophetie.

Später sitzt er tatsächlich in Jerusalem im Kittchen und wird gefoltert, aber er bleibt am Leben. Und dann geht's weiter: Er durchläuft viele verrückte Etappen, bis er schließlich nach Rom kommt. Dort kann er über Jesus predigen und das mit maximalem Erfolg und Einfluss. Es geht bei Prophetien also nicht darum, munter drauflos zu interpretieren, sondern Gott bittet uns dadurch oft um ein Ja zu seinen Plänen – und zustimmen tut Paulus ja durchaus. Andersrum kann es ebenfalls problematisch werden – wenn der Prophet selbst von seiner Eingebung absolut überzeugt ist und glaubt, dass seine Meinung die einzig wahre ist. Er denkt: „Hey, das kommt ja schließlich von Gott!" Mir ist das auch mal passiert, als ich noch jung, knusprig und frisch im Glauben war. Ich hatte das Gefühl, einen prophetischen Eindruck für meine damalige Gemeinde zu haben. Also bin ich (mit einem imaginär erhobenen Zeigefinger) zum Pastor gegangen und habe gesagt: „Das will Gott tun, er wird es so tun und deshalb sollst du wiederum dieses und jenes tun!" Hat nur noch das „So spricht der Herr!" gefehlt!

Der Gemeindeleiter schaute mich dementsprechend gelassen (weil nicht ganz ernst zu

[1] Du kannst das in der Bibel zum Beispiel im Buch Daniel nachlesen – der Prophet ist hier zum Teil vollkommen erschlagen von seinen Träumen und Visionen. Aber Gott hat Außergewöhnliches mit ihm und über ihn hinaus vor.

nehmen) an und sagte: „Sorry, Tobias, das glaube ich nicht.“ Ich habe mich zu dem Zeitpunkt natürlich gefragt, wie man ein solcher Vollpfosten sein kann! Ich bin so fest davon ausgegangen, dass mein prophetischer Eindruck stimmen musste – und er wollte ihn partout nicht umsetzen! Gott sei Dank hatte er die nötige Erfahrung, um mich und mein Statement einzuordnen.

Ich denke, es ist egal, wie lange man schon als Christ unterwegs ist: Zu denken, dass die eigene prophetische Eingebung ganz wichtig und richtig ist, kann immer mal wieder vorkommen. Warum? Weil man vielleicht das Gefühl hatte, dass man Gott auf eine sehr klare Art und Weise wahrgenommen hat. Vielleicht ist man aber manchmal einfach zu schnell auf dem „Missionspfad“ unterwegs. Darum gilt es, solche Impulse immer gut zu reflektieren und sich selbst oder den anderen beim Weitergeben die Freiheit zu lassen, sie anzunehmen und umzusetzen – oder eben auch nicht. Ich persönlich musste deswegen richtig lernen, Prophetien in dem Moment, in dem ich sie ausspreche, loszulassen. Denn der Job als Prophet liegt darin, die Dinge beim Namen zu nennen. Man muss sie nicht immer selbst umsetzen (es sei denn, sie sind für einen selbst). Es ist Gottes Angelegenheit, sich darum zu kümmern – wir können nur als seine Sprachrohre fungieren.

GEISTERUNTERSCHEIDUNG

Wieder ein anderer wird durch den Geist befähigt zu unterscheiden, ob wirklich der Geist Gottes oder aber ein anderer Geist spricht. 1. Korinther 12,10c (NLB)

Kennst du das – ein gutes (oder ungutes) Bauchgefühl bei einer Sache zu haben? Oder spürst du, wenn Menschen authentisch sind – man sich auf ihr Wort verlassen kann? In eine ähnliche Richtung geht die Gabe der Geisterunterscheidung. Ja, das klingt etwas nach Ghostbusters –, aber gemeint ist damit, dass es verschiedene „Geister“ hinter Aussagen, Dingen oder Personen gibt – sozusagen die Motivation oder der Antrieb dahinter.

Das kann entweder gut und göttlich sein, aber auch teuflisch oder chaotische Tendenzen haben. Solche zerstörerischen Nuancen können manchmal sehr fein sein – Menschen mit dieser Begabung entlarven sie trotzdem. Genauso können sie gut herausfiltern, wenn hinter einer vermeintlich profanen Aussage eine tiefe, göttliche Wahrheit steckt.

SPRACHENGEBET

Und dem einen gibt der Geist die Gabe, in anderen Sprachen zu sprechen (...) 1. Korinther 12,10d (NLB)

Erinnerst du dich an das, was an Pfingsten passiert ist? Die Apostel sprechen in Sprachen, die sie gar nicht kennen –, aber die Umstehenden verstehen ihre Aussagen, jeder in seiner Muttersprache. Ähnlich kann Gott dir Worte und Sätze in den Mund legen, die du selbst gar nicht kennst. Es kann dabei eine Sprache sein, die es tatsächlich gibt, aber auch – wie mein Sohn es treffend formuliert – eine „Geheimsprache mit Jesus“. Wenn man in Sprachen betet (andere sagen dazu auch „Zungenrede“, weil man mit der Zunge intuitive Laute formuliert), kann man wirklich „Geheimnisse“ – also Dinge, die (noch) im Verborgenen liegen – mit Gott austauschen. Manchmal hat das noch den Nebeneffekt, dass man seinen Glauben und seine eigene persönliche Beziehung zu Gott stärkt (1. Korinther 14,2.4a).

Ich fand diesen Gedanken lange Zeit irgendwie schräg – in unserer Familie war meine Frau die Erste, die diese Gabe ausprobiert und genutzt hat. Eines Tages fuhr ein Kindernotarztwagen vor ihrem Auto. Sie sah die Ärzte im Wagen agieren. Es sah ernst aus. Frauke hatte Mitleid mit dem Kind und den Eltern. Sie wollte so gerne beten, wusste aber nicht, was konkret. Sie hatte ja keine Ahnung, was passiert war. Da begann sie einfach, Silben und unbekannte

Worte zu sprechen. Erst kam sie sich dabei komisch vor, aber nach und nach merkte sie, dass der Heilige Geist ihre Sprache führte und ihr half, das Gebet zu formulieren, das ihr auf dem Herzen lag.

SPRACHENGEBETSAUSLEGUNG

(...) während er einen anderen befähigt, das Gesagte auszulegen.
1. Korinther 12,10e (NLB)

Trotzdem kann es – wie an Pfingsten – sein, dass ein anderer versteht, was man selbst in einer unbekannten Sprache betet. Der Heilige Geist liefert ihm sozusagen eine Simultanübersetzung.

An der Stelle springt mein experimentierfreudiges Wesen an. Wenn ich wissen will, ob ein göttliches Prinzip funktioniert, dann probiere ich es so lange aus, bis ich es erlebt und herausgefunden habe, ob es wirklich stimmt. Meine Smallgroup hatte sich daher eines Tages das Ziel gesetzt, so lange in Sprachen zu beten, bis einer eine Auslegung hatte. Wir fingen an. Einer betete in Sprachen (für meine Ohren wirres Zeug). Außer mir hatte es auch sonst niemand verstanden, also machten wir weiter und weiter und weiter und weiter. Sechs ganze Abende lang. Beim sechsten Mal betete mein Kumpel also wieder: „Blakala hunei, kemin shalbala ...“ – bis plötzlich ein anderer in der Runde sagt: „Ich weiß, was du gebetet hast!“

Okay, jetzt waren wir aber alle gespannt! Er erzählte uns, dass er einen Blitzgedanken für die Person aus unserer Runde gehabt hatte, für die wir in Sprachen beteten. Er sprach diesen Gedanken aus – und die Person bestätigte, dass er damit voll ins Schwarze getroffen hatte! Nicht nur sie erlebte dadurch Gottes großartige Ermutigung, sondern wir alle waren fasziniert davon. Unsere Experimente haben sich also gelohnt.

UND NOCH SO VIEL MEHR ...

Und so empfängt jeder die Gabe, die der Geist ihm zugedacht hat.
1. Korinther 12,11b (HFA)

Bei den Gaben, die Paulus hier im Korintherbrief aufzählt oder die er oder andere darüber hinaus an verschiedenen Stellen nennen, fällt auf, dass sie sich inhaltlich oft überschneiden oder einander ergänzen. Es handelt sich bei diesen neun Geistesgaben auch nicht um die einzigen, die der Heilige Geist in seinem Repertoire hat. Also keine Sorge, falls du bisher denkst: „Hm, betrifft oder reizt mich irgendwie gar nicht ...“ Zum einen darfst du dich darauf verlassen, dass Gottes Zusage steht! Jeder bekommt seine Geschenke, keiner geht bei der Bescherung leer aus. Zum anderen gibt es viele weitere Richtungen, in die du dich aufmachen kannst. Du liebst es vielleicht, anderen Menschen Gutes zu tun, ihnen zu helfen und sie zu unterstützen? Dann hast du die Gabe des Dienens. Oder du kannst viele Dinge gleichzeitig tun, hast dabei den Überblick und hältst das große Ganze zusammen – dann hast du vielleicht ein ausgeprägtes Organisationstalent. Auch das ist eine Begabung, die von Gott kommt.

Es gibt einen ganzen Haufen weiterer Talente und Begabungen, die ich hier gar nicht alle aufzählen kann. Wichtig ist dabei nicht, eine Art Katalog zu erstellen und dabei zu scannen: Ist das jetzt eine Geistesgabe oder nicht? Schafft es dieses Talent hinein oder nicht? Ein bisschen wäre das wie eine Castingshow, wo es jeder in den Recall schaffen will ... Viel eher, glaube ich, kommt es Gott darauf an, dass wir erkennen, was er alles in uns hineingelegt hat. Was fällt uns vielleicht leichter als anderen? Wenn du dich damit tiefer auseinandersetzen willst und deine Begabungen herausfinden möchtest, dann empfehle ich dir das Arbeitsheft „Chazon – göttliche Lebensqualität entfalten“.[2]

[2] Als Arbeitsheft Chazon oder gratis Download erhältlich unter www.icf-muenchen.de. Meine thematisch passenden Predigten findest du als Podcasts bei der Serie „Premium – Göttliche Lebensqualität entfalten“.

WAS SIND MEINE BEGABUNGEN? DREI FRAGEN, UM IHNEN AUF DIE SPUR ZU KOMMEN:

WONACH SEHNE ICH MICH?
Was fehlt in meinem privaten/beruflichen Umfeld/meiner Kirche/der Welt? Was ärgert mich vielleicht richtig? Was könnte besser laufen?

Als Mama nervt es dich, dass es keine Babyecke in deiner Kirche gibt oder dir fällt auf, dass deine Kollegen eher gereizt sind und unfreundlich miteinander umgehen – solche Beobachtungen können Hinweise darauf sein, dass Gott dich herausfordert, die Dinge in die Hand zu nehmen und etwas zu verändern.

WAS MOTIVIERT MICH?
Was fällt mir leicht und macht mir mehr Spaß, als dass es mich Anstrengung kostet? Wo bin ich richtig im Flow? Womit könnte ich mich stundenlang beschäftigen?

Dein Werkzeugkasten ist dein Ein und Alles – du liebst es einfach, die verschiedenen Werkzeuge zu benutzen und dich handwerklich auszutoben. Was spricht dagegen, diese Leidenschaft für andere einzusetzen und dabei zu erleben, wie du selbst zum Werkzeug wirst – vom Heiligen Geist? Und übrigens: Man ist ja oft geneigt zu denken: „Das findet doch jeder cool, ist ja nichts Besonderes ..." – ein totaler Irrglaube! Ich persönlich zum Beispiel habe keinen Spaß am Heimwerken ...

WIE SEHEN MICH ANDERE?
Welches Feedback bekomme ich? Worin bekräftigen andere meine eigene Einschätzung, wo läuft es auseinander?

Solches Feedback kann man sich bewusst einholen –, denn nur weil du selbst denkst, du seist ein guter Zuhörer, heißt das nicht automatisch, dass andere dich ebenso erleben. Oder umgekehrt: Sie sehen in dir ein großes kreatives Potenzial, während du selbst nicht im Leben auf die Idee gekommen wärst, jemals Pinsel und Leinwand in die Hand zu nehmen oder deine Malerei als etwas Besonderes zu sehen.

MYTHEN UND MÄRCHEN

Es gibt eine Reaktion, die ich immer wieder erlebe, wenn ich anderen von diesen unglaublichen Geschenken erzähle, die Gott uns macht: „Hört sich prima an, aber ich habe nichts davon. Ich halte mich auch nicht für besonders talentiert." Andere befürchten, dass es zu anstrengend werden könnte, die Fähigkeiten einzusetzen, die Gott ihnen anvertraut hat. Ist jemand musikalisch und kann toll singen, bedeutet das ja nicht nur den Spaß, auf der Bühne zu stehen und aufzutreten. Er muss dazu das Lampenfieber überwinden und viel Zeit investieren –, um zu üben, die Texte zu lernen und die Stimme zu trainieren.

Sich selbst zu entfalten und anderen dadurch eine Freude zu machen, geht eben nicht „mal so nebenbei". Es kostet etwas: Zeit, Kraft und Einsatz –, der sich aber mit Sicherheit lohnt. Wenn man zum Beispiel die Reaktionen der Zuhörer mitbekommt, wie berührt sie durch die Musik sind und merkt, dass sie dadurch Gott erleben (falls man in der Kirche singt), dann kann das eine große Erfüllung sein. Und so ist das bei allen Begabungen. Es wird also Zeit, herauszufinden, was du kannst. Denn eines ist sicher, in Gottes Augen gibt es das Wort „talentfrei" nicht. Jeder hat sein individuelles Package. Bei mir bedeutet das, nur unter der Dusche zu singen, und das auch nur, wenn keiner in der Wohnung ist. Meine Talente liegen definitiv woanders.

Es ist ziemlich offensichtlich, was der Supergau wäre, den man mit Geschenken anstellen könnte: Sie nicht anzunehmen, oder sie zwar entgegenzunehmen, aber unausgepackt rumstehen und vergammeln zu lassen. Aber genau das passiert mit Geistesgaben immer wieder. Erzähle ich anderen zum Beispiel davon, dass es die Begabung gibt, auf übernatürliche Weise Kranke zu heilen, reagieren die meisten interessiert –, aber sie kommen nicht auf den Gedanken, dass sie *selbst* das tun könnten, sie probieren diese Gabe nicht aus.

Deshalb möchte ich dir eine ganz einfache Frage stellen: Was könnte schlimmstenfalls passieren? Was hält dich davon ab, dich in göttliche Abenteuer zu stürzen? Und anders herum: Was könnte bestenfalls passieren? Dass eine Person *wirklich* gesund wird, wenn du für sie betest? Wenn du hörst, dass so etwas bei anderen passiert, warum probierst du es dann nicht auch mal aus? Nicht nur andere, sondern vor allem du selbst hast dadurch die gigantische Chance, Gottes Wirken zu erleben und deinen Glauben zu stärken. Vielleicht hast du Angst, dass es bei dir nicht „funktioniert"? Das kann natürlich sein. Aber wenn du es nicht versuchst, bietet sich gar nicht erst die Chance, dass es vielleicht doch passiert. Ich denke, Kinder sind da längst nicht so zögerlich – wenn Bene den Knopf für den Supermegapowerboost an seinem Playmobilauto sieht, dann drückt er ihn einfach. Genauso unbefangen und neugierig dürfen wir – als Kinder Gottes – die Möglichkeiten des Heiligen Geistes in uns entdecken und ausprobieren und den Spaß genießen, den es mit sich bringt.

Und genauso, wie sich diese Zurückhaltung hartnäckig in den Köpfen vieler Menschen hält, gibt es noch andere Mythen über Geistesgaben. Hier kommt mein persönliches Ranking zu diesem Thema:

5. FÜR GEISTESGABEN MUSS MAN NICHTS TUN!

Früh übt sich, was ein Meister werden will. *Friedrich von Schiller*

Stell dir folgende Situation vor:

Du interessierst dich für Sport, sagen wir mal für Volleyball. Eines Tages bekommst du von deinen Freunden einen Tennisschläger geschenkt. Der Schläger allein bedeutet aber nicht, dass du deswegen jetzt Tennis spielen kannst. Du musst die neue Sportart erst üben. Vielleicht merkst du ja dabei, dass du der neue Boris Becker bist. Ohne einen Trainer und beständiges Üben hättest du das aber nie herausgefunden.

Exakt nach dem gleichen Prinzip entfalten sich auch unsere Geistesgaben – sie fallen nicht einfach so vom Himmel und – plopp! – ist man mir nichts, dir nichts Germany's Next Top-Sprachenbeter. Gott kann diese Dinge durchaus spontan in uns freisetzen, aber dann ist es an uns, sie einzusetzen, zu trainieren und auszubauen. So ähnlich beschreibt das auch Paulus, als er zu seinem Freund Timotheus sagt:

Ich weiß, wie aufrichtig du glaubst; genauso war es schon bei deiner Großmutter Lois und deiner Mutter Eunike. Ich bin überzeugt, dass dieser Glaube auch in dir lebt. Darum bitte ich dich: Lass Gottes Gabe voll in dir wirksam werden. Du hast sie bekommen, als ich dir segnend die Hände auflegte. 2. Timotheus 1,5-6 (HFA)

Es ist also anscheinend in Timotheus angelegt, dass er die Gabe hat, zu glauben. Um sie freizusetzen, gibt es diesen Moment der Initialzündung (hier durch das segnende Gebet). Aber dann ist es an ihm – und genauso an uns –, das Geschenk auszuprobieren und zu gebrauchen.

4. OHNE ENTSPRECHENDE GEISTESGABE GEHT LEIDER GAR NICHTS!

Versuch macht klug. *Sprichwort*

Dieser Mythos ist ein typischer Fall von „hätte, würde, könnte" – „Wenn ich doch nur die Gabe der Heilung *hätte*, *würde* ich ja auch für Kranke beten und *könnte* vielleicht sogar etwas bewirken –, aber ich hab sie halt nun mal leider nicht, und deswegen bete ich auch nicht." Diese Art von Ausreden gelten bei Gott nicht. Jesus beruft uns dazu, ihm nachzufolgen. Und sagt dabei voraus:

Ich versichere euch: Wer an mich glaubt, wird dieselben Dinge tun, die ich getan habe, ja noch größere (...) Johannes 14,12 (NLB)

Tja, was hat Jesus getan? Er hatte festen Glauben, ermutigte und ermahnte Menschen, predigte mit göttlicher Weisheit, heilte, diente, befreite und veränderte das Leben von so vielen – und vieles mehr. Die Jesus-Geistesgaben-Liste kennt eigentlich kein Ende. Und wir können sogar *noch mehr* als das bewirken? Okay, vielleicht überfordert dich dieser Gedanke (mich ehrlich gesagt auch ein wenig) –, aber im Grunde ist er eine große Ermutigung. In uns sind die gleichen unlimitierten Möglichkeiten angelegt wie die, die wir von Jesus kennen. Gott beschränkt uns nicht –, also warum sollten wir selbst es tun?

3. FLATRATE ODER NUR INS FESTNETZ?

„Keiner kann nichts, und keiner kann alles." *Altes deutsches Sprichwort*

Ich liebe Flatrates! Einmal zahlen, immer das Gleiche bekommen, keine komplizierte Abrechnung von einzelnen Posten. In Bezug auf Geistesgaben gehen manche von den gleichen Voraussetzungen aus: Sie erhalten einmal das Paket „Heilung", und das bedeutet dann für jeden Einzelfall, dass sie immer nach dem gleichen Muster vorgehen. Kranke Person auf einen Stuhl setzen, Hände auflegen, beten, sofort gesund – oder eben auch nicht. Denn in diesem Punkt ist Gott durchaus Fan von Einzelverbindungsnachweisen. Jedes Gespräch hat einen anderen Tarif und jedes Mal, wenn man eine Geistesgabe zum Einsatz bringt, funktioniert es auf unterschiedliche Weise. Selbst bei Jesus ist das so – mal tritt durch eine simple Berührung die Besserung sofort ein (z.B. in Matthäus 8,2-3), mal in einem Prozess, wo jemand sich selbst auf den Weg machen muss (z.B. in Lukas 17,12-14). Und selbst, dass erst mal länger nichts passiert, ist biblisch (z.B. in Daniel 10,1-14). Also von wegen „immer gleich" (auch wenn das echt bequem wäre ...)!

Andere wiederum denken vielleicht: „Ich hab nur einen Vertrag für Prophetie abgeschlossen – Weisheit und Erkenntnis sind da nicht inklusive." Solche Beschränkungen gibt es im göttlichen Tarifnetz nicht. Es mag sein, dass eine Begabung bei manchen Menschen hervorsticht und sie wirklich viel damit erleben, weil Gott ihnen besondere Autorität verleiht. Aber das heißt im Umkehrschluss nicht, dass nicht jeder für alle Gaben eine Grundbegabung hätte. Denn genau das meint Jesus, wenn er sagt, wir können Gleiches und noch mehr bewirken wie er: All diese Dinge sind grundsätzlich in uns angelegt, nur in ihrer Ausprägung sind sie individuell verschieden.

Um deinen persönlichen Style zu finden, brauchst du also denjenigen an der Strippe, der sich wahrlich auf den Dialog mit Gott versteht: den Heiligen Geist. In der Kooperation mit ihm findest du heraus, welches Gabenprofil du hast und wie du es jeweils in den unterschiedlichen Situationen einsetzen kannst. Also keine Flatrategaben, sondern eben *Geistes*gaben.

2. COPY AND PASTE?

„Den eigenen Weg zu gehen, erfordert den größten Mut.“ *Konfuzius*

Das „Copy and Paste“-Prinzip wäre ähnlich gemütlich wie die Flatrate: Wenn ich als Pastor eine Kirche gründen möchte, dann schau ich einfach, wie andere es gemacht haben, und mache es genau gleich. In der Realität klappt das allerdings – leider! – nicht. Imitieren und übernehmen führt noch lange nicht dazu, dass in meiner Stadt, mit meiner Leitungspersönlichkeit und durch mein Team eine Gemeinde wächst und aufblüht.

Wir haben vielleicht alle die gleiche Grundberufung – Jesus nachzufolgen und gleiches zu bewirken wie er –, aber ihre Ausprägung äußert sich bei jedem anders. Gott verteilt sehr persönliche und maßgeschneiderte Geschenke –, die wir aber genauso individuell für uns nutzen lernen müssen. Nur weil ein Freund immer ein Bild vor seinem inneren Auge sieht, wenn er prophetische Eindrücke hat, muss das bei dir nicht genau so sein. Vielleicht bekommst du deinen Impuls in der Natur oder durch Lesen in der Bibel oder hast einfach einen Gedanken, während dir jemand sein Problem erzählt. Wir sind alle Originale, keine Plagiate!

Und meine persönliche Nummer eins ist dieser Mythos:

1. JE MEHR GABEN, UMSO BESSER DER CHRIST!

„Getretener Quark wird breit - nicht stark." *Johann Wolfgang von Goethe*

Jemand, der sogar Wunder bewirken kann, ist ein besserer Christ als der, der nur treu dient?!? So ein Quark! Was Goethe hier im übertragenen Sinn meint, ist, dass es nicht darum geht, sein Gabenspektrum möglichst in die Breite zu treten und dadurch zu beeindrucken. Im Gegenteil – eine solche Effekthascherei, bei der man auch noch versucht, die vermeintlich spektakuläreren Geschenke für sich zu beanspruchen, lässt Gott eher kalt. Nur wir denken so: Was ist wohl die coolere oder die bessere Gabe? Sprachengebet oder dessen Auslegung? Weder das eine noch das andere, denn in erster Linie sagt ein Geschenk nichts über den aus, der es bekommt, sondern über den, der es gibt. In diesem Fall ist das Gott. Rückschlüsse über den Empfänger kann man dagegen daraus ziehen, wie er damit umgeht – auspacken, aber dann wegstellen? Oder einsetzen und in seine Bestimmung bringen? Unterm Strich sollte uns dann nicht der Mensch beeindrucken, der ein Wunder vollbringt, sondern vielmehr Gott, der dahinter steckt. Es ist *seine* Größe, die dadurch zum Ausdruck kommt.

Und vollkommen egal, was jemand draufhaben mag – es beinhaltet keine Aussage darüber, wie viel Autorität er hat oder wie gesegnet er ist. Ein Diener ist nicht weniger wert als ein Heiler – ein Sprachenbeter nicht mehr als ein Ausleger. Und man kann auch nicht von einer Begabung auf alle anderen Lebensbereiche rückschließen. Nur weil jemand eine göttliche Erkenntnis hatte und weitergeben konnte, heißt es nicht, dass er automatisch immer und in allen Belangen recht hat. Auch nicht, dass sein Lebensstil perfekt und seine Theologie die einzig richtige ist. Gott wartet glücklicherweise nicht so lange, bis wir alle seine Prinzipien so vollkommen leben, wie Jesus es getan hat. Das kann er sich gar nicht leisten. Denn würde er das tun, könnte so gut wie niemand von uns jemals zum Einsatz kommen. Wir sind nicht so vollkommen wie Jesus. Wir sind Menschen – Jesus war Gottes Sohn. Die gute Nachricht ist daher: Gott benutzt dich und mich – trotzdem. Jetzt. Hier. Und heute. Auch, wenn wir Fehler haben. Gott verteilt seine Gaben nicht als Belohnung dafür, weil wir besser sind als andere. Geschenke bekommt man geschenkt, man muss sie sich nicht verdienen.

VON GABEN UND AUFGABEN

Wir müssen also nichts leisten, um Geschenke von Gott zu bekommen. Was aber durchaus Teil des Deals ist – zumindest aus seiner Sicht: Er gibt uns Gaben, um diese wiederum weiterzugeben. All die verschiedenen Begabungen sind dafür vorgesehen, dass wir sie für andere einsetzen. Gott liebt es, unsere Talente zu fördern –, aber nicht, damit wir selbst dabei groß rauskommen, sondern damit Menschen in unserem Umfeld davon profitieren. Ja, du hast richtig gehört – es geht gar nicht (nur) um dich! Schade eigentlich, oder?

In der Bibel betont Paulus immer wieder, dass jede Gabe zugleich eine *Aufgabe* ist. Er meint damit, dass wir durch unsere Begabungen und Fähigkeiten zum Geschenk für andere werden. Aus diesem Grund geht es in erster Linie gar nicht so sehr darum, *was* deine Talente sind, sondern *wie* du sie in Gottes Sinne nutzt, um andere zu ermutigen, ihnen zu dienen und zu helfen. Was ich dabei immer wieder erfahre, ist, dass ich dadurch fast doppelt beschenkt bin! Zum einen von Gott, zum anderen aber durch die Rückmeldungen, wie andere ihn erleben. Und in dem Fall erleben sie ihn dann durch mich. Im Grunde also eine dreifache Win-Win-Situation – für mich, die anderen und für Gott.

Paulus hat darüber hinaus aber noch eine ziemlich genaue Vorstellung davon, was unser primärer Einsatzort sein soll:

Jedem hat Gott eine ganz bestimmte Aufgabe in der Gemeinde zugeteilt (...) Jeder einzelne soll sich um die Gaben bemühen, die der Gemeinde am meisten nützen. 1. Korinther 12,28.31b (HFA)

Die Gemeinde oder die Kirche ist die Plattform, wo alle Begabungen zusammenkommen und zu einem großen Ganzen zusammengefügt werden. Paulus nennt noch weitere Aufgaben, sogenannte Dienste, zum Beispiel den eines Leiters, Apostels, Lehrers usw. (Epheser 4,11 oder Römer 8,6-8). Nur wenn jeder seinen Platz einnimmt, wird der göttliche Werkzeugkasten komplett.

WIN
WIN
WIN

dreimal

GÖTTLICHER
WERKZEUGKASTEN

Denn deine und meine Begabungen sind wie Werkzeuge, die den Aufbau von Gottes Reich und der Kirche unterstützen. Es gibt darin Zangen in vielen Ausführungen, Hammer in verschiedenen Größen oder auch Schraubenzieher, von denen jeder anders ist. Ähnlich haben in einer Kirche vielleicht mehrere Personen ein lehrendes Talent, aber der eine speziell für Teens, der andere für Kleinkinder und ein dritter für Erwachsene. Würde man den Schlitzschraubenzieher in eine Kreuzschraube stecken, greift er nicht richtig. Beide haben eine „Schraubenzieherbegabung", aber eben eine unterschiedliche. Genauso unbeholfen wäre der Erwachsenenlehrer vielleicht vor einer Horde Kids. Darum kann ein Werkzeugkasten nie groß genug und vielfältig genug gefüllt sein. Ein Handwerker ist nur so gut, wie es sein Repertoire hergibt. Genauso baut Gott mit uns sein Reich. Wir werden alle mit unseren individuellen Stärken gebraucht, um Kirche entstehen zu lassen.

Man kann Kirche aber nicht nur mit einem Werkzeugkasten vergleichen. Paulus zieht die Parallele zwischen der Gemeinde und einem Körper. Dieser hat viele Glieder (wir mit unseren Begabungen), Jesus ist dabei das Haupt – er steuert und gibt die Richtung vor. Aber dazu müssen wir zum einen mit ihm verbunden bleiben, und zum anderen unseren Part einnehmen. Denn kein Plan kann gut umgesetzt werden, wenn wesentliche Teile fehlen. Wenn ein Körper 3000 Augen hätte, um etwas sehen zu können, aber kein einziges Bein, um irgendwohin zu gehen, wäre es leicht suboptimal. Genauso können in einer Kirche nicht alle visionäre Leiter sein. Es gäbe dann nichts und niemanden zu leiten und keiner würde etwas auf die Beine bringen. Die Menschen, die anpacken und dienen, sind genauso wichtig, wie derjenige, der leitet. Jeder wird gebraucht.

Stellt euch vor, euer ganzer Körper wäre nur Auge – wie könntet ihr da hören? Oder wenn euer ganzer Körper nur Ohr wäre, wie könntet ihr da etwas riechen? Gott hat unseren Körper mit vielen Gliedern und Organen geschaffen und jedem Körperteil seinen Platz gegeben, wie er es wollte.

1. Korinther 12,17-18 (NLB)

In der Anfangsphase des ICF kam ein junges Ehepaar in unsere Kirche, das gemeinsam eine Leidenschaft für das Skripten und Drehen von Videos hatte. Die beiden beschlossen, diese Gabe auch der Kirche zur Verfügung zu stellen und brachten sich schon bald im Kreativ-Team ein, produzierten kleine Werbevideos für die Gottesdienste oder andere Veranstaltungen. Obwohl sie selbst immer wieder feststellen mussten, dass sie bei jedem Dreh unzählige Dinge noch besser machen konnten, ließen sie sich nicht entmutigen, sondern sahen es vielmehr als Ansporn, ihre Talente mit Gott gemeinsam noch weiter auszuarbeiten. Sie erkannten, jedes Talent braucht Training, ganz egal, wo man steht.
Der Zuspruch aus der Kirche und von den Menschen, die von ihrer visuellen Kunst berührt und angesprochen wurden, ermutigte den jungen Mann sogar dazu, eine Ausbildung zum Filmcutter in Erwägung zu ziehen, ein Wunsch, der mit finanziellen Herausforderungen verbunden war. Er bedeutete nämlich, dass er seinen sicheren Job an den Nagel hängen musste, und das, obwohl seine Frau hochschwanger war.
Die beiden fingen an, Gott zu fragen, was sein Plan sei. Sie schrieben eine Liste mit den Schritten, die sie gehen müssten, damit der junge Mann die Ausbildung im Filmbereich machen könnte.

In der ganzen Phase der Entscheidungsfindung fühlten sich die beiden ungemein von Gott begleitet und gesegnet – so sehr, dass sie sich letztendlich dazu entschieden, das Wagnis einzugehen und aus der beruflichen Sicherheit zu treten.
Dieser Wechsel vom soliden, sicheren Businessjob in die kreative Spalte war ein riesiges Abenteuer für sie. Diese Ausbildungsphase zum Filmcutter dauerte insgesamt zwei Jahre. Zwei Jahre ohne Einkommen, während die beiden mittlerweile zwei kleine Kinder aufzogen.
Weil sie jedoch „all in" gegangen waren, Gott vertrauten und nach seinem Plan für ihre Leidenschaft und ihre Begabungen gehandelt hatten, durften sie erleben, wie Gott ihren Traum Wirklichkeit werden ließ, und das erfüllt und versorgt.
In der Zeit, die die junge Frau mit den Kindern alleine zu Hause war, entwickelte sich bei ihr eine Liebe zum Schreiben, die letztendlich in vielen Projekten, unter anderem für das ICF München, zum Ausdruck kam.

Die beiden haben ganz deutlich erlebt, dass sie ihre Begabungen mit Gottes Kreativität und Mut kombinieren können, so dass am Ende Großartiges entsteht. Heute verdienen sie ihren Lebensunterhalt mit dem, was als Hobby und mutiger Schritt auf Gott zu angefangen hat.

ALLE FÜR EINEN UND EINER FÜR ALLE!

Es ist die Vielfalt an Begabungen, die eine Kirche zum Aufblühen bringt. Die Kirche ist meiner Meinung nach die Hoffnung dieser Welt – aber nur dann, wenn ihr Körper Kraft hat. Stell dir mal Folgendes vor: Die Leber ist krank, du hast schwere Gelbsucht. Da sagen die anderen Organe doch nicht zur Leber, dass sie sich gefälligst um ihren eigenen Mist kümmern soll. Nein, denn ist ein Glied schwach, dann greift diese Schwäche auch die anderen an. Nach und nach werden die Augen und die Haut gelb, und der ganze Körper bekommt Gelbsucht. Deswegen werden alle Abwehrkräfte aktiviert und der ganze Körper mobilisiert, um diese Schwäche an einer speziellen Stelle auszugleichen und sie wieder zu stärken. Das bedeutet für deine Kirche: Wenn du erkennst, dass etwas schlecht läuft, dann versuche, aktiv zu werden. Den Mangel zu erkennen, ist ja schon mal eine erste Begabung! Aber vielleicht kannst du ihn sogar beheben?

Als wir noch im Kino am Sendlinger Tor unsere Gottesdienste gefeiert haben, kam einmal ein Mann zu mir und sagte: „Tobi, weißt du, was ich hier unter aller Sau finde?“ – „Oha!“, dachte ich mir, „was kommt jetzt?“ Er legte los: „Die Leute reißen sich hier beim Auf- und Abbau jeden Sonntag den Allerwertesten auf, und sie bekommen nichts dafür! Damit meine ich jetzt nicht Dank oder Geld! Aber mal ehrlich, wenn man schon um diese Uhrzeit so etwas leistet, kann man da nicht wenigstens ein Frühstück hinstellen oder einen Kaffee für alle machen?“ Er hatte absolut recht! Seitdem gibt es im ICF München ein Mitarbeiter-Catering, welches seinesgleichen sucht. Und der Mann, dem diese Lücke aufgefallen ist, hat sie selbst geschlossen. Er hat als Erster die Leute, die jeden Sonntag früh aufstehen, Kisten schleppen, Bühnen bauen und schwere Arbeit leisten, mit dieser Geste wertgeschätzt und sie motiviert, sodass sie immer noch *gerne* auf- und abbauen und es uns allen ermöglichen, Sonntag für Sonntag Gott zu feiern. Dieser Mann hat erkannt, was Paulus in der Bibel beschrieben hat:

Leidet ein Teil des Körpers, so leiden alle anderen mit, und wird ein Teil geehrt, freuen sich auch alle anderen.
1. Korinther 12,26 (HFA)

Wenn Jesus also das Haupt des Körpers, der Chef einer Gemeinde ist, dann bedeutet das, dass er jedem von uns zeigt, was unser Part ist. Nicht nur dem Pastor oder den Leitern. Jeder ist mitverantwortlich für das, was er auf seine spezielle Art wahrnimmt und wo er anpacken kann. Der Heilige Geist zeigt uns, wo unsere Talente liegen und wie wir diese göttlichen Geschenke so einsetzen können, dass Gemeinschaft entsteht. Dann wächst die Kirche, bleibt gesund und jeder Einzelne kann darin aufblühen.

Der Schlüssel liegt also darin, mit Jesus im Dialog verbunden zu bleiben: Wo geht's lang? Wofür brauchst du mich? Wie kann ich dir und anderen dienen? Was ist der nächste Schritt? Durch diese Kommunikation kann Gottes Traum in Erfüllung gehen. Mit dir, mir und seiner Kirche: Denn sein Ziel ist, dass durch unsere Begabungen Menschen (wir selbst und andere) Jesus kennenlernen und verändert werden. Dann fließt Gottes Liebe durch mich und durch dich, und wir erleben alle zusammen wunderbare Dinge, weil wir uns Gott zur Verfügung stellen. Na, das klingt doch verlockend, oder? Bist du dabei?

WAS IST DER NÄCHSTE SCHRITT?

„MOVE" – GEMEINSAM ENTDECKEN UND DURCHSTARTEN

Erinnerst du dich an das erste Kapitel? Als wir den Countdown gestartet und uns auf die Reise gemacht haben? Ein Weg voller Schlaglöcher, Kurven und Steigungen, aber auch perfekt geteerter Abschnitte und langer Geraden, auf denen man richtig Gas geben konnte. Das ist *MOVE* – in Bewegung sein! Mehr noch: Es ist dein Leben. Und da ist Jesus stets an deiner Seite.

Hattet ihr bisher eine gute Zeit zusammen? Vielleicht konntest du unterwegs durch *MOVE* ein paar Fragen klären, sodass deine Freundschaft mit Gott gewachsen ist. Oder vielleicht hast du auf der Reise Dinge oder Kreuzungen entdeckt, die dich besonders fasziniert haben. Neue Wege, denen du folgen möchtest.

Dann wäre jetzt der ideale Zeitpunkt für eine kleine Pause – verlass mal kurz den Pfad und leg dich auf die Wiese daneben! Hier kannst du in Ruhe die Strecke, die du zurückgelegt hast, betrachten. Ein ganz schönes Stück Weg liegt hinter dir – Respekt! Und während du im Gras relaxt, kannst du über die Erfahrungen nachdenken, die du unterwegs machen konntest. Du hast definitiv einige Siege mit Jesus errungen!

relax

Ich würde mir an der Stelle ja ein kühles Bierchen aufmachen und mal ordentlich darauf anstoßen.

Nach jeder guten Pause hat man dann aber auch wieder Kraft und Lust weiterzugehen. Warum sollte das bei Gott anders sein? Bei ihm ist man nie am Ende, es gibt immer neue abenteuerliche Etappen zu erleben. Dabei wechseln sich die drei Bewegungsarten des Jesus-Prinzips – wie du es im ersten Kapitel schon kennengelernt hast – immer wieder ab:

ENT
DEC
KEN

ENTDECKEN

Die Jünger haben sofort ihr Bündel geschnürt und nicht gezögert, als Jesus sagte: „Folge mir nach!“ Sie wussten: Von *diesem* Rabbi können sie wirklich einiges lernen. Und sie entdeckten tatsächlich ungeahnte Möglichkeiten. Neue Dimensionen! Genau die gleiche Einladung liegt auch in deinem Briefkasten! Und vielleicht hast du sie bereits geöffnet? Vielleicht hast du beim Lesen dieses Buches öfter mal gedacht: „Interessanter neuer Gedanke ...“ Du konntest Dinge entdecken und erfahren, die dir bisher unbekannt waren. Und Gott auf eine Weise kennenlernen, die du dir bisher nicht hättest vorstellen können. In diesen faszinierenden Entdeckermodus kannst du immer wieder schalten – denn:

„Wichtig ist, dass man nie aufhört zu fragen.“ *Albert Einstein*

Bei Gott gibt es immer noch mehr zu entdecken, das wird unser ganzes Leben nie aufhören. Immer dürfen wir neue Seiten an ihm kennenlernen. Wie spannend!

VERTIEFEN

Wenn man sich allerdings immer nur nach Neuem ausstreckt, es aber nicht vertieft und dadurch zu eigen macht, fehlt etwas Entscheidendes.

Stell dir mal einen Baum vor, bei dem die Zweige immer nur der Sonne entgegenwachsen. Wenn es dann mal regnet und stürmt, hat er ein Problem. Warum? Weil seine Wurzeln nicht stark geworden sind. Er ist nicht fest im Boden verankert und wird umknicken.

Ähnlich beschreibt das auch Jesus:

Wer meine Worte hört und danach handelt, der ist klug. Man kann ihn mit einem Mann vergleichen, der sein Haus auf felsigen Grund baut. Wenn ein Wolkenbruch niedergeht, das Hochwasser steigt und der Sturm am Haus rüttelt, wird es trotzdem nicht einstürzen, weil es auf Felsengrund gebaut ist. Matthäus 7,24-25 (HFA)

Auf Felsengrund bauen (oder: die Glaubenswurzeln immer tiefer graben) bedeutet, allen Fragen und Dingen, die dich im Zusammenhang mit Gott und deinem Leben interessieren, wirklich auf den Grund zu gehen. Man lernt, versteht, wendet an, prüft, hinterfragt und festigt sein Glaubensfundament. Dabei helfen Gespräche und Diskussionen mit anderen, Bücher, Workshops, Predigten, Podcasts und last but not least: die Bibel.

Beim Entdecken und Vertiefen geht es in erster Linie um dich. In der nächsten Phase ändert sich das, hier rücken die Menschen in deinem Umfeld in den Mittelpunkt. Es geht darum, dass sie von deinen Erkenntnissen, Erlebnissen und Erfahrungen profitieren können.

VER
TIE
FEN

WEIT
ERGE
BEN

WEITERGEBEN

Wenn man sich mehr und mehr Wissen aneignet – es richtiggehend in sich „hineinfrisst" –, ist die Gefahr groß, irgendwann zu platzen! Man ist sozusagen: geistig verstopft. Das Wissen quillt einem fast aus den Ohren raus, aber trotzdem kommt nichts Produktives dabei heraus. Man „weiß" zwar alles darüber, wie Gott zum Beispiel über Großzügigkeit denkt, aber man hat selbst noch nie etwas davon umgesetzt.

Du kennst sicher diese Bücherwürmer, die tagein, tagaus lesen und lesen; sie wissen alles, aber das Leben tobt außerhalb ihres Elfenbeinturms. Diese Leute bekommen davon nichts mit. Lesen vielleicht einen Beststeller über „Die Kunst zu leben", aber praktizieren sie nicht.

Darum ist es jetzt an der Zeit, dein Wissen zu verschenken! Du kannst deine Erkenntnisse und Schätze an andere weitergeben – indem du erzählst, was du weißt, aber auch, indem du praktisch wirst und andere auf ihrem Weg mit Jesus ein Stück begleitest. Du kannst zum Kanal werden, durch den andere göttliche Erlebnisse haben. Die Erfüllung, die man selbst dabei erfährt, wenn Gottes Liebe durch einen hindurch zu anderen fließt, ist unbeschreiblich groß.

Bei mir kam das wie von selbst. Je mehr ich mit Jesus erlebt habe, desto mehr wuchs in mir der Wunsch, diese genialen Erfahrungen mit anderen zu teilen – ihnen das Beste weiterzugeben, was ich mir vorstellen konnte. Ich wollte, dass mein Umfeld dasselbe erlebt wie ich. Eigentlich logisch, oder? Ich meine, wenn du weißt, dass es die beste Pizza in deinem Viertel bei Giovanni ums Eck gibt, dann schickst du deine hungrigen Freunde auch genau dahin zum Essen und lässt sie nicht verzweifelt nach einem Fast Food-Laden suchen, oder?

ENTDECKEN – WEITERGEBEN – VERTIEFEN – ENTDECKEN – WEITERGEBEN – VERTIEFEN ...

Diese drei „Moves" wirst du wahrscheinlich nicht nur einmal in deinem Leben machen, sondern immer und immer wieder. Denn Gottes Ziel ist, dass wir in Bewegung bleiben – bei ihm hört das Entdecken nie auf, das Vertiefen nimmt kein Ende, beim Weitergeben gibt es keine Limits.

Dabei ist der Dreiklang Entdecken – Vertiefen – Weitergeben nicht immer so stringent aufgebaut. Man kann bei einer neuen Entdeckung sehr gut direkt zum Telefonhörer greifen und sie begeistert einem Freund mitteilen – also direkt weitergeben. Und im anschließenden Gespräch dazu übergehen, sie gemeinsam zu vertiefen. Die drei „Moves" greifen stets ineinander.

Und sie drehen sich um nur eine Sache: Gottes Liebe. Jemand, der eine Freundschaft mit Gott hat, darf sie tagtäglich erfahren, dabei seine Identität und seinen Glauben vertiefen und wird immer wieder dazu befähigt, diese Liebe mit anderen zu teilen. Das ist der göttliche Liebes-Kreislauf!

EINER FÜR ALLE – ALLE FÜR EINEN!

Das fanden nicht nur die Musketiere gut, sondern auch Jesus:

Denn wo zwei oder drei zusammenkommen, die zu mir gehören, bin ich mitten unter ihnen.
Matthäus 18,20 (NLB)

In Gemeinschaft „movet" es sich nicht nur besser, Gemeinschaft ist auch die Grundlage von Kirche. Kirche ist kein Gebäude, sondern findet überall dort statt, wo Menschen Jesus nachfolgen. Bei mir zu Hause, bei dir, in deiner Nachbarschaft, auf der Arbeit und ja – auch dort, wo sonntags die Gottesdienste stattfinden. Wir sind Menschen und brauchen einander. Wir brauchen andere, und ganz besonders, wenn es im Leben mal hoch hergeht. Auf unserer Reise mit Jesus können sie uns begleiten, wertvolles Feedback geben, bei Bedarf Trost spenden, uns anfeuern oder auf die Sprünge helfen und uns auch mal direkt die Meinung sagen. Ganz allein, im stillen Kämmerlein, ist Entdecken und Vertiefen mühsam. Weitergeben ist eigentlich gar nicht möglich. Das Eremitendasein ist nicht unbedingt das, was Jesus vorgelebt hat – *auch* wenn er sich phasenweise mal in die Einsamkeit zurückzog, kam er immer wieder zurück. Denn es ging und geht ihm auch in deinem Leben nicht in erster Linie darum, große Theorien zu vermitteln. Nein, er will dich und alle Menschen, die an ihn glauben, praktisch als göttlichen Liebeskanal einsetzen.

Wie frei ist dein Kanalsystem?

Wo würdest du gern mal ne Portion Reiniger durchlaufen lassen?

Wo braucht es vielleicht sogar eine Saugglocke?

Du kannst Menschen auf vielfältige Weise Gutes tun: deine Begabungen für sie einsetzen, ihnen Zeit schenken, sie unterstützen, finanziell unter die Arme greifen oder in schweren Zeiten für sie da sein. Meist sind es die vermeintlich „kleinen Dinge", die große Auswirkungen auf andere haben ...

DER GÖTTLICHE LIEBES-KREISLAUF

GETEILTE LAST IST HALBE LAST

Wie stark und hilfreich eine gute Gemeinschaft sein kann, durfte eine Frau und Mutter aus unserer Kirche erleben. Gemeinsam mit anderen Frauen ist sie in einer Smallgroup, in der sie sich mit Gott auseinandersetzen, in der Bibel lesen, echte, verbindliche Beziehungen leben, und am Leben der anderen teilhaben, miteinander feiern und trauern.

Bei einem Treffen der Smallgroup, als sie ins Bad ging, bemerkte die Frau, dass sie stark blutete – da sie in der 18. Schwangerschaftswoche war, bekam sie Panik und lief völlig aufgelöst zurück ins Wohnzimmer zu den anderen. Die anderen handelten sofort: Eine der Frauen fuhr sie direkt ins Krankenhaus und kümmerte sich während der Untersuchung um die eineinhalbjährige Tochter.

Die Diagnose: eine Fehllage des Mutterkuchens. Die Therapie: komplette Bettruhe, Wehenhemmer und Krankenhausaufenthalt. Die Frau war natürlich sehr durcheinander. Einerseits erleichtert, dass es dem Baby gut ging, und gleichzeitig erfüllt von Angst, ihr Kind zu verlieren. Dazu kamen jede Menge Fragen, die sie sich stellte: „Wie soll ich mich entspannen und wochenlang im Bett liegen? Wer soll denn währenddessen meinen Alltag stemmen und meine anderen Kinder versorgen?"

Die Frau kämpfte mit der Sorge im Nacken, dass der Alltag ja nicht einfach stehen bleiben würde, nur weil ihr Bettruhe verordnet wurde. Schließlich hatte sie eine große Familie zu versorgen und einen Mann, der als Selbstständiger nicht so einfach seine Arbeit zeitweise ruhen lassen konnte für sie. Die Frau hatte keine Ahnung, wie sie das alles stemmen sollte.

Die Lösung stand jedoch schon parat: die Smallgroup. Dass man sich unter Freunden hilft, hatte sie ja bereits erlebt. Die Art und Weise, wie sich die drei Frauen aus ihrer Kirche allerdings um sie und ihre Familie kümmerten, war für die Frau unfassbar und ein wahrer Segen.

Sie kamen zum Putzen, passten auf die Kinder auf, fuhren sie zum Turnen und kauften ein. Sie hatten alle selbst ihr Leben und zum Teil Kinder, aber sie setzten ihre Ressourcen für ihre Freundin und deren Familie ein, um zu helfen.

Die eigentliche Herausforderung jedoch kam erst noch, als das Baby elf Wochen zu früh geboren wurde.

In der Kirche sprach sich die Situation herum, und immer mehr Leute klinkten sich ein, um die Familie zu unterstützen. Der Kreis der Helfer wurde immer größer. Sie nahmen weite Strecken auf sich, um Gottes Liebe durch ihre Taten weiterzugeben. Sie beteten für die Familie und ermutigten sie, und packten an, wo Not am Mann war. Einige fuhren ins Krankenhaus, um das Frühchen zu versorgen, damit die Frau für die anderen Kinder da sein konnte.

Der Familie wurde bewusst, dass sie dadurch Gott höchstpersönlich auf eine wunderbar persönliche und liebevolle Art kennenlernten. Er gebrauchte Menschen aus der Smallgroup und Kirche, um die Familie seine Liebe auf wunderbar persönliche Weise spüren zu lassen. So ungefähr muss sich Jesus Gemeinschaft vorgestellt haben.

GÖTTLICHES MANAGEMENT

Gott stellt jedem von uns eine Menge an Ressourcen zur Verfügung – er setzt uns quasi als Manager ein. Die Bibel fordert uns dazu auf, dass wir unsere Begabungen auch an andere weitergeben: an unsere Familie, unsere Gemeindemitglieder, unsere Freunde oder an eine Zufallsbegegnung.

Dieses Prinzip nennt man Verwalterschaft. Gott gibt uns den Auftrag, unsere Ressourcen an andere Menschen zu verteilen, aber er lässt uns auch die Freiheit der Entscheidung, ob und an wen. Er wünscht sich, dass wir großzügig damit umgehen und bei jeder passenden Gelegenheit Gottes Liebe auch an andere weitergeben. Getreu dem Motto: „Von nichts kommt nichts“ – nur eben umkehrt: „Von viel kommt viel“:

Ich bin davon überzeugt: Wer wenig sät, der wird auch wenig ernten; wer aber viel sät, der wird auch viel ernten. So soll jeder für sich selbst entscheiden, wie viel er geben will, und zwar freiwillig und nicht aus Pflichtgefühl. Denn Gott liebt den, der fröhlich gibt. Er wird euch dafür alles schenken, was ihr braucht, ja mehr als das. So werdet ihr nicht nur selbst genug haben, sondern auch noch anderen von eurem Überfluss weitergeben können. 2. Korinther 9,6-8 (HFA)

Dabei liegt die Entscheidung darüber, ob und wie viel Saat wir ausbringen, bei uns. Gott lässt uns die Freiheit –, aber er wünscht sich nichts mehr, als dass wir alle reichlich Ernte einfahren. Dabei kommen wir selbst niemals zu kurz. Man könnte

[1] Wenn es dir bei diesem Gedanken warm uns Herz oder kalt um die Füße wird oder es dich einfach interessiert, kannst du dich mit Verwalterschaft – und speziell dem Umgang mit finanziellen Ressourcen – in meiner Predigtserie „Im Flow“ auseinandersetzen.

Wer wenig sät, der wird auch wenig ernten; wer aber viel sät, der wird auch viel ernten.

denken: „Wenn ich ständig was weitergebe, bleibt ja nichts mehr für mich übrig!" Berechtigter Einwand –, aber ich erlebe bei Gott das exakte Gegenteil. Ich habe mich vor 18 Jahren auf den Weg mit Jesus gemacht. In dieser Zeit hat Gott mich immer versorgt. Je mehr ich anderen gegeben habe, desto erfüllter und beschenkter fühlte ich mich selbst. [1]

GESCHAFFT?!

Doch jetzt geht es nicht um mich, sondern um dich: Du hast hier und jetzt ein Etappenziel geschafft. Um einen Weg zu gehen, muss man sich bewegen. Das hast du getan, indem du dieses Buch gelesen hast. Um einen Weg zu gehen, braucht es aber auch einen ersten Schritt. Das gilt für den Weg mit Jesus ganz genauso. Vielleicht war *MOVE* dein erster Schritt, oder du bist schon lange mit Jesus unterwegs und konntest mit *MOVE* dein Lauftempo wieder finden.

Nun bist du wirklich am Ende dieses Buches angekommen. Doch frei nach der Fußballlegende Sepp Herberger gesprochen: „Nach dem Buch ist vor dem Buch!" Ich hoffe, dass du durch *MOVE* gute Erkenntnisse hattest, Gott erleben konntest und vielleicht das ein oder andere Vorurteil losgeworden bist. Aber genau das ist die perfekte Basis, um weiterhin Fragen zu stellen:

Gott, wer bist du eigentlich?

Was sind deine Gedanken über mich und mein Leben?

Was wünschst du dir von mir?

Und viele andere mehr.

Mir geht es so: Je mehr ich mich mit Gott und seinem Wesen befasse – dem Vater, seinem Sohn Jesus und dem Heiligen Geist –, desto mehr will ich wissen. Meistens ist es ja so: Hat man eine Frage beantwortet, kommen noch viele weitere auf.

Und dabei bekomme ich nicht immer und auf jede Frage eine direkte Antwort. Das ist meiner Meinung nach aber auch ganz gut so. Denn wenn alle Fragen beantwortet, alle Einzelheiten geklärt wären, dann würden wir uns vermutlich gemütlich zurücklehnen ... und ... schnarch ... im Sofa versacken. Unser Glaube hätte nicht viel mehr Power als eingeschlafene Füße! Oder wir kämen auf die Idee, eine Art Traktat über Gott zu verfassen – ein Regelwerk mit umfassender Beschreibung, an was man sich halten soll und was es zu unterlassen gilt, um ja alles richtig mit Gott zu machen. Wir würden bei einer toten Religion landen, statt bei dem lebendigen Gott, der mit uns in Interaktion treten will – jeden Tag immer wieder aufs Neue. Und das ist nie langweilig, sondern spannend, abwechslungsreich, liebevoll und überraschend!

Daher mein Tipp zum Abschluss: Bleib in Bewegung und entdecke das Leben – mit Jesus und am besten in Gemeinschaft mit anderen.

LET'S *MOVE*!

MOVE

I ♥ YOU

DU SOLLST DEN HERRN, DEINEN GOTT, LIEBEN, VON GANZEM HERZEN, MIT GANZER SEELE UND MIT ALL DEINEN GEDANKEN! DAS IST DAS ERSTE UND WICHTIGSTE GEBOT. EIN WEITERES IST GENAUSO WICHTIG: LIEBE DEINEN NÄCHSTEN WIE DICH SELBST.
MATTHÄUS 22,37–39 (NLB)

DANKSAGUNG

Ein großes Dankeschön geht an ...

Frauke, meine Frau – du bist für mich der beste Freund, mein Coach und einfach mein Zuhause.
meinen Sohn Bene – du zeigst mir immer wieder neu, was wirklich wichtig ist im Leben, durch dich habe ich die Welt neu entdeckt.
Leo Bigger – du hast immer an mich geglaubt und mich freigesetzt. Danke für die vielen Stunden, die du schon in mein Leben investiert hast.
Claudia Elsen und Fabienne Sita – ohne euch wäre dieses Buch wohl immer noch nur in meinem Kopf ...
Jule Pflug und Christian Ebert – ihr seid einfach Sprachgenies.
Manuel Roth für den scharfen Blick, mit dem du die Fehler aus dem Manuskript entfernt hast.

Matthew Balon, Simon Betz, Michael Held, Matthias Herberg, Marvin Langner, Sophia Langner, Tobias Lausch, Sebastian Pirling, Walter Rempening, Aniela Schafroth, Martin Sita und ICF Design Team eure Kreativität, Fotos und Gestaltungsideen haben das Projekt sehr bereichert!

Allen, die ihre Geschichten in diesem Buch erzählt haben, um andere damit zu ermutigen.

Ein großes Dankeschön an die icf-family – eure Leidenschaft für Jesus, eure Kreativität und euer Humor motivieren mich immer wieder neu.

Und natürlich an Gott, der dieses Buch überhaupt erst ermöglicht hat und mit mir seit 18 Jahren durch dick und dünn geht.